"十四五"职业教育国家规划教材

"十三五"职业教育国家规划教材
"十二五"职业教育国家规划教材
经全国职业教育教材审定委员会审定

新编**21**世纪人力资源管理系列

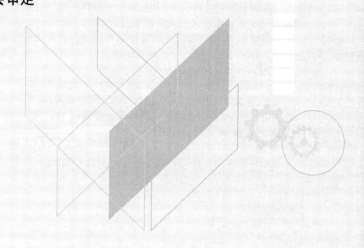

薪酬与福利管理实务

（第五版）

主　编　康士勇　于绍君
副主编　康　锋　王　铮

中国人民大学出版社
·北京·

图书在版编目（CIP）数据

薪酬与福利管理实务/康士勇，于绍君主编．－－5
版．－－北京：中国人民大学出版社，2023.1
新编21世纪高等职业教育精品教材．人力资源管理系
列
ISBN 978-7-300-30872-2

Ⅰ.①薪… Ⅱ.①康… ②于… Ⅲ.①企业管理-劳
动工资管理-高等职业教育-教材 ②企业管理-职工福利
-高等职业教育-教材 Ⅳ.①F272.92

中国版本图书馆CIP数据核字（2022）第139820号

"十四五"职业教育国家规划教材
"十三五"职业教育国家规划教材
"十二五"职业教育国家规划教材
经全国职业教育教材审定委员会审定
新编21世纪高等职业教育精品教材·人力资源管理系列

薪酬与福利管理实务（第五版）
主　编　康士勇　于绍君
副主编　康　锋　王　铮
Xinchou yu Fuli Guanli Shiwu

出版发行	中国人民大学出版社				
社　　址	北京中关村大街31号		邮政编码	100080	
电　　话	010 - 62511242（总编室）		010 - 62511770（质管部）		
	010 - 82501766（邮购部）		010 - 62514148（门市部）		
	010 - 62515195（发行公司）		010 - 62515275（盗版举报）		
网　　址	http://www.crup.com.cn				
经　　销	新华书店				
印　　刷	天津鑫丰华印务有限公司		版　次	2008年7月第1版	
开　　本	787 mm×1092 mm　1/16			2023年1月第5版	
印　　张	19		印　次	2025年1月第5次印刷	
字　　数	445 000		定　价	49.50元	

第五版前言

本教材以立德树人为根本任务，扎实推进和落实《习近平新时代中国特色社会主义思想进课程教材指南》，以知识传授、能力培养和价值引领为育人目标。本次修订，力求体现和适应以下新形势与新要求：（1）党的十八大以来党和国家关于深化收入分配改革的新举措，党的十九大、二十大和十九届二中、三中、四中、五中全会"关于制定国民经济和社会发展第十四个五年规划和二〇三五年远景目标的建议"中关于收入分配规划的建议。（2）中国特色社会主义进入全面建设社会主义现代化国家新时代，我国国内生产总值 2021 年已经突破110 万亿元，完成脱贫攻坚，实现了小康这个中华民族的千年梦想，实现了第一个百年奋斗目标，社会主要矛盾发生变化，经济已由高速增长阶段转向高质量发展阶段。与此同时，我国的"人口红利"已经消失，劳动力供给曲线不再处于水平的无限供给状态，企业的人工成本进入快速提高期。城乡区域发展和收入分配差距较大，国有企业工资决定机制市场化分配程度不高，收入分配秩序不规范，隐性收入、非法收入问题比较突出，垄断行业、垄断企业和"垄断身份"产生的"垄断性收入"依然突出，监管体制不健全，这些亟待破解且又一时难以解决的深层次问题，说明我国收入分配制度改革已经进入并仍处于"深水期"。（3）以深化供给侧结构性改革为主线，以改革创新收入分配制度为根本动力，加强和改善宏观与微观收入分配制度的顶层设计和供给，增强主体分配活力，实现有效激励。

本次修订，编者对接教育部 2019 年《高等职业学校专业教学标准》人力资源管理专业薪酬管理实务课程的主要教学内容，更新部分教材内容，删除"工效挂钩""企业内部分配指导性意见"等内容，增加了收入分配"十四五"规划目标和主要举措、个人所得税、工资方案设计系列文件等内容；完善、创新教材体例，增加每一章思维导图二维码，将每一章的学习目标细分为知识目标、技能目标和素养目标，在部分章的末尾增加实操训练项目，并将一些拓展教学内容以二维码的形式呈现，在"教学资料库"中增加微课。

薪酬管理是一门科学，融理论性、政策性、技术性、方法性、艺术性和社会性于一身，而绝不是一个纯技术或纯方法的领域，因此编者从全面培养薪酬管理高素质技术技能型人才的目标出发，进一步明确了本教材的结构，按照"懂理论、通政策、掌知识、具技术技能"的逻辑和构思将全书内容设计为四篇：（1）薪酬福利基本理论，让学生从内涵和外延上了解薪酬的概念、薪酬管理的内容、薪酬管理国家职业技能标准（职业认知），懂得短期与长期工资水平决定理论、工资差别决定理论，因为理论是行动的指南，是决定政策的基础。

（2）薪酬福利基本政策，让学生通晓党和国家的收入分配政策，因为薪酬管理的特点是政策性强，政策是处理薪酬问题的直接依据。（3）薪酬福利基本知识，让学生掌握薪酬管理的基本专业知识，因为专业知识是设计制定组织内部具体薪酬方案、确定组织内部具体薪酬政策的根基。（4）工资方案设计技术，让学生具有熟练设计和编制薪酬方案的专业技术技能，因为专业技术技能是解决薪酬问题、实现薪酬目标必经的桥梁、途径和必用的技术工具。

依据高职高专"培养应用型、操作型、技能型人才"目标的要求及由此决定的教学特点，在此次修订中，本教材继续体现和突出了以下特色：

（1）在编写结构上，更符合高职高专学生的使用习惯。本书在紧扣薪酬福利管理"三基"（基本理论、基本政策、基本技能）的基础上，特别设置了"第四篇　工资方案设计技术"。

（2）在理论阐释方面，遵从"理论够新、够用"的原则，在紧跟国内外最新理论和实践动态的前提下，保证理论和实践知识的健全、简洁、新鲜与生动。

（3）在国家关于收入分配、工资、福利等政策上，保证跟踪筛选的及时性（本版关于收入分配、工资福利等政策跟踪筛选到 2021 年），并力求其准确性和完整性。

（4）在案例方面，主要选取了编者多年来在企业薪酬咨询实战中获得的最新的、具有代表性的全真性案例，学生只要认真研读，就能掌握薪酬福利设计和管理的路径与技术，切实提高应用操作能力。

（5）在专业概念的提法和表述上，以我国政府文件在收入分配上的一贯提法和多年延续下来的劳动工资统计口径为准，但也注意与国际惯例提法相衔接。同时，注意专业概念的成熟性与规范性，避免自造生词、曲解滥用概念和偏离国家现行的劳动工资统计口径。

收入分配制度是经济社会发展中一项带有根本性、基础性的制度安排，是社会主义市场经济体制的重要基石。薪酬福利是收入分配制度的重要组成部分，它一方面联系着劳动者的收入和生活，是收入分配的主要形式；另一方面联系着企业的生产经营与国民经济运行，是劳动力这一生产要素投入的主要领域。在社会主义市场经济体制下，薪酬福利管理既是宏观经济关注的重大问题，也是微观经营管理关注并倾力解决的重大问题。经常听到这样一个说法："分配顺了，一顺百顺。"这些都决定了薪酬福利管理课程在人力资源管理专业课程体系中的核心地位。

薪酬管理具有永恒性、开放性、动态性、实践性的特征，客观上将会不断地出现新的迫切需要解决的问题，这就要求我们与时俱进，不断地发现、研究、解决新的问题，使薪酬福利成为促进生产力、促进人的全面发展和社会和谐稳定的重要工具，成为增强职工在经济社会发展中的获得感、幸福感和安全感的重要源泉。相信使用本教材的同学们，在任课老师的指导下能够学有所成，在薪酬福利管理岗位上早日成才。

本书在编写与修订过程中，广泛吸取和参考了同行专家有关薪酬管理科学的最新研究成果，摘录引用了北京中创国业薪酬设计院原创的最新薪酬案例，在此一并表示诚挚的感谢！

北京劳动保障职业学院教授
北京中创国业薪酬设计院执行院长　　康士勇
2023 年 1 月
（kangshiyong@126.com）

目　录

第三篇　薪酬福利基本知识

第四篇　工资方案设计技术

第一篇

薪酬福利基本理论

第 一 章

薪酬福利管理概述

本章思维导图

学习目标 ▶

通过本章的学习，你应该能够：

▶ **知识目标**

1. 理解薪酬、总薪酬、工资、工资总额等概念；

2. 了解政府宏观工资分配监管体制机制的内容；

3. 了解企事业单位工资管理工作的内容；

4. 了解国家职业技能标准对薪酬管理内容及对人力资源管理师能力和相关专业知识的要求。

▶ **技能目标**

严格按照《关于工资总额组成的规定》，进行工资总额统计。

▶ **素养目标**

对中国薪酬管理理论与实践的发展树立自信，做一个忠诚、负责且能力和知识合乎国家职业标准的薪酬管理工作者。

引 例 及 分 析

"薪酬"一词最初多在我国外资企业中采用，目前已在我国广泛使用，但对"薪酬"的内涵和外延，却一直有着不同的认识和解释。

国家职业资格培训教程第四版《企业人力资源管理师（三级）》的解释为："薪酬（compensation）是指用人单位以现金或现金等价物的任何方式支付给员工的报酬，包括员工从事劳动所得的工资、奖金、提成、津贴以及其他形式的各项利益回报的总和。"[1]而经济学家魏杰则认为："工资是劳动的报酬，工资制度是把人作为劳动的经济回报方式；

---

[1] 安鸿章. 企业人力资源管理师（三级）. 4 版. 北京：中国劳动社会保障出版社，2020：328.

薪酬制度则是把人作为资本的经济回报方式。现在国际上对人力资本的经济利益激励的薪酬制度，主要包括了这五个方面的内容：岗位工资、年终奖、期权、职务消费、福利补贴。"[1] 也就是说，工资是人力资源的报酬，而薪酬是人力资本的报酬，人力资本所有者即技术创新者和职业经理人。那么，究竟什么是薪酬？薪酬是否就是人们常说的"工资"？薪酬管理的基本问题是什么？通过本章的学习，你将从中得到这些问题的答案。

第一节

薪酬释义

一、薪酬概念

"薪酬"一词，是从"Compensation"翻译过来的。美国学者乔治·米尔科维奇和杰里·M. 纽曼在《薪酬管理》一书中是这样解释的：薪酬，从字面上理解，意思是平衡、弥补、补偿。它暗含着交换的意思。

薪酬，或者说报酬，可以这样定义：薪酬是指雇员作为雇佣关系中的一方所得到的各种货币收入，以及各种具体的服务和福利之和。

二、薪酬形式

《薪酬管理》一书中列出了下述四种形式的薪酬。

（一）基本薪资

基本薪资是雇主为已完成的工作而支付的基本现金薪酬。它反映的是工作或技能价值，而往往忽视了员工之间的个体差异。某些薪酬制度把基本工资看作是雇员所受教育、所拥有技能的一个函数。对基本工资的调整可能是基于以下事实：整个社会生活水平发生变化或发生通货膨胀；其他雇员对同类工作的薪酬有所改变；雇员的经验进一步丰富；员工个人业绩、技能有所提高。

---

① 魏杰. 中国不能不信人力资本. 人力资源开发与管理，2003（3）：25.

（二）绩效工资

绩效工资是对过去工作行为和已取得成就的认可。作为基本工资之外的增加，绩效工资往往随雇员业绩的变化而调整。因此，有突出业绩的雇员，在上一次加薪的 12 个月之后，又可获得 6%～7% 的绩效工资；而仅让雇主感到过得去的雇员，可在上一次加薪的 12 个月或 15 个月后，获得 4%～5% 的绩效工资。调查资料表明，美国 90% 的公司采用了绩效工资。

（三）激励工资

激励工资也和业绩直接挂钩，有时人们把激励工资看成是可变工资。激励工资包括短期激励工资和长期激励工资。短期激励工资，通常采取非常特殊的绩效标准。例如，在普拉克思航空公司的化学与塑料分部，每个季度如果达到或者超过了 8% 的资本回报率目标，就可以得到等于一天工资的奖金；回报率达到 9.6%，在这个季度工作了的每个员工可得到等于两天工资的奖金；如果达到 20% 的资本回报率，任何员工都可以得到等于 8.5 天工资的奖金。而长期激励工资，则把重点放在雇员多年努力的成果上。高层管理人员或高级专业技术人员经常获得股份或红利，这样，他们会把精力主要放在投资回报、市场占有率、资产净收益等组织的长期目标上。

虽然激励工资和绩效工资对雇员的业绩都有影响，但两者有三点不同：一是激励工资以支付工资的方式影响员工将来的行为；而绩效工资则侧重于对过去工作的认可。二是激励工资制度在实际业绩达到之前已确定，与此相反，绩效工资往往不会提前被雇员所知晓。三是激励工资是一次性支出，对劳动力成本没有永久的影响。业绩下降时，激励工资也会自动下降。绩效工资通常会加到基本工资上去，是永久的增加。

（四）福利

福利包括休假（假期）、服务（医药咨询、财务计划、员工餐厅）和保障（医疗保险、人寿保险和养老金），福利越来越成为薪酬的一种重要形式。

三、总薪酬

构成总薪酬的除了以上四种薪酬形式之外，非货币的收益也影响人们的行为。包括：赞扬与地位、雇佣安全、挑战性的工作和学习的机会。其他相关的形式可能包括：成功地接受新挑战，和有才华的同事一起工作的自我满足感。它们是"总薪酬体系"的一部分，并经常和薪酬相提并论。

表 1-1 列出了雇员的总薪酬的各种形式。

表 1-1 雇员的总薪酬

通过工作获得的收益（总薪酬）	全部薪酬形式	直接：现金	基本工资 奖金 短期红利 长期激励
		间接：福利与服务	劳动保护 休息时间 服务及津贴
	其他报酬形式	赞扬与地位 雇佣安全 挑战性的工作 学习的机会	

四、薪酬的实质

微课：薪酬的
组成部分

从某种意义上说，薪酬是组织对员工的贡献，包括员工的态度、行为和业绩等所做出的各种回报。一般来讲，薪酬有广义和狭义之分。

广义薪酬包括外部回报和内部回报。外部回报是指员工因为雇佣关系从自身以外获得的各种形式的回报，它又分为直接薪酬（如基本工资、绩效工资、红利、利润分成等）和间接薪酬（如保险、非工作日工资、额外津贴以及各种服务等）；而内部回报是指员工自身心理上感受到的回报，一般包括参与企业决策、获得更大的工作空间或权限、更大的责任、更有趣的工作、个人成长的机会和活动的多样化等。狭义薪酬主要是指外部回报部分，而从最狭义的角度来理解，就是指直接薪酬。

现代企业薪酬系统组成如图 1-1 所示。对外部报酬和内部报酬同时考虑、同时设计，被认为是总体薪酬设计或全面薪酬战略的运用。

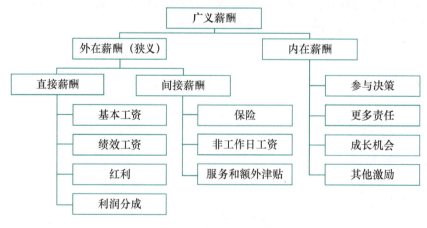

图 1-1 薪酬系统结构

工资释义

一、工资的定义

什么是工资？从形式上看，工资是劳动者付出劳动以后，以货币形式得到的劳动报酬。1949 年国际劳工组织通过的《保护工资条约》对工资的定义是："工资"一词系指不论名称或计算方式如何，由一位雇主对一位受雇者，为其已完成和将要完成的工作或已提供或将要提供的服务，可以货币结算并由共同协议或国家法律或条例予以确定，而凭书面或口头雇用合同支付的报酬或收入。

二、有关工资的几组概念

我们在讨论有关工资问题时，会经常遇到关于工资的一些基本概念，为了给以后内容的学习、了解和讨论打下基础，有必要先熟悉和区别这些基本概念。

（一）工资与薪金

薪金，又称薪俸、薪给、薪水。薪水，按《辞海》的解释，旧指俸给，意谓供给打柴、汲水等生活上的必需费用，今通称工资。工资与薪金的划分可以说是出于某种考虑的一种习惯。在日本，工资被认为是对工厂劳动者的给予，薪俸是对职员的给予。在我国台湾地区，薪给（Salary）与工资（Wage）通称为薪资。一般而言，以工作品质要求为主的报酬收入称为薪给，劳动者（体力劳动者）的收入称为工资。其实无论薪给还是工资，都是工作的报酬，在本质上并无差别。在日趋复杂的现代生产过程中，脑力劳动者与体力劳动者已几乎无法区分。

（二）货币工资与实际工资

货币工资亦称名义工资，是以货币表示的工资数量。实际工资，是货币工资或名义工资的对称，是指在消除居民消费价格上涨、捐税加重等因素以后，实际得到的工资；也可以理解为货币工资购买商品和劳务的能力。如果货币工资提高，而食品、衣着、住房和其他消费品价格提高得更快，实际工资就会下降。实际工资可用货币工资除以消费价格指数求得。

（三）工资率与实得工资

工资率，亦称工资标准，是按单位时间规定的工资数额。工资率可以按小时、日、周、月、年分别规定。实得工资，是根据劳动者的工资率和他提供的劳动量计算而得到的工资。假定一个工人的月工资为 2 500 元人民币，平均每月计薪天数为 21.75 天。这样，日工资率为 114.94 元，小时工资率为 14.37 元。如果该工人当月实际工作了 16 天，那么，当月他的实得工资为 1 839.04 元。如果该工人当月实际工作 198.64 小时，加班 32 小时，那么，他的实得工资按照《中华人民共和国劳动法》（以下简称《劳动法》）的规定应为 3 189.76(＝2 500＋32×14.37×150%) 元。

实得工资还不等于实际实得工资。实际实得工资是指在实得工资中扣除法规规定的个人统一缴费项目（如养老保险金、失业保险金等）和缴纳所得税后，可供个人支配实际用作购买商品和劳务以及储蓄的工资。可见，实际实得工资是小于实得工资的。

（四）工资水平与平均工资

工资水平是指一定区域和一定时间内劳动者平均工资的高低程度。从工资水平概念的解释来看，平均工资是反映工资水平的指标。平均工资是指一定时间内平均每一职工的工资数额。也有学者认为，工资水平应定义为："根据需要，用某种时间状况，从某个角度所反映的某一领域内雇员工资率的高低程度。"

用工资率与平均工资反映工资水平的含义和作用是不同的。一个区别是，平均工资反映的是过去，即考察已经达到的工资水平；工资率则反映的是未来，即劳动者如追加劳动的话，他将增加多少收入。另一个区别是，平均工资反映的是某类人群的工资水平；工资率则侧重反映的是单个劳动者的工资水平。

（五）计时工资、计件工资和其他支付工资的方式

计时工资是把工资同劳动时间联系起来。计件工资是把工资同产量联系起来，以便刺激劳动者提高产量。其他支付工资的方式可以统称为附加福利或小额优惠，它不依赖于职工的工作表现，是一种正常工资外的补充，一般表现为带薪休假、社会保险费用、解雇金、年度奖金、企业补充退休金以及利润分红等。在某些国家，以计时工资和计件工资方式的支付通常被统称为"有形工资"，其他方式的支付则被统称为"无形工资"。

三、工资总额及工资总额组成

（一）工资总额及其计算

在由国务院批准、国家统计局发布的《关于工资总额组成的规定》中，工资总额是指各单位在一定时期内直接支付给本单位全部职工的劳动报酬总额。

工资总额的计算应以直接支付给职工的全部劳动报酬为根据。各单位支付给职工的劳动报酬以及根据有关规定支付的工资，不论是计入成本的还是不计入成本的，不论是以货币形式支付的还是以实物形式支付的，均应列入工资总额的计算范围。

（二）工资总额的组成

1. 计时工资

计时工资是指按计时工资标准（包括地区生活费补贴）和工作时间支付给个人的劳动报酬。包括：

（1）对已做工作按计时工资标准支付的工资。

（2）实行结构工资制的单位支付给职工的基础工资和职务（岗位）工资（按照新的公务员工资制度和事业单位新的工资制度，还应包括"级别工资"和"薪级工资"）。

（3）新参加工作职工的见习工资（学徒的生活费）。

（4）运动员体育津贴。

2. 计件工资

计件工资是指对已做工作按计件单价支付的劳动报酬。包括：

（1）实行超额累进计件、直接无限计件、限额计件、超定额计件等工资制，按劳动部门或主管部门批准的定额和计件单价支付给个人的工资。

（2）按工作任务包干方法支付给个人的工资。

（3）按营业额提成或利润提成办法支付给个人的工资。

3. 奖金

奖金是指支付给职工的超额劳动报酬和增收节支的劳动报酬。包括：

（1）生产奖。包括超产奖、质量奖、安全奖、考核各项经济指标的综合奖、提前竣工奖、年终奖（劳动分红）等。

（2）节约奖。包括各种动力、燃料、原材料等节约奖。

（3）劳动竞赛奖。包括发给劳动模范、先进个人的各种奖金和实物奖励。

（4）机关、事业单位的奖励工资。

（5）其他奖金。包括从事兼课酬金和业余医疗卫生收入提成中支付的奖金等。

4. 津贴和补贴

津贴和补贴是指为了补偿职工特殊或额外的劳动消耗和因其他特殊原因支付给职工的津贴，以及为了保证职工工资水平不受物价影响支付给职工的物价补贴。包括：

（1）补偿职工特殊或额外劳动消耗的津贴。具体有：高空津贴、井下津贴、流动施工津贴、野外工作津贴、林区津贴、高温作业临时补贴、海岛津贴、艰苦气象台站津贴、微波站津贴、高原地区临时补贴、冷库低温津贴、基层审计人员外勤工作津贴、邮电人员外勤津贴、夜班津贴、中班津贴、班组长津贴、学校班主任津贴、三种艺术（舞蹈、武术、管乐）人员工种补贴、运动班（队）干部驻队补贴、公安干警值勤岗位津贴、环卫人员岗位津贴、广播电视天线工岗位津贴、城市社会福利事业单位津贴、环境监测津贴、收容遣送岗位津贴等。

（2）保健性津贴。具体有：卫生防疫津贴、医疗卫生津贴、科技保健津贴、各种社会福利职工特殊保健津贴等。

（3）技术性津贴。具体有：特级教师补贴、科研津贴、工人技师津贴、中药老药工技术津贴、特殊教育津贴等。

（4）年功性津贴。具体有：工龄津贴、教龄津贴、护龄津贴等。

（5）其他津贴。具体有：1）直接支付给个人的伙食津贴（火车司机和乘务员的乘务津贴、航行和空勤人员伙食津贴、水产捕捞人员伙食津贴、专业车队汽车司机行车津贴、体育运动员和教练员伙食补助费、少数民族伙食津贴、小伙食单位补贴等）。2）合同制职工的工资性补贴。3）书报费、上下班交通补贴以及洗理费等。

（6）补贴。包括：为保证职工工资水平不受物价上涨或变动影响而支付的各种补贴，如：肉类价格补贴、副食品价格补贴、粮价补贴、煤价补贴、房价补贴、水电补贴等。

5. 加班加点工资

加班加点工资是指按规定支付的加班工资和加点工资。

6. 特殊情况下支付的工资

（1）根据国家法律、法规的规定，因病、工伤、产假、计划生育假、婚丧假、事假、探亲假、定期休假、停工学习、执行国家或社会义务等原因按计时工资标准的一定比例支付的工资。

（2）附加工资、保留工资。

（三）工资总额不包括的项目

下列各项不列入工资总额的范围：

（1）根据国务院发布的有关规定所颁布的创造发明奖、自然科学奖、科学技术进步奖和支付的合理化建议与技术改进奖，以及支付给运动员、教练员的奖金。

（2）有关社会保险和职工福利方面的费用。具体有：职工死亡丧葬费及抚恤费、医疗卫生费和公费医疗费用、职工生活困难补助费、集体福利事业补贴、工会文教费、集体福利费、探亲路费、冬季取暖补贴等。

（3）劳动保护的各种支出。具体有：工作服、手套等劳动保护用品，解毒剂、清凉饮料，以及按1963年7月19日劳动部（现人力资源和社会保障部）等七单位规定的对接触有毒物质、矽尘作业、放射线作业、潜水作业、沉箱作业、高温作业等工种所享受的由劳动保护费开支的保健食品待遇。

（4）有关离休、退休、退职人员待遇的各项支出。

（5）稿费、讲课费及其他专门工作报酬。

（6）出差伙食补助费、误餐补助、调动工作的差旅费和安家费。

（7）对自带工具、牲畜来企业工作职工所支付的工具、牲畜等的补偿费用。

（8）租赁经营单位承租人的风险性补偿收入。

（9）对购买本企业股票和债券的职工所支付的股息（包括股金分红）和利息。

（10）劳动合同制职工解除劳动合同时由企业支付的医疗补助费、生活补助费等。

（11）因录用临时工而在工资以外向提供劳动力单位支付的手续费和管理费。

（12）支付给家庭工人的加工费和按加工订货办法支付给承包单位的发包费用。

（13）支付给参加企业劳动的在校学生的补贴。

（14）计划生育独生子女补贴。

第三节

薪酬管理的内容

一、政府宏观工资分配监管体制机制的内容

在政府人力资源和社会保障行政部门、国有资产监督管理部门，一般设立劳动工资司（处）、考核分配司（处）等。具体工资管理职位，一般称为工资主管司长、局长，工资主管处长、科长，主任科员，等等。

从目前的情况看，政府人力资源和社会保障行政部门、国有资产监督管理部门、政府财政税务部门等，都从不同的角度对国有企业及非国有企业工资分配实施内容不同、方式不同的管理。按照《国务院关于改革国有企业工资决定机制的意见》，现行政府宏观工资分配监管体制机制的内容大致如下：

（1）人力资源和社会保障行政部门负责建立企业薪酬调查和信息发布制度，定期发布不同职业的劳动力市场工资价位和行业人工成本信息；会同财政、国资监管等部门完善工资指导线制度，定期制定和发布工资指导线、非竞争类国有企业职工平均工资调控水平和工资增长调控目标。

（2）国有资产监督管理委员会落实履行出资人职责机构的国有企业工资分配监管职责。履行出资人职责机构负责做好所监管企业工资总额预算方案的备案或核准工作，加强对所监管企业工资总额预算执行情况的动态监控和执行结果的清算，并按年度将所监管企业工资总额预算执行情况报同级人力资源和社会保障行政部门，由人力资源和社会保障行政部门汇总报告同级人民政府。同时，履行出资人职责机构可按规定将有关情况直接报告同级人民政府。

（3）建立国有企业工资分配信息公开制度。履行出资人职责机构、国有企业每年定期将企业工资总额和职工平均工资水平等相关信息向社会披露，接受社会公众监督。

（4）健全国有企业工资内外收入监督检查制度。人力资源和社会保障行政部门会同财政、国资监管等部门，定期对国有企业执行国家工资收入分配政策情况开展监督检查，及时查处违规发放工资、滥发工资外收入等行为。加强与出资人监管和审计、税务、纪检监察、巡视等监督的协同，建立工作会商和资源共享机制，提高监督效能，形成监督合力。

对企业存在超提、超发工资总额及其他违规行为的，扣回违规发放的工资总额，并视违规情形对企业负责人和相关责任人员依照有关规定给予经济处罚和纪律处分；构成犯罪的，由司法机关依法追究刑事责任。

（5）机关、事业单位的工资，则主要由政府人力资源和社会保障行政部门、财政部门直接管理。

二、企事业单位工资管理工作的内容

企事业单位非领导工资管理职位，一般称为工资管理员、工资主管、薪酬主管、薪酬专员、薪资专员、薪资主管等。工资管理领导职位，一般具体称为：主管工资厂长、经理，主管工资处长、部长等。在大型的股份制企业中，在董事会下还设立了薪酬委员会，主要负责高级管理人员的薪酬管理。

工资管理职位的职责是：全面负责（或主要负责、具体负责）工资分配的设计及日常工资分配的事务性工作。具体工作内容大体包括：

（1）制订和实施人工费计划。正确分析企业各项生产经营和劳动效益指标，计算合理的人工费以及人工费的使用结构。

（2）制订和实施专项的工资计划，包括工资总额计划和平均工资计划。

（3）组织实施工作评价。通过工作评价确定职位等级和工资等级；通过组织复评对工作评价的成果进行维护。

（4）制定和实施工资（奖金）分配方案、工资（奖金）调整方案。

（5）正确地计算职工工资、奖金、津贴、补贴、加班加点工资，拟订工资条。

（6）按照政策规定，核算职工产假、计划生育假、婚丧假、探亲假、年休假等特殊情况下的工资支付。

（7）参与集体合同中工资条款的制定。

（8）进行人工费统计、工资和保险福利统计；建立工资、保险和福利台账；撰写企业人工费或工资统计分析报告。

国家职业技能标准人力资源管理师四级将薪酬管理的内容划分为四个方面：工资总额管理；薪酬水平控制，即确定并控制不同岗位、职工的相对工资水平；企业薪酬制度设计与完善；日常薪酬管理工作。

薪酬管理国家职业技能标准

由人力资源和社会保障部批准，自 2019 年 4 月起正式施行的《企业人力资源管理师国家职业技能标准》中，四级（中级工）企业人力资源管理师和三级（高级工）企业人力资源管理师在薪酬管理方面应达到的技能要求和相关知识要求，见表1-2和表1-3。

表1-2 四级（中级工）企业人力资源管理师国家职业技能标准（摘录）

职业功能	工作内容	技能要求	相关知识要求
五、薪酬管理	（一）薪酬信息采集	1. 能够采集企业薪酬管理的外部环境信息 2. 能够采集薪酬管理的内部信息	1. 薪酬、薪酬管理的概念与内容 2. 薪酬环境的概念与内容 3. 薪酬信息的含义、分类与内容
	（二）薪酬统计分析	1. 能够进行薪酬核算 2. 能够对薪酬指标进行统计分析	1. 薪酬的形式 2. 工资总额与平均工资 3. 薪酬统计指标的种类
	（三）福利费用核算	1. 能够统计核算企业各种社会保险费 2. 能够办理社会保险缴纳手续 3. 能够建立工资福利台账	1. 员工福利的概念、种类 2. 社会保险的基本内容 3. 工资福利台账的内容

表1-3 三级（高级工）企业人力资源管理师国家职业技能标准（摘录）

职业功能	工作内容	技能要求	相关知识要求
五、薪酬管理	（一）薪酬体系设计的前期准备	1. 能够进行薪酬体系设计的准备工作 2. 能够提出专项薪酬管理制度草案	1. 薪酬体系设计的概念、原则和内容 2. 薪酬管理制度的概念、特色与种类
	（二）岗位评价	1. 能够进行岗位评价 2. 能够分析岗位评价数据	1. 岗位评价的概念与内容 2. 岗位评价的基本原理
	（三）市场薪酬调查	1. 能够进行市场薪酬调查 2. 能够分析薪酬调查数据 3. 能够撰写市场薪酬调查报告	1. 市场薪酬调查的基本概念 2. 市场薪酬调查的种类和作用 3. 市场薪酬调查报告的内容
	（四）员工福利管理	1. 能够编制员工福利总额预算 2. 能够制订单项福利计划	1. 员工福利的概念与内容 2. 单项福利计划的内容

二级（技师）企业人力资源管理师
国家职业技能标准（摘录）

一级（高级技师）企业人力资源
管理师国家职业技能标准（摘录）

复习思考题

（1）什么是薪酬？薪酬包括哪些形式的报酬？

（2）什么是货币工资和实际工资？

（3）什么是工资总额？工资总额包括哪几个组成部分？

（4）政府宏观工资分配监管体制机制包括哪些内容？

（5）企事业单位工资管理工作包括哪些内容？

在线练习

案例分析

全面薪酬战略给美菱"加油"

　　全面薪酬战略是发达国家普遍推行的一种薪酬支付方式。它由为员工提供可量化的货币性价值的外在激励和给员工提供的不能以量化的货币形式表现的各种奖励价值的内在激励组合而成。自 2002 年元旦开始，美菱股份公司实行全面薪酬战略，即在美菱实行以岗位工资制度为主体，契约工资制度、项目收入分配制度、绩效工资制度、激励收入制度等多种工资制度同时并行的复合式薪酬制度。这是国有企业美菱集团继 2001 年冰箱产销率、市场份额不断巩固扩大后采取的一项重大的"加油"措施。

　　美菱股份公司此次推行的全面薪酬战略是由该公司人力资源博士后工作站针对美菱现状和未来发展方向而专门设计的。根据"美菱股份有限公司薪酬改革方案"，美菱有的放矢地实行外在激励，员工工作性质不同决定其适用工资制度的不同，如技术人员适用项目收入分配制、营销人员适用绩效工资制等；至于内在的激励，有短期业绩工资，年度的美菱贡献奖、管理新星奖、十佳营销奖、美菱发明奖和经营效益奖六大项，长期的有待批的期权，短期的有诸如培训机会、免费旅游等奖励项目。从整体上看，美菱实施全面薪酬战略的目的在于增强美菱薪酬制度的公平性和激励性，充分发挥薪酬管理对员工的导向作用，更重要的是体现员工收入与表现、业绩相挂钩的原则。

　　美菱实施的全面薪酬战略从内到外整合了岗位设置、收入分配、业绩考评，甚至美菱的组织结构、运行机制、绩效管理等种种系统，既有具体的测算考评体系，又有相当的弹性空间，会从根本上激发全体员工的积极性，使他们自觉地把职业生涯与企业命运紧紧联系在一起。

资料来源：王雁飞，朱瑜. 绩效与薪酬管理实务. 北京：中国纺织出版社，2005：308-309.

分析：

（1）你认为美菱实施的全面薪酬战略在哪些方面有所创新？

（2）结合美菱的实例，请思考全面薪酬战略的意义及薪酬的功能。

第二章

工资决定理论

本章思维导图

学习目标 ▶

通过本章的学习，你应该能够：

▶ **知识目标**

1. 理解边际生产率工资理论、均衡价格工资理论、人力资本工资理论、效率工资理论等长期和短期工资决定的基本原理，并解释其与长期或短期工资水平高低的联系；

2. 说明决定和影响个人工资差别的因素。

▶ **技能目标**

剖析不同职业的工资差距的原因。

▶ **素养目标**

1. 立足国情，在本单位不同岗位、不同人力资本的职工工资价位制订的实践工作中，应用、检验工资决定理论；

2. 跟踪参考本地区不同行业上一年度的工资水平，跟踪参考本地区政府人力资源和社会保障部门公布的工资指导价位，并与本单位的工资水平对比后，为本单位制定有效、公平的职工工资调整方案，从而实现经企济民。

引例及分析

引例一　北京市部分行业 2015 年平均工资

行业代码	行业	行业平均工资（元/人·年）	行业平均工资系数
A0000	农、林、牧、渔业	67 547	1.15
B0000	采矿业	68 669	1.17
O0000	居民服务、修理和其他服务业	58 570	1.00

续表

行业代码	行业	行业平均工资（元/人·年）	行业平均工资系数
C0000	制造业	84 177	1.44
D0000	电力、热力、燃气及水生产和供应业	105 498	1.80
E0000	建筑业	89 955	1.54
F0000	批发和零售业	80 470	1.37
G0000	交通运输、仓储和邮政业	63 961	1.09
I0000	信息传输、软件和技术信息服务业	142 196	2.43
J0000	金融业	183 397	3.13
K0000	房地产业	115 629	1.97
M0000	科学研究和技术服务业	140 784	2.40

资料来源：北京市人力资源和社会保障局. 2016 年北京市劳动力市场工资指导价位与企业人工成本状况. 北京：中国民航出版社，2016：246-268.

引例二　北京市部分服务、生产人员 2018 年工资指导价位

单位：元/人·年

序号	职业	价位等级	综合价位	初级工	中级工	高级工	技师	高级技师
12	道路货运汽车驾驶员	低位数	32 113	27 673	32 808	38 781	54 672	
		中位数	60 001	51 740	54 006	59 842	80 266	
		高位数	114 518	86 639	98 179	109 599	136 587	
50	中式烹调师	低位数	50 774	35 397	46 998	53 792	56 955	62 050
		中位数	81 156	62 148	70 267	82 109	84 190	91 823
		高位数	125 166	104 549	107 707	122 301	144 172	183 531
83	物业管理员	低位数	43 321	35 121	39 365	44 491	54 205	66 473
		中位数	63 269	56 340	68 803	76 747	78 636	114 213
		高位数	137 277	108 765	132 956	147 882	182 719	189 706
84	物业综合维修人员	低位数	38 437	35 147	39 731	49 946	55 317	57 291
		中位数	63 101	56 618	65 382	68 035	75 760	91 845
		高位数	112 726	95 846	102 997	118 945	125 342	129 222
116	道路清扫员	低位数	73 913	36 602	66 413	106 786		
		中位数	93 924	84 229	123 192	131 716		
		高位数	110 411	102 045	139 860	140 473		
205	多工序数控机床操作调整工	低位数	43 831	39 962	41 347	41 355	43 638	54 913
		中位数	72 065	69 033	76 158	79 039	88 191	129 739
		高位数	114 002	97 168	98 754	108 696	139 715	180 306
296	电工	低位数	46 474	38 506	52 060	52 284	56 255	60 366
		中位数	79 785	71 654	86 177	88 327	89 405	96 390
		高位数	122 736	100 777	117 010	130 946	137 447	142 684

资料来源：北京市人力资源和社会保障局. 2018 年北京市劳动力市场工资指导价位与企业人工成本状况. 北京：中国民航出版社，2019：6-54.

引例三 北京市国有企业部分管理和专业技术人员 2018 年工资指导价位

单位：元/人·年

序号	工种职业	低位数	中位数	高位数
2	总经理（厂长）	139 088	346 928	847 886
6	人事部门经理	51 051	133 387	481 437
22	工程部经理	68 139	165 057	433 059
102	通信工程技术人员	36 269	38 416	282 485
104	计算机软件工程技术人员	48 460	130 316	347 581
180	数据分析处理工程技术人员	53 812	151 334	341 220
181	工程造价工程技术人员	51 165	92 435	204 964
204	会计	43 864	87 036	200 340
227	人力资源管理专业人员	50 172	104 196	261 370
286	档案专业人员	41 696	87 362	208 045

资料来源：北京市人力资源和社会保障局. 2018 年北京市劳动力市场工资指导价位与企业人工成本状况. 北京：中国民航出版社，2019：57-69.

引例一展现了不同行业的工资水平及相互之间的工资差别，引例二展现了服务或生产岗位之间以及不同职业、不同技术水平人员的工资水平及相互之间的工资差别，引例三则展现了不同管理和专业技术岗位的工资水平及相互之间的工资差别，以及同一职业低位数、中位数、高位数之间的差别。那么，是哪些因素决定了行业、职业、个人工资水平的高低，决定了行业之间、职业之间、个人之间的工资差别？通过本章的学习，你将会有一个清晰的认识。

第一节

边际生产率工资理论

工资决定理论，是指对在长期和短期情况下工资水平高低如何决定的解释。

边际生产率工资理论是美国经济学家约翰·贝茨·克拉克提出的。这个理论被公认为是对长期工资水平所做出的最令人满意的解释。很大一批学者甚至认为，这一理论同样也适用于确定短期工资水平。

克拉克认为，劳动和资本都有生产率，而且这种生产率都是递减的，最后必然会形成边际生产率。他认为，当资本量不变时，劳动的生产率（MP_L）随着劳动量的增加而不断递减，一直到劳动的边际生产率，即最后的和最小的生产率。当劳动量不变时，资本的生产率（MP_K）也是随着资本的增加而不断递减，一直到资本的边际生产率，即最后的和最小的生产率。劳动的边际生产率决定工资，资本的边际生产率决定利息。

一、劳动边际生产率决定工资图解

克拉克用劳动的生产率分析工资，来证明劳动边际生产率是工资的标准。如图 2-1 所示。

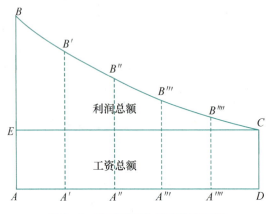

图 2-1　劳动边际生产率决定工资

假定：图 2-1 中的资本数量不变，$ABCD$ 表示总产量，其中：

AB 表示第一个单位劳动的产量；

$A'B'$ 表示第二个单位劳动的产量；

$A''B''$ 表示第三个单位劳动的产量；

$A'''B'''$ 表示第四个单位劳动的产量；

…………

DC 表示最后一个单位劳动所能增加的产量，即劳动的边际生产率，并断言工人的工资取决于最后增加工人的生产率，也就是取决于 DC。因此，在总产量中，即 $ABCD$ 的图形中工资总额等于 $AECD$，呈长方形；利息总额等于 BEC，呈三角形。

通过以上分析，克拉克得出结论：在资本数量不变的情况下，工资水平取决于工人人数。工人人数越多，则边际生产率越低，工资水平越低；反之工人人数越少，则边际生产率越高，工资水平就越高。

二、完全竞争条件下的边际生产率工资理论

在完全竞争的市场上，产品的价格是一定的。但企业对劳动力的需求，主要是由消费者对产品的需求和劳动者的边际产量，即因雇佣工人而增加的总产量决定的。随着雇佣工人数量的逐渐增加，总产量以加速度增长。但超过一定点后，总产量则以减速度增长，甚至最终会下降。这就是收益递减规律的作用。

图 2-2 表明，当投入更多的劳动时，总产量（TP）先是迅速增长，然后速度开始放

慢直至下降。平均产量（AP）等于总产量除以投入的劳动力数量。边际产量（MP）是单位劳动投入所引起的总产量的增量。当总产量增长最迅速时，边际产量最高；当总产量不再增加时（如图2-2中垂直的虚线所示），边际产量是零；当总产量下降时，边际产量是负数。当平均产量曲线上升时，边际产量高于平均产量，当平均产量最高时，两者相等。但是当平均产量曲线下降时，边际产量低于平均产量。

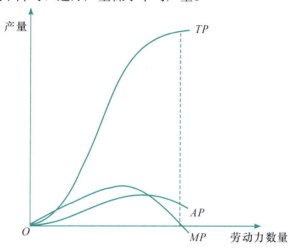

图 2-2　总产量、平均产量和边际产量

表2-1是一个边际生产率的例子。例子表明，当资本量一定，投入的劳动增加时，总产量就增加，从4增加到8、11、13直到14，但是劳动力每增加一个单位，总产量增加的数量，即边际产量却是递减的。当劳动力的增加超过5个时，总产量开始下降，而边际产量为负数。

表 2-1　竞争条件下边际生产率计算表

1	2	3	4	5	6	7	8	9	10
劳动力数量	总产量	产品价格 P	总产值	边际实物产量 MP_L	边际产品产值 MVP	劳动边际产品收益 MRP	边际人工成本 MC_L	边际利润	总利润
1	4	15	60	4	60	60	28	32	32
2	8	15	120	4	60	60	28	32	64
3	11	15	165	3	45	45	28	17	81
4	13	15	195	2	30	30	28	2	83
5	14	15	210	1	15	15	28	−13	70
6	13	15	195	−1	−15	−15	28	−43	27

假定在竞争市场上每单位产品的售价为15美元，劳动力价格为每小时3.5美元（或每日工作8小时为28美元），那么雇主实际会雇用多少人？

从表2-1可以看出，雇主将会雇用4个工人，因为这可以使他获得的利润最多。如果仅雇用3个工人，那么他每天要少收入2美元，因为他雇用第4个工人只花28美元，而因增加第4个工人所增加的总产量（2件产品）得到的边际收入为30美元，增加了2美元利润。但他不会雇用第 5 个工人，因为他付给工人的 28 美元工资大大高于边际产值 15 美元，而使雇主减少 13 美元利润。

因此，边际生产率原理表明：雇主雇用劳动力将达到一定点，即劳动边际产品产值（MVP）等于边际人工成本（MC_L）。MVP（劳动边际产品产值）等于边际产量乘以产品价格。因为在完全竞争的市场上，没有一个企业能够影响产品价格。所以，劳动边际产品产值总是等于劳动边际产品收益，即 $MVP=MRP$。劳动边际产品收益是指单位劳动增量所带来的劳动收益增量。

以上完全竞争条件下的边际生产率原理还可以用图 2-3 来说明。在完全竞争市场上，每个雇主都会按照图 2-3 绘制的过程来决定劳动力的最优雇用数目。在图 2-3 中，劳动力雇用到 E，利润最大。如劳动力雇用到 A，则 BCE' 为少赚的利润；如雇用到 F，则 $E'CH$ 为少赚的利润。

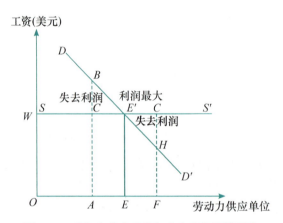

图 2-3　边际生产率理论与完全竞争下的厂商

均衡价格工资理论

均衡价格工资理论的创始人是英国的经济学家阿弗里德·马歇尔。马歇尔认为，边际生产率工资理论只是从劳动力的需求方面研究了工资水平的确定，而没有从劳动力的供给方面反映对工资水平决定的作用和影响，这是不全面的。因此，应当从需求和供给两个方面来说明工资水平的决定。他通过研究得出的结论是：工资是由劳动的需求价格和供给价格相均衡时的价格决定的。劳动的需求价格取决于劳动的边际生产率，劳动的供给价格取决于劳动者的生活费用。

下面具体考察均衡价格工资理论的主要内容。

一、竞争性市场均衡工资率的形成

所谓竞争性的劳动力市场，是指不存在买方垄断或卖方垄断的市场。

在竞争性市场上，某一职业的市场劳动力需求线是向右下方倾斜的。它表示，假定资本价格和消费者收入不变，对应于每一种工资率，雇主需要多少工人。其趋势是：雇用人数同工资率的高低呈反方向变动。而市场的劳动力供给曲线是向右上方倾斜的。它表示，假定其他职业的工资不变，对应于每一种工资率，有多少工人愿意进入市场。其趋势是：劳动力供给人数同工资率的高低呈同一方向变动。

把市场的劳动力需求曲线和市场的劳动力供给曲线同时在同一个图形上描绘出来，就可以从中得出一些有意义的结论，如图2-4所示。

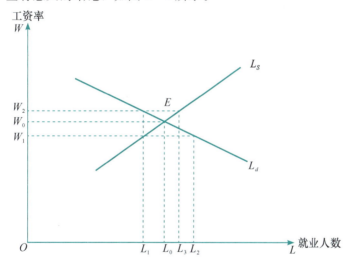

图 2-4　市场劳动力需求与供给

在图2-4中，纵坐标 W 为工资率；横坐标 L 为就业人数，即供给人数或需求人数。

假设市场工资定为 W_1，在这种低工资率下，劳动力的需求量将超过劳动力供给量，因而会存在劳动力短缺。雇主为了得到足够的劳动力，必然增加工资，以与其他雇主争夺劳动力，从而推动该职业的劳动力市场的整体工资水平的上升。工资上升后，会出现两种情况：第一，更多的人愿意进入这一市场求职；第二，引起雇主劳动力需求量的减少。

如果工资上升到 W_2，劳动力的供给量将超过劳动力的需求量，结果产生劳动力剩余，不是所有希望就业的人都能找到工作。面对大量的求职者，雇主很快意识到，即使降低工资，仍然会得到合格的求职者以填补空缺职位，并且，如果工资降低，还有希望雇用更多的工人。当工资降低以后，那些仅能找到一个工作岗位的人，也就接受这一降低的工资而就职，而不愿接受这一降低的工资的另一些人，将离开这一职业市场而到其他职业市场求职。这样，随着工资从 W_2 不断下降，劳动力的需求量与供给量逐渐趋向均衡。

在某一工资率下，劳动力的需求量正好等于劳动力的供给量。这一工资率，即图2-4中的W_0点，就是需求与供给相均衡时形成的工资率，所以也称均衡工资率或市场出清工资率。此时，雇主所需要的雇用量得到满足，所有空缺职位都有人填补了，而市场上所有愿意工作的人也都找到了工作。总之，在W_0点，既无劳动短缺也无劳动剩余，劳动力的供需双方都感到满意，哪一方都不存在变动工资的因素，因而市场处于均衡状态。与均衡工资率相应实现的就业量L_0，即为均衡就业量。

结论：劳动力供求共同作用的结果表现为均衡工资率和均衡就业量。

均衡工资率是市场最终的通行工资，是单个雇主和雇员面临的现行工资，也就是说，市场决定了工资率并"公布"于单个参与者。图2-5（a）描绘了市场需求与供给相等时的均衡工资率W_0和均衡就业量L_0。图2-5（b）描绘的是与之相应的该市场一个典型企业的需求和供给曲线，市场上包括这个典型企业的所有企业都支付W_0的工资，并且总就业量L_0等于所有单个企业的雇用量之和。

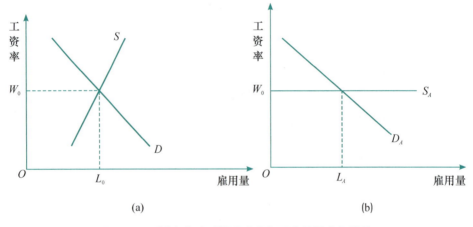

(a)   (b)

图2-5　"市场"和"单个企业"层次的需求与供给

二、均衡工资率的破坏与新均衡工资率的形成

什么变化可以改变均衡工资率呢？可以归纳为三种情况，并导致三种结果。

（1）供给曲线左移或需求曲线右移使均衡工资率上升。无论供给曲线左移还是需求曲线右移，最初都会造成劳动力短缺，并引起市场工资上升。

（2）供给曲线右移或需求曲线左移使均衡工资率下降。无论供给曲线右移还是需求曲线左移，最初都会造成劳动力剩余，并引起市场工资下降。

（3）供给与需求同时变动，均衡工资率可能上升，也可能下降。当需求曲线左移，供给曲线也同时左移时，或当需求曲线右移，供给曲线也同时右移时，两者对原均衡工资率的作用相反。工资或升或降，将取决于两条曲线向同一方向移动的相对幅度。

人力资本工资理论

一、人力资本投资的概念

人力资本理论的提出者是西奥多·舒尔茨，为此他获得了 1980 年诺贝尔经济学奖。自从 20 世纪 60 年代西奥多·舒尔茨提出这一理论之后，经济学家开始运用其分析劳动者技能差异、个人收入差异、企业对教育和培训的投资行为以及劳动力流动等问题的原因。

一般来说，劳动者的知识、技能和体力（健康状况）等构成了人力资本。从这个意义上讲，一切有利于提高劳动者素质与能力的活动，有利于提高劳动者的知识存量、技能存量和健康存量的经济行为以及有利于改善人力资本利用效率的开支，都是人力资本投资。

二、人力资本投资的方式

人力资本投资可归纳为四种主要的方式。

（一）普通教育

通过普通教育投资，形成并增加人力资本的知识存量，表现为人力资本构成中的"普通教育程度"，即用学历反映人力资本中的知识存量。

（二）职业技术培训

职业技术培训这类人力资本投资方式，特别侧重于人力资本构成中的专业知识与技能存量，其表现是人力资本构成中的"专业技术等级"或"技术等级"。

（三）卫生保健

用于卫生保健、增强体质的费用是人力资本投资的第三种方式。人力资本的载体只能是人。人的心理、生理状况，如肌肉力量、五官感觉、灵敏程度等，是人力资本借以发挥作用的自然基础。

（四）劳动力流动

劳动力流动费用本身并不能直接形成或增加人力资本存量，但是，通过劳动力流动实现人力资本优化配置，调整着人力资本分布的稀缺程度，是实现人力资本价值和增值的必要条件。

三、人力资本投资决策模型

人力资本投资能够给投资者带来经济收益与非经济收益。但是否应当进行一项人力资本投资，从经济的角度出发，则首先取决于投资收益与投资成本的比较，其次取决于人力资本投资收益率和物力资本投资收益率的比较。这两个比较通过两个决策模型来体现。

（一）现值法决策模型

所谓现值就是指未来一定量的价值相当于现在的价值。

假定某项人力投资在 t 年内的投资预期收益的现值为 PV；人力资本投资预期成本的现值为 PVC。那么，只有当预期收益现值等于、最好是大于成本现值时，投资才是可行的，即：

$$PV \geqslant PVC$$

（二）内含报酬率法决策模型

内含报酬率，也称投资报酬率，指的是一般投资的报酬与成本正好相等时的报酬率。即多高的报酬率才能使教育投资有利可图。

美国人口经济学家恩格尔曼曾给出了有关人力资本收益率的公式：

$$C + X_0 = \sum_{i=1}^{n} \frac{Y_i - X_i}{(1+r)^i}$$

式中：C——受教育期间付出的直接费用；

X_0——因受教育而放弃的收入；

Y_i——受教育时间较长的人第 i 年的收入；

X_i——受教育时间较短的人第 i 年的收入；

n——受教育后可以工作获得收入的总年数（至退休）；

r——教育收益率；

i——观察比较教育收益的年份数。

从公式中可以看出，劳动者因为接受较长时间的教育而投入的成本或称人力资本是 $(C + X_0)$，至少应该等于受教育后因多受教育而多获得的收入的现值（含利息）。否则，货币投资无益。因为在这种情况下，将投资的货币存入银行的收益更大。

效率工资理论

进入 20 世纪 70 年代以来，西方市场工资理论的研究从经济学的研究领域进入管理学的研究范围，不是将工资视为生产率的结果，而是倾向于将工资视为促进生产率提高的手段，效率工资理论（Efficiency-wage Theory）便是这一理论研究的产物。

一、效率工资理论的基本含义

效率工资可以认为是高于市场工资的工资，或者认为是对外具有竞争力的工资。

效率工资理论的基本观点是，工人的生产率取决于工资率。工资提高将导致工人生产率的提高，故有效劳动的单位成本（工资、福利、培训费等）反而可能下降。因此，企业降低工资，不一定会增加利润，提高工资也不一定会减少利润。这一工资理论的政策含义是：工资可作为增加利润的有效手段。

二、效率工资理论的微观经济学基础

生产率为什么取决于工资？这是因为在信息不完善的劳动力市场中，工资通过刺激效应、逆向选择效应、劳动力流动效应、社会伦理效应对生产率产生的影响所致。

（一）刺激效应

工人逃避义务的程度与被解雇的代价成反比，而解雇的代价是因逃避义务而被发现的概率及因此被解雇而发生的收入损失的函数。如果所有企业都支付市场出清工资，并且劳动力市场处于充分就业状态，则被解雇的代价几乎等于零。因为，即便因逃避义务而被解雇，他们也会很快在其他地方找到相同收入水平的工作。

为了提高因逃避义务而被解雇的代价，支付高于其他企业的工资，增大被解雇的收入损失便是方法之一。这种方法会改进工人的劳动刺激，从而提高生产率。另一种方法便是高失业率，因为在劳动力市场存在失业的情况下，被解雇之后很快找到新职业的概率不大，也会增加解雇的代价，改进工人的劳动刺激。因此，所有企业都支付高于市场出清工资水平的工资，因为它们懂得，如果降低工资水平，就会冒工人努力逃避义务的风险，它们所付出的代价会更大。

（二）逆向选择效应

由于企业面临的是一个异质的劳动力市场，企业在进行雇用决策时需要对求职者的潜在生产率进行推测，进行这种推测需要利用与生产率相关的信息，工资便是有效的信息之一。这是因为，工人的能力与保留工资（Reservation Wage，工人愿意接受的最低工资）呈正相关，高生产率的工人愿意接受的保留工资要比低生产率工人的保留工资高。因此，企业的现行工资对于它将招募到的工人的质量会产生重要的影响。那些保留工资比企业的现行工资高的高生产率工人，将不会向该企业求职。对某个企业而言，其求职者的平均生产率将随工资下降而下降，因为工资降低将导致更多高生产率工人退出该企业的求职行列。这类效应在不完全信息经济学中称为"逆向选择（Adverse Selection）"，本来有利于某个经济主体的价格变动，由于质量选择效应，反而会变得对它不利。

（三）劳动力流动效应

劳动力流动效应（指标是辞职率）对工资的作用机制是：对于一个追求利润最大化的企业而言，它注重的是总劳动成本，而不仅仅是工资成本，而总劳动成本是变动成本（工资成本）和准固定劳动成本之和，辞职率的增加将会导致准固定劳动成本的增加，因此，提高工资以降低辞职率对企业来说可能是合算的。

准固定劳动成本（Quasi-fixed Cost）的性质是与工人人数有关。其中，雇用和培训成本是准固定劳动成本的重要组成部分，它与每个新雇员有关，而与接受雇用和培训之后的工作时间无关。对于企业来说，这是一笔人力资本投资，工人的辞职将会导致这笔人力资本的损失。对于企业而言，人力资本损失的总额将是其辞职率的函数。因而，总劳动成本 $C=W+T(r+q)$。其中 W 是工资，T 是辞职率，q 是人力资本投资，r 是人力资本投资利息。

工人考虑是否辞职的一个重要参数是他在劳动力市场上的相对工资水平。如果我们将企业按工资高低分为两类，一类支付较高工资 W_2，另一类支付较低工资 W_1。于是，当企业支付的工资高于 W_2 时，辞职率将由"自然"退职（退休和死亡）决定；当工资介于 W_1 和 W_2 之间时，辞职率将升高；当工资降到 W_1 以下时，辞职率达到最大值。追求利润最大化的企业将使劳动力成本最小化。研究表明，总是存在一些工资分布，使企业在几个不同的工资率上达到成本最小化。而且，在这种均衡工资分布下，即使存在劳动的超额供给，任何企业都不会单独降低工资，因为这样会使辞职率升高，从而提高劳动成本。

（四）社会伦理效应

社会伦理效应作用于工资的机理是基于心理学的考虑，通常工人之间会相互比较其劳动收入和劳动支出，并在这种比较的基础上变更其行为方式，力图使其劳动收支趋于均衡。当他认定自己受到不公平对待时，便不会好好干活；而当他相信自己受到优待时，便会以努力工作、忠诚于企业作为回报。因此，企业提高相对工资，就能通过工人的公平观念和回报观念而提高工人的努力程度，从而提高生产率。

第五节

决定和影响个人工资差别的因素

决定和影响个人工资差别的因素很多，归纳起来包括个人因素、职位因素、企业因素和社会因素四个方面。

一、个人因素

个人因素指与员工个人有关的因素，如员工的基本素质、劳动量、员工的工龄等。

（一）员工的基本素质

由于员工所接受的教育和培训等方面的区别，可能会导致员工基本素质的不同。有些任职者可能各方面都能达到或超过职位的要求；有些任职者可能某些方面比较强，而在另一些方面相对比较弱。同一职位上的不同任职者，可能会因为他们这种基本素质的差别而得到不同的薪酬。

（二）劳动量

员工的薪酬水平还受到劳动量的影响。在其他各方面条件相当的情况下，不同的员工可能会因为其努力程度不一样，而导致员工劳动量的不同。有些员工劳动量比较多，而有些员工的劳动量相对来说比较少。员工在劳动量方面的差别也会影响员工的薪酬水平。

（三）员工的工龄

考虑员工工龄，一是认可员工的经验；二是为了补偿员工过去所做的贡献，有利于稳定企业员工队伍。

二、职位因素

（一）职位的高低和类别

由于分工的不同，员工可能会在不同类别、不同层次的职位上工作。职位总是和责任结合在一起的，职位高的员工承担的责任较大，职位低的员工相对来说承担的责任较小。

这种责任的大小会影响员工的薪酬水平。同时，职业的类别也会影响员工的薪酬水平，比如，其他条件相同的员工，如果从事营销类工作，极有可能会在薪酬水平上高一些。

（二）工作条件

有些职位需要经常在户外工作，甚至可能会有安全问题，带有一定的危险性；还有一些职位的工作条件可能会妨碍任职者的身体健康，甚至危及任职者的生命安全。对于这些职位，一般应给予补偿性的薪酬或补贴，以补偿任职者的额外劳动付出和工作环境带来的负效用。

三、企业因素

（一）企业的经济效益

企业的经济效益将直接决定企业的薪酬政策和薪酬水平。一般来说，经济效益好的企业，薪酬水平就比较高；而经济效益不好的企业，薪酬水平相对来说就较低。

（二）企业的发展阶段

企业的发展一般分为迅速发展、正常发展至成熟、无发展或衰退三个阶段。在前两个阶段，薪酬增长快，薪酬水平较高；在第三个阶段，企业着重成本控制，薪酬增长缓慢或无增长。

（三）企业的薪酬哲学

企业的薪酬系统还和企业的薪酬哲学有关，尤其是高层管理人员的薪酬哲学。也就是高层领导愿意从企业利润中拿出多少来作为薪酬开支；愿意把公司的薪酬水平定位于一个什么水平，是低于市场同类企业水平，还是与它们接近或者高于其他企业的薪酬水平。

四、社会因素

（一）政府的政策和法规

企业的薪酬政策和薪酬水平，要受到国家有关的政策、法规的调节和约束。国家可以通过宏观政策调节劳动力供求关系，引导市场，从而间接地影响企业。也可以通过立法来规范企业的分配行为，从而直接地影响企业薪酬政策和薪酬水平。最低工资保障制度就是一个具体的限制界面。此外，国家还可以通过税收间接地影响和制约企业的薪酬政策。

（二）劳动力市场的供求状况

当市场上某种人才供不应求时，企业为了吸引人才就会提高薪酬水平；相反，当某种人才供过于求时，企业能很容易地吸引到人才，就可以不提高薪酬水平，甚至降低薪酬水平。

（三）社会的经济状况

总体来说，人们的薪酬水平是随着社会生产力水平的提高而提高的。但是，实际的薪酬水平会受到当时社会经济状况和物价水平的影响。

复习思考题

1. 思考题

（1）边际生产率工资理论的含义是什么？

（2）均衡价格工资理论的含义是什么？

（3）人力资本投资的两个决策模型的含义是什么？

（4）什么是效率工资？效率工资为什么能够提高生产率？

2. 实训题

劳动力的需求价格和供给价格分别取决于什么因素？通过采集当地人力资源和社会保障行政部门发布的《劳动力市场工资指导价位》信息，找出当地劳动力市场价位中，年薪中位数分别在10 000元、20 000元、30 000元、40 000元、50 000元、80 000元、100 000元、200 000元左右的1个～5个职业、工种或岗位，并从学历、专业技术/技术等级、职业、行业等方面分析造成其工资差距的原因。

在线练习

第二篇

薪酬福利基本政策

第 三 章

政府宏观监控指导

本章思维导图

学习目标 ▶

通过本章的学习，你应该能够：

▶ **知识目标**

1. 了解国家收入分配"十四五"规划目标和主要举措；

2. 了解"工资指导线、劳动力市场工资指导价位和人工成本预测预警"三位一体的政府宏观工资监控指导体系的具体内容；

3. 掌握工资集体协商的内容与程序。

▶ **技能目标**

1. 计算最低工资应剔除的工资、保险和福利项目；

2. 计算应纳税个人所得（综合所得）应剔除和应扣除的项目，计算个人所得税应纳税额。

▶ **素养目标**

1. 参考本地区政府公布的工资指导线和劳动力市场工资指导价位等宏观监控指导政策，确定本单位报告年度平均工资增长幅度，使其合规、恰当、有效；

2. 遵守最低工资的政策法规，从而保障职工基本权益。

引例及分析

市场经济发达国家都对企业工资和薪金采取了一定的监控指导措施。美国政府不直接控制公司工资和薪金的发放，但要为其确定工资总额提供一定的条件和依据，在这方面所做的主要工作有三项：一是进行工资调查。美国早在1884年就成立了劳工统计局，分期分批地对各产业进行工资调查，其内容涉及工资水平、历年工资增长情况、年平均工资率等。二是制定最低工资标准。美国1938年颁布的《公平劳动标准法》规定了工人最低小时工资和超时工资标准，此后根据经济社会发展状况定期进行调整。三是提供消费物价指数。德国政府对公司制企业的工资分配采取不干预、不介入的态度，但也通过一些手段对其产生间接影响。比如，政府在每年年初发布年度经济报告，其中包括经济增长率、劳动生产率的提高和物价指数等情况，并对上年的工资政策进行评述，供劳资双方在谈判时参考；在一定条件下，可以通过劳工和社会秩序部宣布某一个劳资协议对整个行业有约束；运用就业政策平衡劳动力市场的供求关系，从而影响劳动力价格等。日本政府主要运用最低工资法、劳资关系调整法等法律手段保证劳资双方平等地谈判，并进行大量的工资统计、调查、分析，并将结果公布，为劳资双方谈判提供信息服务。

处于社会主义市场经济体制完善阶段的我国政府，在宏观工资管理方面采取了哪些监控指导措施呢？企业在工资总额的决定上是否也要接受政府的监控指导？通过本章的学习，你将会得到明确的答案。

第一节

收入分配"十四五"规划目标和主要举措

2020 年 5 月 11 日中共中央 国务院《关于新时代加快完善社会主义市场经济体制的意见》、2020 年 10 月 29 日十九届五中全会通过的《中共中央关于制定国民经济和社会发展第十四个五年规划和二〇三五年远景目标的建议》和党的二十大报告，对"十四五"期间及今后一个时期规划了宏观收入分配的目标和主要举措。

一、目标

完善分配制度，坚持按劳分配为主体、多种分配方式并存，分配结构明显改善，健全体现效率、促进公平的收入分配制度。

二、重大政策

（1）坚持多劳多得，着重保护劳动所得，鼓励勤劳致富。增加劳动者特别是一线劳动者劳动报酬，健全最低工资标准调整机制，完善工资制度，健全工资合理增长机制，提高劳动报酬在初次分配中的比重，在经济增长的同时实现居民收入同步增长，在劳动生产率提高的同时实现劳动报酬同步提高。

（2）完善按要素分配政策制度，健全劳动、资本、土地、知识、技术、管理、数据等各类生产要素由市场评价贡献、按贡献决定报酬的机制。

（3）完善企业薪酬调查和信息发布制度。

（4）推进高校、科研院所薪酬制度改革，扩大工资分配自主权。

（5）鼓励企事业单位对科研人员等实行灵活多样的分配形式。健全创新激励和保障机制，构建充分体现知识、技术等创新要素价值的收益分配机制，完善科研人员职务发明成果权益分享机制。

（6）完善再分配机制，加大税收、社保、转移支付等调节力度和精准性，合理调节过高收入，取缔非法收入。

（7）完善第三次分配机制，发挥第三次分配作用，发展慈善等社会公益事业，改善收入和财富分配格局。

（8）多措并举促进城乡居民增收。探索通过土地、资本等要素使用权、收益权增加中低收入群体要素收入。多渠道增加城乡居民财产性收入。

（9）促进机会公平，着力提高低收入群体收入，缩小收入分配差距，扩大中等收入群体。

（10）规范收入分配秩序，规范财富积累机制。

第二节

三位一体的政府宏观工资监控指导体系

1996 年，北京市率先提出了企业人工成本预测预警制度；1997 年，上海市推出了劳动力市场工资指导价位制度；1999 年，劳动保障部（现人力资源和社会保障部）推出了工资指导线制度。至此，初步形成了工资指导线、劳动力市场工资指导价位、人工成本预测预警三位一体的与社会主义市场经济体制和建立现代企业收入分配制度相适应的新型政府宏观工资监控指导体系。三位一体的新型政府宏观工资监控指导体系的形成，标志着国家对工资的调控由对工资总量调控转向了对工资水平调控。①

一、工资指导线

（一）工资指导线的概念和作用

工资指导线是在社会主义市场经济体制下，政府宏观调控工资总量、调节工资分配关系，规划工资水平增长，指导企业工资分配所采用的一种制度。目的在于引导城镇各类企

---

① 1985 年 1 月 5 日，国发〔1985〕2 号《关于国营企业工资改革问题的通知》，决定从 1985 年开始实行职工工资总额与企业经济效益挂钩的办法，简称"工效挂钩"。工效挂钩的推出，标志着国家对工资的调控由对工资水平调控转向了对工资总量调控。工效挂钩的具体内容见本章第五节。

业在发展生产、提高效益的基础上适度增加工资，为企业集体协商谈判确定工资水平提供依据；使企业工资的微观决策与政府的宏观调控政策保持协调统一，以达到政府稳定物价、促进经济增长、实现充分就业及提高职工生活水平的目标。

工资指导线所具有的操作性强、适用范围广、间接性、指导性以及公开性的特点，适应了市场经济条件下政府调控企业工资分配的要求。作为企业工资宏观调控办法的一项重要举措，工资指导线将在以下四个方面发挥重要作用：

（1）为集体协商谈判和非集体协商谈判企业确定年度工资增长水平提供依据。

（2）引导企业自觉控制人工成本水平。政府在制定和实施工资指导线过程中，通过对国内外企业人工成本水平的分析，定期发布不同行业人工成本信息依据，进而增强企业经济竞争力，保持我国人工成本优势，促进对外贸易和吸引外资。

（3）以工资增长指导线为标准，测量工资水平和工资总量增长是否适当。

（4）完善国家工资宏观调控体系。工资指导线作为工资宏观调控体系的重要组成部分，它和调节过高收入的税收政策、最低工资保障政策共同发挥作用，从而实现工资收入分配的效益原则和公平原则。

（二）工资指导线的制定原则

按 1997 年 1 月 30 日劳动部发〔1997〕27 号文印发的《试点地区工资指导线制度试行办法》，工资指导线的制定应遵循以下原则：

（1）符合国家宏观经济政策和工资增长的总体要求。

（2）结合地区、行业、企业特点，实行分级管理、分类调控的原则。

（3）实行协商原则，以劳动行政部门为主，与政府有关部门、工会、企业协会等组织共同制定。

（三）工资指导线的基本内容

1. 经济形势分析

国家宏观经济形势和宏观政策简析；本地区上一年度经济增长、企业工资增长分析；本年度经济增长预测以及与周边地区的比较分析。

2. 工资指导线意见

工资指导线水平包括本年度企业货币工资水平增长上线、基准线、下线。

（1）工资水平增长上线，即工资增长预警线，它是政府依据宏观经济形势和社会收入分配关系进行分析，对工资水平较高的企业提出的工资适度增长的预警提示。企业工资增长如已达到当地政府提出的工资增长预警线，就应自我约束，以免工资增长过快，超过本企业经济效益和劳动生产率的提高幅度，对整个社会分配秩序产生冲击。

（2）工资水平增长基准线是政府对大多数生产发展、经济效益正常的企业工资正常增长的基本要求。

（3）工资水平增长下线是政府对经济效益下降或亏损企业工资增长的起码要求。明确规定这类企业的实际工资可以是零增长或负增长，但支付给提供正常劳动的职工工资不低于当地最低工资标准。

　　工资指导线可以根据不同情况采用不同的形式，主要有以下四种形式：第一，平均工资增长幅度。一般包括工资水平增长下线、工资水平增长基准线、工资水平增长预警线。现在一般采用该种形式。第二，平均工资增加绝对额。如某地区针对不同类型企业，规定年增加工资 1 000 元、800 元、500 元。第三，平均工资增长幅度加平均工资增加绝对额。第四，工资增长指导原则，即没有规定具体的增长数据，只是提出原则性要求。

　　工资指导线对不同类别的企业实行不同的调控办法：

　　（1）国有企业和国有控股企业，应严格执行政府颁布的工资指导线，企业在工资指导线所规定的下线和上线区间内，围绕基准线，根据企业经济效益合理安排工资分配，各企业工资增长均不得突破指导线规定的上线。在工资指导线规定的区间内，对工资水平偏高、工资增长过快的国有垄断性行业和企业，按照国家宏观调控阶段性从紧的要求，根据有关政策，从严控制其工资增长。

　　（2）非国有企业（城镇集体企业、外商投资企业、私营企业等）应依据工资指导线进行集体协商确定工资，尚未建立集体协商制度的企业，依据工资指导线确定工资分配，并积极建立集体协商制度。企业在生产经营正常的情况下，工资增长不应低于工资指导线所规定的基准线水平，效益好的企业可相应提高工资增长幅度。

3. 对企业的要求

　　所有企业应根据本地区工资指导线的要求，在生产发展、效益提高的基础上合理安排职工工资分配。各企业应在政府颁布工资指导线后 30 日以内，依据工资指导线编制或调整年度工资总额计划。

北京市 2020 年食品制造业
行业工资指导线
函数式及图表

二、劳动力市场工资指导价位制度

　　为了贯彻落实学习十五届四中全会精神，加快建立符合社会主义市场经济要求的企业工资宏观调控体系，1999 年 10 月 25 日劳社部发［1999］34 号文印发了《关于建立劳动力市场工资指导价位制度的通知》。

（一）劳动力市场工资指导价位制度的主要内容

　　劳动力市场工资指导价位制度的主要内容是：人力资源和社会保障行政部门按照国家统一规定要求，定期对各类企业中的不同职业（工种）的工资水平进行调查、分析、汇总、加工，形成各类职业（工种）的工资位，向社会发布，用以指导企业合理确定职工工资水平和工资关系，调节劳动力市场价格。建立劳动力市场工资指导价位制度的意义是：

　　（1）有利于政府劳动工资管理部门转变职能，由直接的行政管理转为充分利用劳动力市场价格信号指导企业合理进行工资分配，将市场机制引入企业内部分配，为企业合理确定工资水平和各类人员工资关系，开展工资集体协商提供重要依据。

　　（2）有利于促进劳动力市场形成合理的价格水平，为劳动力供给双方协商确定工资水平提供客观的市场参考标准，减少供求双方的盲目性，提高劳动者求职的成功率和劳动力市场运作的整体效率。

（3）有利于引导劳动力的合理、有序流动，调节地区、行业之间的就业结构，使劳动力价格机制与劳动力供求机制紧密结合，构建完整的劳动力市场体系。

（二）工作目标

总的目标是：建立以中心城市为依托，广泛覆盖各类职业（工种），国家、省（自治区、直辖市）、市应多层次汇总发布劳动力市场工资指导价位制度，使之成为科学化、规范化、现代化的劳动力市场的有机组成部分。具体目标是：

（1）建立规范化的信息采集制度，保证统计调查资料的及时性、准确性。

（2）建立科学的工资指导价位制定方法，保证工资指导价位能真实反映劳动力价格，并体现政府宏观指导意图。

（3）建立现代的信息发布手段，使工资指导价位直接、及时、便捷地服务于企业和劳动者。

（三）劳动力市场工资指导价位调查和制定方法

1. 制定调查方案

调查方案包括调查范围和内容、调查方法和对象及调查表等。

（1）调查范围和内容。调查范围包括城市行政区域内的所有城镇企业。调查内容为上一年度企业中有关职业（工种）在岗职工全年工资收入及有关情况。随着工资指导价位制度建设工作的推进，有条件的地区，还可调查普通劳动力的小时工资率。工资收入按国家有关规定口径进行统计。

（2）调查方法和对象。一般采取抽样调查方法。根据以下要求分别确定调查行业、调查职业（工种）、调查企业和调查职工。

调查行业：在16个大行业中，以农林牧渔业、采掘业、制造业、电力煤气及水的生产和供应业、建筑业、交通运输仓储及邮电通信业、批发和零售贸易餐饮业、金融保险业、房地产业、社会服务业10个行业为重点，根据本地区的产业结构进行选择，并可根据实际需要对大行业进行细化。

调查职业（工种）：要根据当地产业结构来确定，特别注重选择通用的或市场上流动性较强的职业（工种）。职业的名称、代码要按照《中华人民共和国职业分类大典》和《劳动力市场职业分类与代码》进行规范，保证职业分类的统一化和标准化。

调查企业：在选定的行业中，将企业（应为生产经营正常的企业）按上年职工平均工资水平从高到低排列，采取等距抽样办法抽取。为保证调查结果有代表性，应覆盖各类型企业，其中非国有企业应占较大比例，各城市具体比例根据当地非国有经济发展程度确定。若个别行业经济类型有明显偏差，可适当调整。35个大中城市调查企业户数应不少于200户，其他城市不少于100户。要根据当地产业结构确定调查企业在行业间的分布，具体可通过改变每一行业企业间的间距增加调查企业户数。

调查职工：按规定的抽样方法抽取部分职工进行调查，填写如表3-1所示的内容。

表 3-1 企业在岗职工工资调查表

单位名称： 单位代码： 国民经济行业： 企业登记注册类型：

单位隶属关系： 在岗职工平均人数： 在岗职工工资总额： 联系电话：

序号	姓名	性别	年龄（岁）	工龄（年）	专业(技术)等级	工种或职业	学历	上年工资总额（元）	其中：奖金	本年工资总额（元）	其中：奖金

2. 实施调查

在确定的调查企业中，根据"企业在岗职工工资调查表"的要求进行调查，采集有关数据、资料。调查应在每年的第一季度完成。

3. 汇总分析、制定工资指导价位

将同一职业（工种）调查的全部职工工资收入从高到低进行排列，按下列方法分别确定本职业（工种）工资指导价位的高位数、中位数和低位数。

（1）高位数：工资收入数列中前 5% 的数据的算术平均数。

（2）中位数：处于工资收入数列中间位置的数值。确定中位数的计算方法：中位数位置 $=(n+1)/2$，其中 n 为同一职业（工种）工资收入数列的项数。若 n 是奇数，则处于数列中间位置的工资收入数值就是中位数；若 n 是偶数，则处于中间位置相邻的两个工资收入数值的算术平均数为中位数。

（3）低位数：工资收入数列中后 5% 的数据的算术平均数。

对有关数据进行检查、分析及做必要调整后，制定有关职业（工种）工资指导价位。每一职业（工种）工资指导价位应分为高位数、中位数和低位数三档，由国家规定职业资格的职业（工种）还应按技术等级进行划分。可根据实际需要，按行业、经济类型等对有关数据进行分析整理后，制定分行业、分经济类型的工资指导价位。

三、企业人工成本预测预警制度

人工成本预测预警是人力资源和社会保障行政部门、行业管理部门为促进企业建立人工成本自我约束机制而采取的指导性监控措施。建立人工成本预测预警制度是宏观人工成本管理和企业微观工资分配工作相结合的需要。人工成本预测预警制度是北京市劳动局（现人力资源和社会保障局）在 1996 年提出的一种监控企业工资水平的方式。

根据北京市劳动和社会保障局京劳社资发［2000］231 号文件印发的《关于进一步做好企业人工成本管理工作的意见》，人工成本预测预警制度的主要内容如下所述。

（一）发布行业人工成本状况

地方人力资源和社会保障行政部门于每年初对地方所属企业上年人工成本状况进行调查，在整理、汇总、分析的基础上，于当年 6 月底前向全社会发布包括平均人工成本、人

工成本占总成本比重、劳动分配率、人事费用率等指标在内的上年行业人工成本基础数据。

（二）企业人工成本预警

企业人工成本预警是宏观人工成本管理工作的重要内容，市、区、县人力资源和社会保障行政部门每年向管辖范围内人工成本占总成本比重、劳动分配率、人事费用率三项指标超过行业平均水平的企业发出预警通知。同时，市人力资源和社会保障行政部门将在行业管理部门的协助下，研究制定更加完善的人工成本预警线，以进一步提高人工成本预警的科学性。

第三节

最低工资规定

一、最低工资的概念

马克思在《雇佣劳动与资本》一文中对最低工资做了如下解释："简单劳动力的生产费用就是维持工人生存和延续工人后代的费用。这种维持生存和延续后代的费用的价格就是工资。这样决定的工资就叫作最低工资额。"[①] 这是马克思对资本主义制度下最低工资的表述。资本主义最低工资，说得简单一些，就是简单劳动力价格。

最低工资就是工人维持生存和延续后代费用的价格。其构成包括：维持工人自身生存所必需的生活资料费用；延续工人后代所必需的生活费用；一定的教育和训练费用。

如果我们舍去了生产过程的资本主义性质，从劳动力生产和再生产的一般需求出发，最低工资的构成和计算方法的原理同样也适用于社会主义社会。

二、我国最低工资规定的内容

为适应我国社会主义市场经济的要求，推动劳动力市场建设与工资分配法制化，充分保障劳动者合法权益，1994 年 7 月 5 日第八届全国人民代表大会常务委员会第八次会议通过并公布的《中华人民共和国劳动法》（以下简称《劳动法》）第四十八条规定：国家实行

---

① 马克思恩格斯选集. 3 版. 第 1 卷. 北京：人民出版社，2012：339.

最低工资保障制度。1994 年 10 月 8 日劳部发〔1994〕409 号文件又印发了《关于实施最低工资保障制度的通知》。

为了维护劳动者取得劳动报酬的合法权益，保障劳动者个人及其家庭成员的基本生活，根据《劳动法》和国务院有关规定，2004 年 1 月 20 日中华人民共和国劳动和社会保障部第 21 号令发布了《最低工资规定》，并自 2004 年 3 月 1 日起施行。1993 年 11 月 24 日劳动部发布的《企业最低工资规定》同时废止。

我国《最低工资规定》适用于在中华人民共和国境内的企业、民办非企业单位、有雇工的个体工商户（以下统称用人单位）和与之形成劳动关系的劳动者。国家机关、事业单位、社会团体和与之建立劳动合同关系的劳动者，依照本规定执行。

我国《最低工资规定》的特点是：将民办非企业单位列入了范围；适应了灵活就业方式，月最低工资标准适用于全日制就业劳动者，小时工资制适用于非全日制就业劳动者；将生育假、节育手术假列入视同提供正常劳动的范围；适应社会保障和住房制度改革的需要，明确指出个人缴纳的社会保险费、住房公积金应作为确定最低工资时考虑的因素。

（一）最低工资的定义和内容

1. 最低工资的定义

我国《最低工资规定》指出：最低工资标准，是指劳动者在法定工作时间或依法签订的劳动合同约定的工作时间内提供了正常劳动的前提下，用人单位依法应支付的最低劳动报酬。

所称正常劳动，是指劳动者按依法签订的劳动合同约定，在法定工作时间或劳动合同约定的工作时间内从事的劳动。劳动者依法享受带薪年休假、探亲假、婚丧假、生育（产）假、节育手术假等国家规定的假期间，以及法定工作时间内依法参加社会活动期间，视为提供了正常劳动。劳动者由于本人原因造成在法定工作时间内或依法签订的劳动合同约定的工作时间内未提供正常劳动的，不适用于该条规定。

"法定工作时间"按照 1995 年 3 月 25 日国务院令第 174 号《国务院关于修改〈国务院关于职工工作时间的规定〉的决定》，应为"职工每日工作 8 小时、每周工作 40 小时"；"在特殊条件下从事劳动和有特殊情况，需要适当缩短工作时间的，按照国家有关规定执行。因工作性质或者生产特点的限制，不能实行每日工作 8 小时、每周工作 40 小时标准工时制度的，按照国家有关规定，可以实行其他工作和休息办法。"

2. 最低工资的内容

最低工资应包括哪些收入项目尚无详细明文规定，但我国明确规定，下列各项不作为最低工资的组成部分：

（1）加班加点工资。

（2）中班、夜班、高温、低温、井下、有毒有害等特殊工作环境、条件下的津贴。

（3）国家法律和政策规定的劳动者保险、福利待遇。

（4）用人单位通过贴补伙食、住房等支付给劳动者的非货币性收入。

劳部发〔1995〕309 号文印发的《关于贯彻执行〈中华人民共和国劳动法〉若干问题的意见》第五十四条指出，"以货币形式支付的住房和用人单位支付的伙食补贴"亦不包括在最低工资之内。

我国《最低工资规定》指出：在劳动者提供正常劳动的情况下，用人单位应支付给劳动者的工资在剔除下列各项以后，不得低于当地最低工资标准：

（1）延长工作时间工资。

（2）中班、夜班、高温、低温、井下、有毒有害等特殊工作环境、条件下的津贴。

（3）法律、法规和国家规定的劳动者福利待遇等。

实行计件工资或提成工资等工资形式的用人单位，在科学合理的劳动定额基础上，其支付劳动者的工资不得低于相应的最低工资标准。

（二）最低工资标准的形式

最低工资标准一般采取月最低工资标准和小时最低工资标准的形式。月最低工资标准适用于全日制就业劳动者，小时最低工资标准适用于非全日制就业劳动者。

确定和调整月最低工资标准，应参考当地就业者及其赡养人口的最低生活费用、城镇居民消费价格指数、职工个人缴纳的社会保险费和住房公积金、职工平均工资、经济发展水平、就业状况等因素。

确定和调整小时最低工资标准，应在颁布的月最低工资标准的基础上，考虑单位应缴纳的基本养老保险费和基本医疗保险费等因素，同时还应适当考虑非全日制劳动者在工作稳定性、劳动条件和劳动强度、福利等方面与全日制就业人员之间的差异。

省、自治区、直辖市范围内的不同行政区域可以有不同的最低工资标准。

（三）最低工资的确定和调整

最低工资标准的确定和调整方案，由省、自治区、直辖市人民政府人力资源和社会保障行政部门会同同级工会、企业联合会或企业家协会研究拟订，并将拟订的方案报送国家人力资源和社会保障行政部门。方案内容包括最低工资确定和调整的依据、适用范围、拟订标准和说明。国家人力资源和社会保障行政部门在收到拟订方案后，应征求全国总工会、中国企业联合会或企业家协会的意见。

国家人力资源和社会保障行政部门对方案可以提出修订意见，若在方案收到后14日内未提出修订意见的，视为同意。

省、自治区、直辖市人力资源和社会保障行政部门应将本地区最低工资标准方案报省、自治区、直辖市人民政府批准，并在批准后7日内在当地政府公报上和至少一种全地区性报纸上发布。省、自治区、直辖市人力资源和社会保障行政部门应在发布后10日内将最低工资标准报国家人力资源和社会保障行政部门。

最低工资标准发布实施后，如规定的相关因素发生变化，应当适时调整。最低工资标准每两年至少调整一次。用人单位应在最低工资标准发布后10日内将该标准向本单位全体劳动者公示。

（四）监督检查和违反最低工资规定的处理

县级以上地方人民政府人力资源和社会保障行政部门负责对本行政区域内用人单位执

行规定情况进行监督检查。

各级工会组织依法对规定执行情况进行监督，发现用人单位支付劳动者工资违反规定的，有权要求当地人力资源和社会保障行政部门处理。

用人单位违反规定不予公布最低工资标准的，由人力资源和社会保障行政部门责令其限期改正；违反规定不按最低工资标准支付工资的，由人力资源和社会保障行政部门责令其限期补发所欠劳动者工资，并可责令其按所欠工资的1倍～5倍支付劳动者赔偿金。

劳动者与用人单位之间就执行最低工资标准发生争议，按劳动争议处理有关规定处理。

（五）最低工资的支付

对最低工资的支付，劳部发〔1995〕309号文印发的《关于贯彻执行〈中华人民共和国劳动法〉若干问题的意见》第五十六条、第五十七条强调指出：在劳动合同中，双方当事人约定的劳动者在未完成劳动定额或承包任务的情况下，用人单位可低于最低工资标准支付劳动者工资的条款不具有法律效力。劳动者与用人单位形成或建立劳动关系后，试用、熟练、见习期间，在法定工作时间内提供了正常劳动，其所在的用人单位应当支付其不低于最低工资标准的工资。

此外，劳部发〔1995〕309号文第五十八条、第五十九条规定可按低于最低工资标准支付的两种情况是：

（1）企业下岗待工人员，由企业依据当地政府的有关规定支付其生活费，生活费可以低于最低工资标准。女职工因生育、哺乳请长假而下岗的，在其享受法定产假期间，依法领取生育津贴；没有参加生育保险的企业，由企业照发原工资。

（2）职工患病或非因工负伤治疗期间，在规定的医疗期间内由企业按有关规定支付其病假工资或疾病救济费，病假工资或疾病救济费可以低于当地最低工资标准支付，但不能低于最低工资标准的80％。

最低工资标准测算方法

工资集体协商

为规范工资集体协商和签订工资集体协议（以下简称工资协议）的行为，保障劳动关系双方的合法权益，促进劳动关系的和谐稳定，依据《劳动法》和国家有关规定，2000年11月8日劳动和社会保障部（现人力资源和社会保障部）第9号令发布了《工资集体协商试行办法》（以下简称《试行办法》）。中华人民共和国境内的企业依法开展工资集体协商，签订工资协议，适用本办法。《试行办法》对工资集体协商和工资协议的有关内容未做规定的，仍按《集体合同规定》的有关规定执行。

一、工资集体协商的含义及执行工资协议的要求

（一）工资集体协商的含义

工资集体协商，是指职工代表与企业代表依法就企业内部工资分配制度、工资分配形式、工资收入水平等事项进行平等协商，在协商一致的基础上签订工资协议的行为。

工资协议，是指专门就工资事项签订的专项集体合同，已订立集体合同的，工资协议作为集体合同的附件，并与集体合同具有同等效力。

（二）执行工资协议的要求

对执行工资协议的要求是：

（1）依法订立的工资协议对企业和职工双方具有同等约束力。双方必须全面履行工资协议规定的义务，任何一方不得擅自变更或解除工资协议。

（2）职工个人与企业订立的劳动合同中关于工资报酬的标准，不得低于工资协议规定的最低标准。

（3）县级以上人力资源和社会保障行政部门依法对工资协议进行审查，对协议的履行情况进行监督检查。

二、工资集体协商的内容与代表

（一）工资集体协商的内容

工资集体协商一般包括以下内容：

（1）工资协议的期限。

（2）工资分配制度、工资标准和工资分配形式。

（3）职工年度平均工资水平及其调整幅度。

（4）奖金、津贴、补贴等分配办法。

（5）工资支付办法。

（6）变更、解除工资程序。

（7）工资协议的终止条件。

（8）工资违约责任。

（9）双方认为应当协商约定的其他事项。

协商确定职工年度工资水平应符合国家有关工资分配的宏观调控政策，并综合参考下列因素：

（1）地区、行业、企业的人工成本水平。

（2）地区、行业的职工平均工资水平。

（3）当地政府发布的工资指导线、劳动力市场工资指导价位。

（4）本地区城镇居民消费价格指数。

（5）企业劳动生产率和经济效益。

（6）国有资产保值增值。

（7）上年度企业职工工资总额的职工平均工资水平。

（8）其他与工资集体协商有关的情况。

（二）工资集体协商的代表

（1）工资集体协商代表应依照法定程序产生。职工一方由职工代表担任。未建立工会的企业由职工民主推举代表，并得到半数以上职工的同意。企业代表由法定代表人和法定代表人指定的其他人员担任。

（2）协商双方各确定一名首席代表。职工首席代表应当由工会主席担任，工会主席可以书面委托其他人员作为自己的代理人；未成立工会的，由职工集体协商推举。企业首席代表应当由法定代表人担任，法定代表人可以书面委托其他管理人员作为自己的代理人。

（3）协商双方的首席代表在工资集体协商期间轮流担任协商会议执行主席。协商会议执行主席的主要职责是负责工资集体协商及有关组织协调工作，并对协商过程中的问题提出处理建议。

（4）协商双方可书面委托本企业以外的专业人士作为本方协商代表。委托人数不得超过本方代表的三分之一。

（5）协商双方享有平等的建议权、否决权和陈述权。

（6）由企业内部产生的协商代表参加工资集体协商的活动应视为提供正常劳动，享受的工资、奖金、津贴、补贴、保险福利待遇不变。其中，职工协商代表的合法权益受法律保护。企业不得对职工协商代表采取歧视行为，不得违法解除或变更其劳动合同。

（7）协商代表应遵守双方确定的协商规则，履行代表职责，并负有保守企业商业秘密的责任。协商代表任何一方不得采取过激、威胁、收买、欺骗等行为。

（8）协商代表应了解和掌握工资分配的有关情况，广泛征求各方面的意见，接受本方人员对工资协商有关问题的质询。

三、工资集体协商的程序与工资协议审查

（一）协商的程序

（1）职工和企业任何一方均可提出进行工资集体协商的要求。工资集体协商的提出方应向另一方提出书面协商意向书，明确协商的时间、地点、内容等，另一方接到协商意向书后，应在 20 日内予以书面答复，并与提出方共同进行工资集体协商。

（2）在不违反有关法律、法规的前提下，协商双方有义务按照对方要求，在协商开始前5日内，提供与工资集体协商有关的真实资料。

（3）工资协议草案应提交职工代表大会或职工大会讨论审议。

（4）工资集体协商双方达成一致意见后，由企业行政方制作工资协议文本。工资协议经双方首席代表签字盖章后生成。

（二）工资协议审查

（1）工资协议签订后，应于7日内由企业将工资协议一式三份及说明，报送人力资源和社会保障行政部门审查。

（2）人力资源和社会保障行政部门应在收到工资协议15日内，对工资集体协商双方代表资格、工资协议的条款内容和签订程序等进行审查。

人力资源和社会保障行政部门经审查对工资协议无异议，应及时向协议双方送达《工资协议审查意见书》，工资协议即行生效。

人力资源和社会保障行政部门如对工资协议有修改意见，应将修改意见在《工资协议审查意见书》中通知协商双方。双方应就修改意见及时协商，修改工资协议，并重新报送人力资源和社会保障行政部门。

工资协议向人力资源和社会保障行政部门报送经过15日后，协议双方未收到人力资源和社会保障行政部门的《工资协议审查意见书》，视为已经人力资源和社会保障行政部门同意，该工资协议即行生效。

（3）协商双方应于5日内将已经生效的工资协议以适当的形式向本方全体人员公布。

（4）工资集体协商一般情况下一年进行一次。职工和企业双方均可在原工资协议期满前60日内，向对方书面提出协商意向书，进行下一轮的工资集体协商，做好新旧工资协议的相互衔接。

第五节

个人所得税

为了调节个人收入差距，我国从20世纪80年代初开始征收个人所得税。与个人所得税相关的主要现行法律法规有《中华人民共和国个人所得税法》（根据2018年8月31日第十三届全国人民代表大会常务委员会第五次会议《关于修改〈中华人民共和国个人所得税法〉的决定》第七次修正）、《中华人民共和国个人所得税法实施条例》（中华人民共和国国务院令第707号，2018年12月18日公布）、《个人所得税专项附加扣除暂行办法》（国发〔2018〕41号，2018年12月22日公布）、《国务院关于设立3岁以下婴幼儿照护个人所得税专项附加扣除的通知》（国发〔2022〕8号，2022年3月19日）和《国家税务总局关于全面实施新个人所得税法若干征管衔接问题的公告》（国家税务总局［2018］公告56 号，2018 年 12 月 19 日公布）。本节是"五个文件"中的主要规定。

一、纳税居民、纳税年度、纳税个人所得

（1）在中国境内有住所，或者无住所而一个纳税年度内在中国境内居住累计满一百八十三天的个人，为居民个人。居民个人从中国境内和境外取得的所得，依法缴纳个人所得税。

在中国境内无住所又不居住，或者无住所而一个纳税年度内在中国境内居住累计不满一百八十三天的个人，为非居民个人。非居民个人从中国境内取得的所得，依法缴纳个人所得税。

（2）纳税年度自公历一月一日起至十二月三十一日止。

（3）下列各项个人所得，应当缴纳个人所得税：

1）工资、薪金所得；

2）劳务报酬所得；

3）稿酬所得；

4）特许权使用费所得；

5）经营所得；

6）利息、股息、红利所得；

7）财产租赁所得；

8）财产转让所得；

9）偶然所得。

居民个人取得前款第一项至第四项所得（以下称综合所得），按纳税年度合并计算个人所得税；非居民个人取得前款第一项至第四项所得，按月或者按次分项计算个人所得税。纳税人取得前款第五项至第九项所得，依法分别计算个人所得税。

（4）下列各项个人所得，免征个人所得税：

1）省级人民政府、国务院部委和中国人民解放军军以上单位，以及外国组织、国际组织颁发的科学、教育、技术、文化、卫生、体育、环境保护等方面的奖金；

2）国债和国家发行的金融债券利息；

3）按照国家统一规定发给的补贴、津贴；

4）福利费、抚恤金、救济金；

5）保险赔款；

6）军人的转业费、复员费、退役金；

7）按照国家统一规定发给干部、职工的安家费、退职费、基本养老金或者退休费、离休费、离休生活补助费；

8）依照有关法律规定应予免税的各国驻华使馆、领事馆的外交代表、领事官员和其他人员的所得；

9）中国政府参加的国际公约、签订的协议中规定免税的所得；

10）国务院规定的其他免税所得。

二、应纳税所得额的计算

（1）居民个人的综合所得，以每一纳税年度的收入额减除费用六万元以及专项扣除、专项附加扣除和依法确定的其他扣除后的余额，为应纳税所得额。

专项扣除，包括居民个人按照国家规定的范围和标准缴纳的基本养老保险、基本医疗保险、失业保险等社会保险费和住房公积金等；专项附加扣除，包括子女教育、继续教育、大病医疗、住房贷款利息或者住房租金、赡养老人、3 岁以下婴幼儿照护等支出。

（2）非居民个人的工资、薪金所得，以每月收入额减除费用五千元后的余额为应纳税所得额；劳务报酬所得、稿酬所得、特许权使用费所得，以每次收入额为应纳税所得额。

（3）经营所得，以每一纳税年度的收入总额减除成本、费用以及损失后的余额，为应纳税所得额。

（4）财产租赁所得，每次收入不超过四千元的，减除费用八百元；四千元以上的，减除百分之二十的费用，其余额为应纳税所得额。

（5）财产转让所得，以转让财产的收入额减除财产原值和合理费用后的余额，为应纳税所得额。

（6）利息、股息、红利所得和偶然所得，以每次收入额为应纳税所得额。

（7）劳务报酬所得、稿酬所得、特许权使用费所得以收入减除百分之二十的费用后的余额为收入额。稿酬所得的收入额减按百分之七十计算。

（8）个人将其所得对教育、扶贫、济困等公益慈善事业进行捐赠，捐赠额未超过纳税人申报的应纳税所得额百分之三十的部分，可以从其应纳税所得额中扣除；国务院规定对公益慈善事业捐赠实行全额税前扣除的，从其规定。

（9）居民个人从中国境外取得的所得，可以从其应纳税额中抵免已在境外缴纳的个人所得税税额，但抵免额不得超过该纳税人境外所得依照法律规定计算的应纳税额。

三、个人所得税税率

（一）居民个人工资、薪金所得，劳务报酬所得，稿酬所得，特许权使用费所得

扣缴义务人向居民个人支付工资、薪金所得，劳务报酬所得，稿酬所得，特许权使用费所得时，按以下方法预扣预缴个人所得税，并向主管税务机关报送《个人所得税扣缴申报表》。年度预扣预缴税额与年度应纳税额不一致的，由居民个人于次年 3 月 1 日至 6 月 30 日向主管税务机关办理综合所得年度汇算清缴，税款多退少补。

1. 居民工资、薪金所得预扣预缴

预扣预缴税款的计算公式是：

本期应预扣预缴税额＝（累计预扣预缴应纳税所得额×预扣率－速算扣除数）－累计减免税额－累计已预扣预缴税额

累计预扣预缴应纳税所得额＝累计收入－累计免税收入－累计减除费用－累计专项扣除－累计专项附加扣除－累计依法确定的其他扣除

其中：累计减除费用，按照 5 000 元/月乘以纳税人当年截至本月在本单位的任职受雇月份数计算。

上述公式中，计算居民个人工资、薪金所得预扣预缴税额的预扣率、速算扣除数，按表 3－2 执行，适用百分之三至百分之四十五的超额累进税率。

表 3－2 个人所得税预扣率（居民个人工资、薪金所得预扣预缴适用）

级数	累计预扣预缴应纳税所得额	预扣率（%）	速算扣除数
1	不超过 36 000 元的	3	0
2	超过 36 000 元至 144 000 元的部分	10	2 520
3	超过 144 000 元至 300 000 元的部分	20	16 920
4	超过 300 000 元至 420 000 元的部分	25	31 920
5	超过 420 000 元至 660 000 元的部分	30	52 920
6	超过 660 000 元至 960 000 元的部分	35	85 920
7	超过 960 000 元的部分	45	181 920

2. 居民劳务报酬所得、稿酬所得、特许权使用费所得预扣预缴

具体预扣预缴方法如下：

劳务报酬所得、稿酬所得、特许权使用费所得以收入减除费用后的余额为收入额。其中，稿酬所得的收入额减按百分之七十计算。

减除费用：劳务报酬所得、稿酬所得、特许权使用费所得每次收入不超过四千元的，减除费用按八百元计算；每次收入四千元以上的，减除费用按百分之二十计算。

应纳税所得额：劳务报酬所得、稿酬所得、特许权使用费所得，以每次收入额为预扣预缴应纳税所得额。劳务报酬所得适用百分之二十至百分之四十的超额累进预扣率（见表 3－3），稿酬所得、特许权使用费所得适用百分之二十的比例预扣率。

劳务报酬所得应预扣预缴税额＝预扣预缴应纳税所得额×预扣率－速算扣除数
稿酬所得、特许权使用费所得应预扣预缴税额＝预扣预缴应纳税所得额×20%

表 3－3 个人所得税预扣率（居民个人劳务报酬所得预扣预缴适用）

级数	预扣预缴应纳税所得额	预扣率（%）	速算扣除数
1	不超过 20 000 元的	20	0
2	超过 20 000 元至 50 000 元的部分	30	2 000
3	超过 50 000 元的部分	40	7 000

3. 综合所得

综合所得税率表与居民个人工资、薪金所得预扣预缴的税率表一样，如表 3－4 所示。

表 3－4 个人所得税税率（综合所得适用）

级数	全年应纳税所得额	税率（%）	速算扣除数
1	不超过 36 000 元的	3	0
2	超过 36 000 元至 144 000 元的部分	10	2 520

续表

级数	全年应纳税所得额	税率（%）	速算扣除数
3	超过 144 000 元至 300 000 元的部分	20	16 920
4	超过 300 000 元至 420 000 元的部分	25	31 920
5	超过 420 000 元至 660 000 元的部分	30	52 920
6	超过 660 000 元至 960 000 元的部分	35	85 920
7	超过 960 000 元的部分	45	181 920

（二）经营所得

经营所得适用百分之五至百分之三十五的超额累进税率，如表 3-5 所示。

表 3-5　个人所得税税率（经营所得适用）

级数	全年应纳税所得额	税率（%）
1	不超过 30 000 元的	5
2	超过 30 000 元至 90 000 元的部分	10
3	超过 90 000 元至 300 000 元的部分	20
4	超过 300 000 元至 500 000 元的部分	30
5	超过 500 000 元的部分	35

（三）利息、股息、红利所得，财产租赁所得，财产转让所得和偶然所得

适用比例税率，税率为百分之二十。

四、个人所得税专项附加扣除

个人所得税专项附加扣除，是指个人所得税法规定的子女教育、继续教育、大病医疗、住房贷款利息或者住房租金、赡养老人、3 岁以下婴幼儿照护等 7 项专项附加扣除。

（1）纳税人的子女接受全日制学历教育的相关支出，按照每个子女每月 1 000 元的标准定额扣除。

（2）纳税人在中国境内接受学历（学位）继续教育的支出，在学历（学位）教育期间按照每月 400 元定额扣除。同一学历（学位）继续教育的扣除期限不能超过 48 个月。

纳税人接受技能人员职业资格继续教育、专业技术人员职业资格继续教育的支出，在取得相关证书的当年，按照 3 600 元定额扣除。

（3）在一个纳税年度内，纳税人发生的与基本医保相关的医药费用支出，扣除医保报销后个人负担（医保目录范围内的自付部分）累计超过 15 000 元的部分，由纳税人在办理年度汇算清缴时，在 80 000 元限额内据实扣除。

（4）纳税人本人或者配偶单独或者共同使用商业银行或者住房公积金个人住房贷款为本人或者其配偶购买中国境内住房，发生的首套住房贷款利息支出，在实际发生贷款利息的年度，按照每月 1 000 元的标准定额扣除，扣除期限最长不超过 240 个月。纳税人只能

享受一次首套住房贷款的利息扣除。

(5) 纳税人在主要工作城市没有自有住房而发生的住房租金支出，可以按照以下标准定额扣除：

1) 直辖市、省会（首府）城市、计划单列市以及国务院确定的其他城市，扣除标准为每月1 500元；

2) 除第一项所列城市以外，市辖区户籍人口超过100万的城市，扣除标准为每月1 100元；市辖区户籍人口不超过100万的城市，扣除标准为每月800元。

(6) 纳税人赡养一位及以上被赡养人的赡养支出，统一按照以下标准定额扣除：

1) 纳税人为独生子女的，按照每月2 000元的标准定额扣除；

2) 纳税人为非独生子女的，由其与兄弟姐妹分摊每月2 000元的扣除额度，每人分摊的额度不能超过每月1 000元。可以由赡养人均摊或者约定分摊，也可以由被赡养人指定分摊。约定或者指定分摊的须签订书面分摊协议，指定分摊优先于约定分摊。具体分摊方式和额度在一个纳税年度内不能变更。

(7) 纳税人照护3岁以下婴幼儿子女的相关支出，按照每个婴幼儿每月1 000元的标准定额扣除。

五、纳税申报

(1) 有下列情形之一的，纳税人应当依法办理纳税申报：

1) 取得综合所得需要办理汇算清缴；

2) 取得应税所得没有扣缴义务人；

3) 取得应税所得，扣缴义务人未扣缴税款；

4) 取得境外所得；

5) 因移居境外注销中国户籍；

6) 非居民个人在中国境内从两处以上取得工资、薪金所得；

7) 国务院规定的其他情形。

扣缴义务人应当按照国家规定办理全员全额扣缴申报，并向纳税人提供其个人所得和已扣缴税款等信息。

(2) 居民个人取得综合所得，按年计算个人所得税；有扣缴义务人的，由扣缴义务人按月或者按次预扣预缴税款；需要办理汇算清缴的，应当在取得所得的次年三月一日至六月三十日内办理汇算清缴。预扣预缴办法由国务院税务主管部门制定。

居民个人向扣缴义务人提供专项附加扣除信息的，扣缴义务人按月预扣预缴税款时应当按照规定予以扣除，不得拒绝。

非居民个人取得工资、薪金所得，劳务报酬所得，稿酬所得和特许权使用费所得，有扣缴义务人的，由扣缴义务人按月或者按次代扣代缴税款，不办理汇算清缴。

(3) 纳税人取得经营所得，按年计算个人所得税，由纳税人在月度或者季度终了后十五日内向税务机关报送纳税申报表，并预缴税款；在取得所得的次年三月三十一日前办理汇算清缴。

（4）纳税人取得利息、股息、红利所得，财产租赁所得，财产转让所得和偶然所得，按月或者按次计算个人所得税，有扣缴义务人的，由扣缴义务人按月或者按次代扣代缴税款。

（5）纳税人取得应税所得没有扣缴义务人的，应当在取得所得的次月十五日内向税务机关报送纳税申报表，并缴纳税款。

纳税人取得应税所得，扣缴义务人未扣缴税款的，纳税人应当在取得所得的次年六月三十日前，缴纳税款；税务机关通知限期缴纳的，纳税人应当按照期限缴纳税款。

居民个人从中国境外取得所得的，应当在取得所得的次年三月一日至六月三十日内申报纳税。

非居民个人在中国境内从两处以上取得工资、薪金所得的，应当在取得所得的次月十五日内申报纳税。

纳税人因移居境外注销中国户籍的，应当在注销中国户籍前办理税款清算。

（6）扣缴义务人每月或者每次预扣、代扣的税款，应当在次月十五日内缴入国库，并向税务机关报送扣缴个人所得税申报表。

企业工资总额同经济效益挂钩办法

国有及国有控股企业工资总额预算制管理办法

改革国有企业工资决定机制

复习思考题

（1）工资指导线水平包括哪三条线？分别适用于什么企业？

（2）简述劳动力市场工资指导价位调查和制定的方法。

（3）人工成本预测预警制度的主要内容是什么？

（4）《最低工资规定》关于最低工资的定义是什么？

（5）按现行规定，哪些项目的支付不能作为最低工资的组成部分？

（6）《工资集体协商试行办法》规定协商确定职工年度工资水平应符合国家有关工资分配的宏观调控政策，并综合参考的因素包括什么。

（7）按照《国家税务总局关于全面实施新个人所得税法若干征管衔接问题的公告》，年度预扣预缴税额与年度应纳税额不一致的，由居民个人次年3月1日至6月30日向主管税务机关办理个人所得税综合所得年度汇算清缴，这里提到的综合所得包括哪四项所得？

在线练习

附录 3−1

北京市管理人员及专业技术人员部分职业工资指导价位

（分经济类型　2018）

单位：元/人·年

序号	职业	价位等级	国有及国有控股企业	集体企业	股份合作企业	有限责任公司	股份有限公司	私营企业	港澳台商及外商投资企业
1	董事长	低位数	260 218	159 266	146 804	156 567	193 581	146 720	416 108
		中位数	509 676	266 047	296 010	296 006	310 578	263 006	625 733
		高位数	851 676	847 184	630 641	856 321	1 272 390	604 796	1 529 078
2	总经理（厂长）	低位数	230 864	156 748	143 764	146 897	183 821	144 182	303 440
		中位数	455 564	220 006	270 701	286 010	278 301	258 006	534 006
		高位数	833 285	529 501	606 549	740 491	1 000 160	585 178	1 312 462
3	生产经营部门经理	低位数	87 280	52 385	55 115	70 428	78 942	45 017	97 050
		中位数	190 620	96 581	98 412	163 057	197 127	88 313	304 736
		高位数	529 594	213 509	320 026	424 290	542 358	365 433	684 773
5	行政部门经理	低位数	88 533	35 194	30 808	48 680	75 628	41 229	74 068
		中位数	197 356	89 201	74 401	130 342	159 617	91 686	192 677
		高位数	553 888	161 348	319 706	399 456	658 356	270 970	604 081
6	人事部门经理	低位数	76 667	47 064	34 884	47 544	64 698	36 924	79 955
		中位数	162 220	100 199	47 101	124 725	162 340	83 890	255 601
		高位数	472 523	308 332	176 938	380 002	554 021	267 452	730 721
7	销售和营销部门经理	低位数	72 325	43 346	27 932	42 293	48 695	36 396	87 564
		中位数	166 763	127 310	39 792	110 006	146 075	85 838	261 014
		高位数	556 059	238 462	127 463	389 916	501 365	259 496	730 640
18	车间主任（工段长）	低位数	75 922	37 038	42 001	74 661	78 423	35 117	71 062
		中位数	187 869	95 835	56 582	162 799	182 918	64 305	256 813
		高位数	258 860	136 728	67 201	354 455	252 858	169 342	344 350
69	计算机网络工程技术人员	低位数	69 053		37 621	50 053	39 757	45 241	56 146
		中位数	129 591		38 401	103 230	130 001	97 206	132 175
		高位数	255 231		48 464	278 979	201 606	220 265	260 585
136	人力资源管理专业人员	低位数	29 830	45 324		38 828	30 106	35 703	47 216
		中位数	71 639	92 030		68 379	76 009	56 655	91 158
		高位数	141 279	140 001		182 575	228 143	107 333	221 789
182	保卫管理员	低位数	42 791	40 029	24 001	35 082	41 398	26 389	37 578
		中位数	73 580	70 676	34 186	47 040	93 868	31 398	71 960
		高位数	157 796	101 237	52 760	139 942	161 772	53 781	148 887

注：1. 工资指导价位以国家统计局颁布的工资总额口径为准，指企业直接支付给各岗位职工的劳动报酬总额。其中包括职工实得工资、住房补贴、租房提租补贴以及由企业从职工个人工资中直接为其代扣代缴的个人所得税、住房公积金和各项社会保险基金个人缴纳部分。

2. 在工资指导价位中，管理及专业技术人员分经济类型的岗位共183个，分企业规模的共232个，本表和下表摘录其中的10个。

资料来源：北京市人力资源和社会保障局.2018年北京市劳动力市场工资指导价位与企业人工成本状况.北京：中国民航出版社，2019：72−97.

附录 3-2

北京市管理人员及专业技术人员部分职业工资指导价位

（分企业规模 2018）

单位：元/人·年

序号	职业	价位等级	大型企业	中型企业	小型企业	微型企业
1	董事长	低位数	248 594	213 167	94 470	84 117
		中位数	526 714	431 320	287 040	180 006
		高位数	1 444 235	1 100 015	842 946	706 412
2	总经理（厂长）	低位数	205 224	192 743	92 841	75 721
		中位数	418 874	394 246	255 072	150 006
		高位数	1 002 924	949 940	707 825	658 461
3	生产经营部门经理	低位数	91 816	72 869	60 674	51 080
		中位数	225 278	166 246	133 072	120 080
		高位数	605 240	476 948	414 650	325 684
5	行政部门经理	低位数	98 331	60 451	49 441	38 996
		中位数	229 484	142 011	116 420	107 178
		高位数	503 366	430 191	358 234	284 001
6	人事部门经理	低位数	93 888	56 657	44 232	36 857
		中位数	223 882	135 306	102 630	66 006
		高位数	602 129	404 182	301 376	218 197
7	销售和营销部门经理	低位数	93 244	43 745	41 253	37 946
		中位数	214 567	120 006	87 264	81 659
		高位数	703 672	407 183	348 308	236 245
18	车间主任（工段长）	低位数	115 505	65 970	44 776	37 529
		中位数	209 195	123 530	96 640	60 006
		高位数	334 758	279 783	265 776	137 050
79	计算机网络工程技术人员	低位数	73 493	40 788	39 280	38 056
		中位数	134 552	125 289	75 606	66 677
		高位数	266 314	247 099	175 146	149 788
170	人力资源管理专业人员	低位数	60 706	45 606	43 538	40 105
		中位数	123 480	93 776	86 165	83 520
		高位数	278 831	274 407	209 498	186 550
228	保卫管理员	低位数	37 260	32 936	32 178	31 461
		中位数	64 310	63 079	56 024	48 006
		高位数	153 353	142 515	119 177	99 142

资料来源：北京市人力资源和社会保障局. 2018 年北京市劳动力市场工资指导价位与企业人工成本状况. 北京：中国民航出版社，2019：99-131.

第 四 章

工资支付政策法规

本章思维导图

学习目标 ▶

通过本章的学习，你应该能够：

▶ **知识目标**

1. 掌握《工资支付暂行规定》和《对〈工资支付暂行规定〉有关问题的补充规定》的内容；

2. 掌握各种假期的工资支付的具体规定；

3. 掌握经济补偿、经济赔偿和违约金的具体规定。

▶ **技能目标**

1. 在精准核定加班加点时间的基础上，计算加班加点工资；

2. 核算病假、生育假、婚丧假、探亲假、年休假等特殊情况下的工资；

3. 按照政策规定，计算经济补偿金、经济赔偿金和违约金。

▶ **素养目标**

将各种特殊情况下的工资支付纳入工资或薪酬方案中，并精准界定、计算和支付正常提供劳动和不能提供正常劳动的特殊情况下的工资，从而增强本单位职工对薪酬的获得感、安全感和幸福感。

引例及分析

《××薪酬研究院薪酬支付办法》（经民主程序制定）规定："项目咨询师的工资由两个单元组成：第一单元，基本工资，每一出勤日 90 元，每月末按当月实际出勤日计发；第二单元，项目效益工资：项目常务负责人，每个项目 8 000 元～20 000 元；分项负责人，每个项目 6 000 元～15 000 元；项目助理：3 000 元～8 000 元。具体项目效益工资标准，按照项目参与人参与项目的规模、项目难度、本人工作量和参与深度、项目创新程度、项目成果质量、本人绩效表现以及客户满意度等因素决定。应付项目效益奖，根据实际到账收入情况分期付给。对未到账收入不能计发项目效益奖。"该院 W 于 2016 年 10 月参加了东北地区 TF 公司的绩效考核项目，并担任考核分项目负责人，公司与她约定：如项目咨询成果客户认可，且客户应付项目合同咨询费到账后，支付 W 项目效益奖 15 000 元。但 W 设计的考核方案只是征求了 TF 公司职能部门负责人的意见，没有提交该公司经理办公会讨论通过就回北京了。此后，单位多次安排 W 去 TF 公司进行项目扫尾，但 W 始终推诿不去，因而 TF 公司一直拒付项目咨询费。2018 年 1 月，W 以"单位拖欠该项目效益工资"为名，向仲裁委员会提出申请书，要求单位支付其"拖欠该项目效益工资15 000 元"。

对 W 在申请书中提出的单位支付"拖欠该项目效益工资15 000 元"的诉求，仲裁委员会将做出什么裁决呢？通过本章的学习，你会做出一个什么具体结果的裁决书呢？

工资支付规定

我国《劳动法》第五十条规定："工资应当以货币形式按月支付给劳动者本人。不得克扣或者无故拖欠劳动者的工资。"为实施这一规定，劳动部劳部发［1994］489 号文印发了《工资支付暂行规定》、［1995］226 号文印发了《对〈工资支付暂行规定〉有关问题的补充规定》。根据近些年新出现的情况和问题，2007 年 6 月 29 日，第十届全国人民代表大会常务委员会第二十八次会议通过了自 2008 年 1 月 1 日起施行的《中华人民共和国劳动合同法》（以下简称《劳动合同法》），对工资支付补充了新的规定。2012 年修改的《劳动合同法》（2012 年 12 月 28 日中华人民共和国主席令第 73 号公布）第六十三条进一步明确了有关劳务派遣工的工资规定。除加班加点工资外，其主要内容如下所述。

一、工资支付形式

工资应当以法定货币支付，不得以实物及有价证券替代货币支付。

二、工资支付对象

用人单位应将工资支付给劳动者本人。劳动者本人因故不能领取工资时，可由其亲属或委托他人代领。

用人单位必须书面记录支付劳动者工资的数额、时间、领取者的姓名以及签字，并保存两年以上备查。用人单位在支付工资时应向劳动者提供一份其个人的工资清单。

三、工资支付时间

工资必须在用人单位与劳动者约定的时间支付。如遇节假日或休息日，则应提前在最近的工作日支付。工资至少每月支付一次，实行周、日、小时工资制的可按周、日、小时支付工资。

对完成一次性临时劳动或某项具体工作的劳动者，用人单位应按有关协议或合同规定在其完成劳动任务后立即支付工资。

四、参加社会活动、休假、停工期间和破产时的工资支付

劳动者在法定工作时间内依法参加社会活动期间，用人单位应视同提供了正常劳动而支付工资。社会活动包括依法行使选举权或被选举权；当选代表出席乡（镇）、区以上政府、党派、工会、青年团、妇女联合会等组织召开的会议；出任人民法庭证明人；出席劳动模范、先进工作者大会；《中华人民共和国工会法》规定的不脱产工会基层委员会委员因工会活动占用的生产或工作时间；其他依法参加的社会活动。

劳动者在依法享受年休假、探亲假、婚假、丧假期间，用人单位应按劳动合同规定的标准支付劳动者的工资。

非因劳动者原因造成的单位停工、停产，在一个工资支付周期内，用人单位应按劳动合同规定的标准支付给劳动者工资。超过了一个工资支付周期的，若劳动者提供了正常劳动，则支付给劳动者的劳动报酬不得低于当地的最低工资标准；若劳动者没有提供正常劳动，应按国家有关规定办理。

上述规定中"按劳动合同规定的标准"，系指劳动合同规定的与劳动者本人所在岗位（职位）相对应的工资标准。

用人单位依法破产时，劳动者有权获得其工资。在破产清偿中用人单位应按《中华人民共和国企业破产法》规定的清偿顺序，首先支付欠付本单位劳动者的工资。

五、用人单位不得克扣劳动者工资

"克扣"系指用人单位无正当理由扣减劳动者工资，在劳动者已提供正常劳动的前提下，用人单位应当按劳动合同规定的标准支付劳动者全部劳动报酬，但不包括以下减发工资的情况：国家法律、法规中明确规定的；依法签订的劳动合同中有明确规定的；用人单位依法制定并经职代会批准的厂规、厂纪中有明确规定的；企业工资总额与经济效益相联

系，经济效益下浮时工资必须下浮的（但支付给劳动者工资不得低于当地的最低工资标准）；因劳动者请事假等相应减发工资等。

有下列情况之一的，用人单位可以代扣劳动者工资：用人单位代扣代缴的个人所得税；用人单位代扣代缴的应由劳动者个人负担的各项社会保险费用；法院判决、裁定中要求代扣的抚养费、赡养费；法律、法规规定可以从劳动者工资中扣除的其他费用；单位可按照劳动合同的约定要求其赔偿经济损失。经济损失赔偿可从劳动者本人的工资中扣除，但每月扣除的部分不得超过劳动者当月工资的 20%；若扣除后的剩余工资部分低于当地最低工资标准，则应按最低工资标准支付。

六、列为侵犯劳动者合法权益的行为

用人单位有下列侵害劳动者合法权益的行为，由劳动行政部门责令其支付劳动者工资和经济补偿，并可责令其支付赔偿金：克扣或者无故拖欠劳动者工资的；拒不支付劳动者延长工作时间工资的；低于当地最低工资标准支付劳动者工资的。

上述第一种情况中所称"无故拖欠"，系指用人单位无正当理由超过规定付薪时间未支付给劳动者工资。但不包括用人单位遇到非人力所能抗拒的自然灾害、战争等原因，无法按时支付工资；用人单位确因生产经营困难、资金周转受到影响，在征得本单位工会同意后，可暂时延期支付劳动者工资。延期的最长时间限制可由各省、自治区、直辖市劳动行政部门根据各地情况确定。

七、关于特殊人员的工资支付

（1）劳动者受处分后的工资支付：劳动者受行政处分后仍在原单位工作（如留用察看、降级等）或受刑事处分后重新就业的，应主要由用人单位根据个人情况自主确定其工资报酬。

（2）学徒工、熟练工、大中专毕业生在学徒期、熟练期、见习期、试用期及转正定级后的工资待遇，由用人单位自主确定。

（3）新就业复员军人的工资待遇，由用人单位自主确定；分配到企业的军队转业干部的工资待遇，按国务院国发〔1995〕19 号文的规定执行。

八、《劳动合同法》关于工资支付的补充规定

（1）《劳动合同法》第四条规定：用人单位在制定、修改或者决定有关劳动报酬、工作时间、休息休假、劳动安全卫生、保险福利、职工培训、劳动纪律以及劳动定额管理等直接涉及劳动者切身利益的规章制度或者重大事项时，应当经职工代表大会或者全体职工

讨论，提出方案和意见，与工会或者职工代表平等协商确定。

在规章制度和重大事项决定实施过程中，工会或者职工认为不适当的，有权向用人单位提出，通过协商予以修改完善。

（2）《劳动合同法》第十一条规定：用人单位未在用工的同时订立书面劳动合同，与劳动者约定的劳动报酬不明确的，新招用的劳动者的劳动报酬按照集体合同规定的标准执行；没有集体合同或者集体合同未规定的，实行同工同酬。

第十八条规定：劳动合同对劳动报酬和劳动条件等标准约定不明确，引发争议的，用人单位与劳动者可以重新协商；协商不成的，适用集体合同规定；没有集体合同或者集体合同未规定劳动报酬的，实行同工同酬；没有集体合同或者集体合同未规定劳动条件等标准的，适用国家有关规定。

（3）《劳动合同法》第二十条规定：劳动者在试用期的工资不得低于本单位相同岗位最低档工资或者劳动合同约定工资的 80％，并不得低于用人单位所在地的最低工资标准。

（4）《劳动合同法》第二十八条规定：劳动合同被确认无效，劳动者已付出劳动的，用人单位应当向劳动者支付劳动报酬。劳动报酬的数额，参照本单位相同或者相近岗位劳动者的劳动报酬确定。

（5）《劳动合同法》第三十条规定：用人单位应当按照劳动合同约定和国家规定，向劳动者及时足额支付劳动报酬。

用人单位拖欠或者未足额支付劳动报酬的，劳动者可以依法向当地人民法院申请支付令，人民法院应当依法发出支付令。

（6）《劳动合同法》第四十条规定：有下列情形之一的，用人单位提前 30 日以书面形式通知劳动者本人或者额外支付劳动者一个月工资后，可以解除劳动合同：

1）劳动者患病或者非因工负伤，在规定的医疗期满后不能从事原工作，也不能从事由用人单位另行安排的工作的。

2）劳动者不能胜任工作，经过培训或者调整工作岗位，仍不能胜任工作的。

3）劳动合同订立时所依据的客观情况发生重大变化，致使劳动合同无法履行，经用人单位与劳动者协商，未能就变更劳动合同内容达成协议的。

（7）《劳动合同法》第五十八条规定：被派遣劳动者在无工作期间，劳务派遣单位应当按照所在地人民政府规定的最低工资标准，向其按月支付报酬。

（8）《劳动合同法》第六十三条规定：被派遣劳动者享有与用工单位的劳动者同工同酬的权利。用工单位应当按照同工同酬原则，对被派遣劳动者与本单位同类岗位的劳动者实行相同的劳动报酬分配办法。用工单位无同类岗位劳动者的，参照用工单位所在地相同或者相近岗位劳动者的劳动报酬确定。

劳务派遣单位与被派遣劳动者订立的劳动合同和与用工单位订立的劳务派遣协议，载明或者约定的向被派遣劳动者支付的劳动报酬应当符合前款规定。

（9）《劳动合同法》第七十二条规定：非全日制用工小时计酬标准不得低于用人单位所在地人民政府规定的最低小时工资标准。非全日制用工劳动报酬结算支付周期最长不得超过 15 日。

第二节

加班加点工资

劳动者根据企业、事业、机关行政方面的命令和要求，在法定节日和公休假日内进行工作，称为加班；在标准工作日以外进行工作称为加点。加班加点工资是指因加班加点而支付的工资。

一、加班加点的条件

1995 年 3 月 25 日，《国务院关于修改〈国务院关于职工工作时间的规定〉的决定》指出，自 1995 年 5 月 1 日起实施"职工每日工作 8 小时、每周工作 40 小时"的工时制度。

我国《劳动法》规定下述条件或情形下可以加班加点：

其一，用人单位由于生产经营需要，经与工会和劳动者协商后可延长工作时间，一般每日不得超过 1 小时；因特殊原因需要延长工作时间的，在保障劳动者身体健康的条件下，延长工作时间每日不得超过 3 小时，但是每月不得超过 36 小时（《劳动法》第四十一条）。

其二，有下列情形之一的，延长工作时间不受《劳动法》第四十一条规定限制：发生自然灾害、事故或者因其他原因，威胁劳动者生命健康和财产安全，需要紧急处理的；生产设备、交通运输线路、公共设施发生故障，影响生产和公众利益，必须及时抢修的；法律、行政法规规定的其他情形。

二、加班加点工资的计算支付

《劳动法》第四十四条规定，有下列情形之一的，用人单位应当按照下列标准支付高于劳动者正常工作时间工资的工资报酬：

其一，安排劳动者延长工作时间的，支付不低于工资的 150% 的工资报酬；

其二，休息日安排劳动者的工作又不能安排补休的，支付不低于工资的 200% 的工资报酬；

其三，法定休假日安排劳动者工作的，应另外支付不低于工资的 300% 的工资报酬。

实行计件工资的劳动者，在完成计件定额任务后，由用人单位安排

关于企业实行不定时工作制和综合计算工时工作制的审批办法

延长工作时间的，应根据上述规定的原则，分别按照不低于其本人法定工作时间计件单价的150％、200％、300％支付其工资。

经劳动行政部门批准实行综合计算工时工作制的，其综合计算工作时间超过法定工作时间的部门，应视为延长工作时间，并应按上述加班加点工资的规定支付劳动者延长工作时间的工资。

实行不定时工时制度的劳动者，不执行上述规定。

不能提供正常劳动的特殊情况下的工资支付

不能提供正常劳动的特殊情况下的工资支付，是指因病、工伤、产假、计划生育假、婚丧假、事假、探亲假、定期休假、停工学习、执行国家或社会义务等原因按计时工资标准或计时工资标准的一定比例支付的工资。

一、病假工资或疾病救济费

（一）企业单位

企业单位，按照1953年《中华人民共和国劳动保险条例实施细则修正草案》的规定，工人、职员疾病或非因工负伤停止工作连续医疗期间（从1995年1月1日《劳动法》实施之日起，应为"医疗期内"）在6个月以内者，应由该企业行政方面或资方按下列标准支付病伤假期工资：本企业工龄（连续工龄）不满2年者，为本人工资60％；已满2年不满4年者，为本人工资70％；已满4年不满6年者，为本人工资80％；已满6年不满8年者，为本人工资90％；已满8年及8年以上者，为本人工资100％。超过6个月时，病伤假期工资停发，改由劳动保险基金项下，按月付给疾病或非因工负伤救济费，其标准如下：本企业工龄不满1年者，为本人工资40％；已满1年不满3年者，为本人工资50％；3年及3年以上者，为本人工资60％。

劳部发〔1995〕309号《关于贯彻执行〈中华人民共和国劳动法〉若干问题的意见》第五十九条规定："在规定的医疗期内由企业按有关规定支付其病假工资或疾病救济金，病假工资或疾病救济金可以低于当地最低工资标准支付，但不能低于最低工资标准的80％。"

合同制工人，在规定的医疗期内，与上述固定工人的工资待遇同等待遇；农民合同制工人在规定的医疗期内，其工资待遇与城镇合同制工人相同。

相 关 链 接　　　　　　　医疗期的计算

　　第二条　医疗期是指企业职工因患病或非因工负伤停止工作治病休息不得解除劳动合同的时限。

　　第三条　企业职工因患病或非因工负伤，需要停止工作医疗时，根据本人实际参加工作年限和在本单位工作年限，给予3个月到24个月的医疗期：

　　（一）实际工作年限10年以下的，在本单位工作年限5年以下的为3个月；5年以上的为6个月。

　　（二）实际工作年限10年以上的，在本单位工作年限5年以下的为6个月；5年以上10年以下的为9个月；10年以上15年以下的为12个月；15年以上20年以下的为18个月；20年以上的为24个月。

　　第四条　医疗期3个月的按6个月内累计病休时间计算；6个月的按12个月内累计病休时间计算；9个月的按15个月内累计病休时间计算；12个月的按18个月内累计病休时间计算；18个月的按24个月内累计病休时间计算；24个月的按30个月内累计病休时间计算。

　　资料来源：企业职工患病或非因公负伤医疗期规定. 劳部发〔1994〕479号.

（二）机关、事业单位

　　机关、事业单位，按国发〔1981〕52号文的规定，工作人员病假在2个月以内的，发给原工资。超过2个月的，从第3个月起按下列标准发给病假期间工资：工作年限不满10年的，发给本人工资的90%；满10年的，工资照发。工作人员病假超过6个月的，从第7个月起按下列标准发给病假期间工资：工作年限不满10年的，发给本人工资的70%；工作年限满10年或10年以上的，发给本人工资的80%；1945年9月2日以前参加革命工作的人员，发给本人工资的90%。省、市、自治区和国务院各部门授予劳动英雄、劳动模范称号的，病假期间的工资，经批准，可以适当提高。1949年9月底以前参加革命工作的行政公署副专员及相当职务或行政十四级以上的干部，1945年9月2日以前参加革命工作的县人民政府正副县长及相当职务或行政十八级以上的干部，1937年7月6日以前参加革命工作的工作人员，在病假期间工资照发。

二、工伤停工留薪期内工资福利待遇

　　1953年《劳动保险条例》规定："工人与职员因工负伤……在医疗期间，工资照发。"

　　2010年12月20日国务院令第586号发布、自2011年1月1日起施行的《工伤保险条例》规定："职工因工作遭受事故伤害或者患职业病需要暂停工作接受工伤医疗的，在停工留薪期内，原工资福利待遇不变，由所在单位按月支付。""停工留薪期一般不超过12个月。"

三、产假期间待遇

(一) 产假

2012 年 4 月 18 日，国务院令第 619 号发布的《女职工劳动保护特别规定》第七条规定："女职工生育享受 98 天产假，其中产前可以休假 15 天；难产的，增加产假 15 天；生育多胞胎的，每多生育 1 个婴儿，增加产假 15 天。女职工怀孕未满 4 个月流产的，享受 15 天产假；怀孕满 4 个月流产的，享受 42 天产假。"

相 关 链 接   **北京市生育产假规定**

符合《北京市人口与计划生育条例》（2021 年修正）的规定的女职工生育时，除享受国家规定的产假 98 天外，享受生育奖励假 60 天，合计为 158 天。男职工在配偶生育时，可以带薪享受陪产假 15 天。生育产假和陪产假计算起止日期包括法定休假日和休息日。

(二) 产假工资

《女职工劳动保护特别规定》第八条规定："女职工产假期间的生育津贴，对已经参加生育保险的，按照用人单位上年度职工月平均工资的标准由生育保险基金支付；对未参加生育保险的，按照女职工产假前工资的标准由用人单位支付。"

四、婚丧假工资

按照国家劳动总局（80）劳总薪字 29 号《国家劳动总局、财政部关于国营企业职工请婚丧假和路程假问题的通知》的规定："职工本人结婚或职工的直系亲属（父母、配偶和子女）死亡时，可以根据具体情况，由本单位行政领导批准，酌情给予一至三天的婚丧假。职工结婚时双方不在一地工作的，职工在外地的直系亲属死亡时需要职工本人去外地料理丧事的，都可以根据路程远近，另给予路程假。在批准的婚丧假和路程假期间，职工的工资照发。"

北京市劳动局（87）市劳险字第 66 号文规定：女职工的公婆死亡时和男职工的岳父母死亡时，经本单位领导批准，可酌情给予一到三天的丧假。

五、探亲假工资

(一) 享受探亲假的条件

国发〔1981〕36 号《国务院关于职工探亲待遇的规定》第二条规定："凡在国家机

关、人民团体和全民所有制企业、事业单位工作满一年的固定职工，与配偶不住在一起，又不能在公休假日团聚的，可以享受本规定探望配偶的待遇；与父亲、母亲都不住在一起，又不能在公休假日团聚的，可以享受本规定探望父母的待遇。但是，职工与父亲或与母亲一方能够在公休假日团聚的，不能享受本规定探望父母的待遇。"

国家劳动总局（81）劳总险字 12 号《关于制定〈国务院关于职工探亲假的规定〉实施细则的若干问题的意见》指出："不能在公休假日团聚"，是指"不能利用公休假日在家居住一夜和休息半个白天"。

（二）探亲假期

《国务院关于职工探亲待遇的规定》第三条规定："职工探亲假期：（一）职工探望配偶的，每年给予一方探亲假一次，假期为 30 天。（二）未婚职工探望父母，原则上每年给假一次，假期为 20 天。如果因为工作需要，本单位当年不能给予假期，或者职工自愿两年探亲一次的，可以两年给假一次，假期为 45 天。（三）已婚职工探望父母的，每四年给假一次，假期为 20 天。"

（三）探亲假期待遇

《国务院关于职工探亲待遇的规定》第五条规定："职工在规定的探亲假期和路程假期内，按照本人的标准工资发给工资。"

第六条规定："职工探望配偶和未婚职工父母的往返路费，由所在单位负担。已婚职工探望父母的往返路费，在本人月标准工资 30％以内的，由本人自理，超过部分由所在单位负担。"

六、年休假工资

《职工带薪年休假条例》于 2007 年 12 月 7 日国务院第 198 次常务会议通过，2007 年 12 月 14 日中华人民共和国国务院令第 514 号公布，自 2008 年 1 月 1 日起施行。相关规定如下：

第二条规定："机关、团体、企业、事业单位、民办非企业单位、有雇工的个体工商户等单位的职工连续工作 1 年以上的，享受带薪年休假（以下简称年休假）。单位应当保证职工享受年休假。职工在年休假期间享受与正常工作期间相同的工资收入。"

第三条规定："职工累计工作已满 1 年不满 10 年的，年休假 5 天；已满 10 年不满 20 年的，年休假 10 天；已满 20 年的，年休假 15 天。国家法定休假日、休息日不计入年休假的假期。"

第四条规定："职工有下列情形之一的，不享受当年的年休假：（一）职工依法享受寒暑假，其休假天数多于年休假天数的；（二）职工请事假累计 20 天以上且单位按照规定不扣工资的；（三）累计工作满 1 年不满 10 年的职工，请病假累计 2 个月以上的；（四）累计工作满 10 年不满 20 年的职工，请病假累计 3 个月以上的；（五）累计工作满 20 年以上的职工，请病假累计 4 个月以上的。"

第五条规定："单位根据生产、工作的具体情况，并考虑职工本人意愿，统筹安排职工年休假。年休假在 1 个年度内可以集中安排，也可以分段安排，一般不跨年度安排。单位因生产、工作特点确有必要跨年度安排职工年休假的，可以跨 1 个年度安排。单位确因工作需要不能安排职工休年休假的，经职工本人同意，可以不安排职工休年休假。对职工应休未休的年休假天数，单位应当按照该职工日工资收入的 300％支付年休假工资报酬。"

相 关 链 接　　　　《企业职工带薪年休假实施办法》（摘录）

（2008 年 9 月 18 日，人力资源和社会保障部令第 1 号公布）

第三条　职工连续工作满 12 个月以上的，享受带薪年休假（以下简称年休假）。

第四条　年休假天数根据职工累计工作时间确定。职工在同一或者不同用人单位工作期间，以及依照法律、行政法规或者国务院规定视同工作期间，应当计为累计工作时间。

第五条　职工新进用人单位且符合本办法第三条规定的，当年度年休假天数，按照在本单位剩余日历天数折算确定，折算后不足 1 整天的部分不享受年休假。

前款规定的折算方法为：（当年度在本单位剩余日历天数÷365 天）×职工本人全年应当享受的年休假天数。

第八条　职工已享受当年的年休假，年度内又出现条例第四条第（二）、（三）、（四）、（五）项规定情形之一的，不享受下一年度的年休假。

七、因私事假工资

对企业工人的一般事假，由于工人在进行加班加点工作的时候可以享受加班加点工资待遇，因此一律不发给工资。对企业的行政管理人员、工程技术人员和炊事人员、勤杂人员等，由于他们不享受加班加点工资待遇，因此他们请事假每一季度在两个工作日以内的，工资照发；超过天数不发工资。

目前，因私事假是否支付工资，企业可以自主决定。

第四节

经济补偿、经济赔偿与违约金规定

我国《劳动法》在第二十八条、第九十一条，规定了用人单位必须给予劳动者经济补偿的情形。劳部发 [1994] 481 号文印发了《违反和解除劳动合同的经济补偿办法》。《劳动合同法》对经济补偿与经济赔偿做出了新的规定。

一、《劳动合同法》关于经济补偿的规定

（一）经济补偿情形

《劳动合同法》第四十六条规定：有下列情形之一的，用人单位应当向劳动者支付经济补偿：

（1）劳动者依照本法第三十八条规定解除劳动合同的。

相关链接

《劳动合同法》第三十八条规定：用人单位有下列情形之一的，劳动者可以解除劳动合同：

（1）未按照劳动合同约定提供劳动保护或者劳动条件的。

（2）未及时足额支付劳动报酬的。

（3）未依法为劳动者缴纳社会保险费的。

（4）用人单位的规章制度违反法律、法规的规定，损害劳动者权益的。

（5）因本法第二十六条第一款规定的情形致使劳动合同无效的。

（6）法律、行政法规规定劳动者可以解除劳动合同的其他情形。

用人单位以暴力、威胁或者非法限制人身自由的手段强迫劳动者劳动的，或者用人单位违章指挥、强令冒险作业危及劳动者人身安全的，劳动者可以立即解除劳动合同，不需事先告知用人单位。

（2）用人单位依照本法第三十六条规定向劳动者提出解除劳动合同并与劳动者协商一致解除劳动合同的。

（3）用人单位依照本法第四十条规定解除劳动合同的。

相关链接

《劳动合同法》第四十条规定：有下列情形之一的，用人单位提前30日以书面形式通知劳动者本人或者额外支付劳动者1个月工资后，可以解除劳动合同：

（1）劳动者患病或者非因工负伤，在规定的医疗期满后不能从事原工作，也不能从事由用人单位另行安排的工作的。

（2）劳动者不能胜任工作，经过培训或者调整工作岗位，仍不能胜任工作的。

（3）劳动合同订立时所依据的客观情况发生重大变化，致使劳动合同无法履行，经用人单位与劳动者协商，未能就变更劳动合同内容达成协议的。

（4）用人单位依照本法第四十一条第一款规定（即"依照企业破产法规定进行重整

的"）解除劳动合同的。

（5）除用人单位维持或者提高劳动合同约定条件续订劳动合同，劳动者不同意续订的情形外，依照本法第四十四条第一项规定（即"劳动合同期满的"）终止固定期限劳动合同的。

（6）依照本法第四十四条第四项、第五项（即"用人单位被依法宣告破产的；用人单位被吊销营业执照、责令关闭、撤销或者用人单位决定提前解散的"）规定终止劳动合同的。

（7）法律、行政法规规定的其他情形。

（二）经济补偿标准

《劳动合同法》第四十七条规定：经济补偿按劳动者在本单位工作的年限，每满 1 年支付 1 个月工资的标准向劳动者支付。6 个月以上不满 1 年的，按 1 年计算；不满 6 个月的，向劳动者支付半个月工资的经济补偿。

劳动者月工资高于用人单位所在直辖市、设区的市级人民政府公布的本地区上年度职工月平均工资 3 倍的，向其支付经济补偿的标准按职工月平均工资 3 倍的数额支付，向其支付经济补偿的年限最高不超过 12 年。

月工资是指劳动者在劳动合同解除或者终止前 12 个月的平均工资。

（三）竞业限制期限内按月给予劳动者经济补偿

《劳动合同法》第二十三条规定：对负有保密义务的劳动者，用人单位可以在劳动合同或者保密协议中与劳动者约定竞业限制条款，并约定在解除或者终止劳动合同后，在竞业限制期限内按月给予劳动者经济补偿。

二、《劳动合同法》关于经济赔偿的规定

《劳动合同法》第八十条规定：用人单位直接涉及劳动者切身利益的规章制度违反法律、法规规定的，由劳动行政部门责令改正，给予警告；给劳动者造成损害的，应当承担赔偿责任。

第八十一条规定：用人单位提供的劳动合同文本，未载明本法规定的劳动合同必备条款或者用人单位未将劳动合同文本交付劳动者的，由劳动行政部门责令改正；给劳动者造成损害的，应当承担赔偿责任。

第八十二条规定：用人单位自用工之日起超过 1 个月不满 1 年未与劳动者订立书面劳动合同的，应当向劳动者每月支付 2 倍的工资。

用人单位违反本法规定不与劳动者订立无固定期限劳动合同的，自应当订立无固定期限劳动合同之日起向劳动者每月支付 2 倍的工资。

第八十三条规定：用人单位违反本法规定与劳动者约定试用期的，由劳动行政部门责令改正；违法约定的试用期已经履行的，由用人单位以劳动者试用期满月工资为标准，按已经履行的超过法定试用期的期间向劳动者支付赔偿金。

第八十四条规定：用人单位违反本法规定，扣押劳动者居民身份证等证件的，由劳动行政部门责令限期退还劳动者本人，并依照有关法律规定给予处罚。

用人单位违反本法规定，以担保或者其他名义向劳动者收取财物的，由劳动行政部门责令限期退还劳动者本人，并以每人500元以上2000元以下的标准处以罚款；给劳动者造成损害的，应当承担赔偿责任。

劳动者依法解除或者终止劳动合同，用人单位扣押劳动者档案或者其他物品的，依照前款规定处罚。

第八十五条规定：用人单位有下列情形之一的，由劳动行政部门责令限期支付劳动报酬、加班费或者经济补偿；劳动报酬低于当地最低工资标准的，应当支付其差额部分；逾期不支付的，责令用人单位按应付金额50%以上100%以下的标准向劳动者加付赔偿金：

（1）未按照劳动合同的约定或者国家规定及时足额支付劳动者劳动报酬的。

（2）低于当地最低工资标准支付劳动者工资的。

（3）安排加班不支付加班费的。

（4）解除或者终止劳动合同，未依照本法规定向劳动者支付经济补偿的。

第八十六条规定：劳动合同依照本法第二十六条规定被确认无效，给对方造成损害的，有过错的一方应当承担赔偿责任。

第八十七条规定：用人单位违反本法规定解除或者终止劳动合同的，应当依照本法第四十七条规定的经济补偿标准的2倍向劳动者支付赔偿金。

相 关 链 接

《劳动合同法》第四十八条规定：用人单位违反本法规定解除或者终止劳动合同，劳动者要求继续履行劳动合同的，用人单位应当继续履行；劳动者不要求继续履行劳动合同或者劳动合同已经不能继续履行的，用人单位应当依照本法第八十七条规定支付赔偿金。

第八十八条规定：用人单位有下列情形之一的，依法给予行政处罚；构成犯罪的，依法追究刑事责任；给劳动者造成损害的，应当承担赔偿责任：

（1）以暴力、威胁或者非法限制人身自由的手段强迫劳动的。

（2）违章指挥或者强令冒险作业危及劳动者人身安全的。

（3）侮辱、体罚、殴打、非法搜查或者拘禁劳动者的。

（4）劳动条件恶劣、环境污染严重，给劳动者身心健康造成严重损害的。

第八十九条规定：用人单位违反本法规定未向劳动者出具解除或者终止劳动合同的书面证明，由劳动行政部门责令改正；给劳动者造成损害的，应当承担赔偿责任。

第九十条规定：劳动者违反本法规定解除劳动合同，或者违反劳动合同中约定的保密义务或者竞业限制，给用人单位造成损失的，应当承担赔偿责任。

第九十一条规定：用人单位招用与其他用人单位尚未解除或者终止劳动合同的劳动者，给其他用人单位造成损失的，应当承担连带赔偿责任。

第九十二条规定：劳务派遣单位、用工单位违反本法有关劳务派遣规定的，由劳动行政部门责令限期改正；逾期不改正的，以每人 5 000 元以上 10 000 元以下的标准处以罚款，对劳务派遣单位，吊销其劳务派遣业务经营许可证。用工单位给被派遣劳动者造成损害的，劳务派遣单位与用工单位承担连带赔偿责任。

第九十三条规定：对不具备合法经营资格的用人单位的违法犯罪行为，依法追究法律责任；劳动者已经付出劳动的，该单位或者其出资人应当依照本法有关规定向劳动者支付劳动报酬、经济补偿、赔偿金；给劳动者造成损害的，应当承担赔偿责任。

第九十四条规定：个人承包经营违反本法规定招用劳动者，给劳动者造成损害的，发包的组织与个人承包经营者承担连带赔偿责任。

第九十五条规定：劳动行政部门和其他有关主管部门及其工作人员玩忽职守、不履行法定职责，或者违法行使职权，给劳动者或者用人单位造成损害的，应当承担赔偿责任；对直接负责的主管人员和其他直接责任人员，依法给予行政处分；构成犯罪的，依法追究刑事责任。

三、《劳动合同法》关于劳动者违约金的规定

《劳动合同法》第二十二条规定：用人单位为劳动者提供专项培训费用，对其进行专业技术培训的，可以与该劳动者订立协议，约定服务期。

劳动者违反服务期约定的，应当按照约定向用人单位支付违约金。违约金的数额不得超过用人单位提供的培训费用。用人单位要求劳动者支付的违约金不得超过服务期尚未履行部分所应分摊的培训费用。

用人单位与劳动者约定服务期的，不影响按照正常的工资调整机制提高劳动者在服务期期间的劳动报酬。

第二十三条规定：对负有保密义务的劳动者，用人单位可以在劳动合同或者保密协议中与劳动者约定竞业限制条款，并约定在解除或者终止劳动合同后，在竞业限制期限内按月给予劳动者经济补偿。劳动者违反竞业限制约定的，应当按照约定向用人单位支付违约金。

第二十五条规定：除本法第二十二条和第二十三条规定的情形外，用人单位不得与劳动者约定由劳动者承担违约金。

复习思考题

1. 思考题

（1）《工资支付暂行规定》和《对〈工资支付暂行规定〉有关问题的补充规定》对工资支付分别做了哪些规定？

（2）《劳动合同法》对工资支付做了哪些新的规定？

（3）在加班加点工资计算中，如何确定计算 100% 的加班工资基准？

（4）根据 1953 年《中华人民共和国劳动保险条例实施细则修正草案》和劳部发

［1995］309 号文件第五十九条的规定，你认为应当如何计发病假工资或疾病救济费？

（5）除病假工资或疾病救济费外，对各种假期的工资支付是如何规定的？

（6）按照《劳动合同法》的规定，在哪些情况下经济补偿金的年限不受 12 年的限制？在什么情况下经济补偿金的补偿年限最高不超过 12 年？

（7）按照《劳动合同法》的规定，在哪些情况下用人单位应支付劳动者赔偿金？赔偿金的标准如何掌握？

（8）按照《劳动合同法》的规定，在什么情况下劳动者应向用人单位支付赔偿金？赔偿金的标准是如何规定的？

2. 实训题

（1）某企业实行标准工时制，职工王某月标准工资为 8 000 元/月，除此之外无奖金、津贴和补贴等其他收入，王某在 10 月份的加班情况如下：在工作日加班 10 小时，在休息日加班 8 小时，在国庆节加班 12 小时，请计算王某在 10 月份的加班工资。

（2）李某 2018 年 5 月 20 日入职，入职前社会工龄是 118 个月，请问李某在 2018 年度内有无带薪年休假？如果能享受，能享受几天？

（3）张某 2017 年 6 月到 A 公司工作，签订了 4 年的劳动合同，2020 年 8 月 A 公司因业务调整减缩岗位提出与张某解除劳动合同，张某解除劳动合同前 12 个月的平均工资为 8 000 元，请计算张某的经济补偿金。

（4）赵某于 2015 年 9 月到北京 B 公司工作，双方协商于 2019 年 8 月解除劳动合同，工作共计 4 年，赵某离职前 12 个月的平均工资为 50 000 元，北京市人社局发布的 2018 年度职工月平均工资为 10 592 元，请计算赵某的经济补偿金。

（5）钱某于 2004 年 1 月到北京 C 公司工作，双方协商于 2019 年 9 月解除劳动合同，工作共计 15 年 9 个月，钱某离职前 12 个月的平均工资为 8 670 元，请计算钱某的经济补偿金。

在线练习

第 五 章

职工福利政策法规

本章思维导图

学习目标 ▶

通过本章的学习，你应该能够：

▶ 知识目标

1. 掌握职工法定福利与补充福利、集体福利与个人福利的概念和范围；
2. 掌握职工福利费的来源和使用范围的规定；
3. 掌握基本社会保险缴费和职工福利费额度的政策规定；
4. 掌握企业补充医疗保险和住房公积金的政策规定；
5. 了解国家社会保障"十四五"规划目标和主要举措。

▶ 技能目标

1. 在工资薪金总额14%的比例内，按照职工福利的使用范围，在税前扣除；
2. 按照政策规定的基本社会保险各险种缴费比例，计算各险种缴费额度；
3. 按照政策规定的住房公积金缴存比例，计算住房公积金缴存额度；
4. 按照政策规定，制订企业补充医疗保险实施办法。

▶ 素养目标

将职工福利纳入工资或薪酬方案中，并精准界定、计算和缴存社会保险费、企业补充医疗保险、企业年金、住房公积金等福利，从而增强本单位职工对薪酬的获得感、安全感和幸福感。

引 例 及 分 析

某规划咨询公司职工福利规定项目及标准如下：

第一条 【工资性补贴】

1. 午餐补贴。午餐补贴，按照每人每月300元标准发给。

2. 交通补助。经理层及业务部门：私车公用的，副部长以上岗位人员每人每月补贴燃油 200 升，业务经理以下岗位人员每人每月补贴燃油 150 升。无车或私车不公用的，副部长以上岗位人员每人每月报销车费 600 元；业务经理以下岗位人员每人每月报销车费 450 元。原则上业务人员不再使用公车，在特殊情况下需要使用公车的，须经部门负责人申请，公司经理批准。

职能部门：财务人员参照业务部门确定交通补助；办公室人员参照《关于公司公用车辆的管理办法》执行。

3. 通信补助。通信补助，公司经理层人员、咨询部长、副部长，每人每月 400 元；业务经理、职能部门负责人，每人每月 300 元；其他人员，每人每月 200 元。

第二条 【政策性补贴】

1. 住房提租补贴。1～6 级岗位任职人员，每人每月 70 元；7～10 级岗位任职人员，每人每月 80 元；11～13 级岗位任职人员，每人每月 90 元。

2. 独生子女补贴 5 元/月。

3. 幼儿托补 40 元/月。

4. 婴幼儿奶费 2 元/月。

第三条 【供养直系亲属医疗补助】

供养直系亲属患病，手术费、普通药费，每一职工每年最多报销 1 000 元。

第四条 【社会保险缴费】

单位缴费：按照北京市规定的单位缴费比例，以本人岗位基本工资为基数，公司为职工缴纳养老保险、失业保险、医疗保险（含大额医疗互助保险）、工伤保险、生育保险社会保险费。

个人缴费：按照北京市规定的个人缴费比例，以本人岗位基本工资为基数，由本人缴纳养老保险费、失业保险费和医疗保险费（含大额医疗互助保险），并由公司在本人工资中代扣代缴。个人不缴纳工伤保险费和生育保险费。

超出本人岗位基本工资，本人自愿多缴纳社会保险费的，由本人在岗位绩效工资中负担，并由公司代扣代缴。

第五条 【基本医疗保险和补充医疗保险】

公司按照基本工资总额的 4% 提取企业补充医疗保险基金，为职工提供企业补充医疗保险。

1. 对参加医疗保险的劳动合同制职工，其患病或非因工负伤，按照《北京市基本医疗保险规定》和《北京市大额医疗费用互助暂行办法》的规定执行，其在定点医院门诊、急诊的诊疗费、手术费、药费等医疗费用在 2 000 元以内的部分，以及在市大额医疗互助资金报销的剩余部分，由公司补充医疗保险报销 50%，但最多以 2 000 元为限。患大病的医疗费用在上一年北京市平均工资 10% 以内的部分，以及由大病统筹基金报销的剩余部分，由公司补充医疗保险报销 50%，但最多以 2 000 元为限。属于超出基本医疗药品、基本诊疗项目、基本医疗服务设施的费用不予报销。

2. 对没有参加医疗保险的事业单位身份的职工，其患病或非因工负伤，其基本医疗保险和补充医疗保险参照劳动合同制职工的规定执行。

第六条 【住房公积金】

住房公积金，以本人岗位基本工资为基数，分别由单位和个人按照 12% 的比例缴纳。超出本人岗位基本工资，本人自愿多缴纳住房公积金的，由本人在岗位绩效工资中负担，并由公司代扣代缴，但不得超过本市上一年度月平均工资的 3 倍。

该公司的福利项目是比较健全的。那么，在该公司的福利项目中，哪些项目属于法定福利，哪些项目属于公司自定的补充福利？按照目前的政策法规，包括单位为职工缴存的"五险一金"在内，职工的各种福利加在一起大致占工资的百分比是多少？在决定本单位的职工福利项目和福利总额时，需要考虑哪些因素？带着这三个问题，开始本章的学习。

第一节

职工福利概述

职工福利是薪酬的重要组成部分。职工福利具有薪资不能替代的重要作用，是吸引、保留、激励职工的经济手段，职工福利已经成为整体薪酬设计必要的组成部分。

一、职工福利的概念和范围

对职工福利的界定，有不同的角度。

（一）广义福利与狭义福利

广义的福利泛指在支付工资、奖金之外的所有待遇，包括社会保险在内。狭义的福利是指企业根据劳动者的劳动在工资、奖金以及社会保险之外的其他待遇。

（二）法定福利与补充福利

法定福利亦称基本福利，是指按照国家法律法规和政策规定必须具有的福利项目，其特点是只要企业建立并存在，就有义务、有责任且必须按照国家统一规定的福利项目和支付标准支付，不受企业所有制性质、经济效益和支付能力的影响。法定福利包括：

（1）社会保险。包括生育保险、养老保险、医疗保险、工伤保险、失业保险以及疾病、伤残、遗属三种津贴。

（2）法定节假日。按照 1999 年国务院令 270 号颁布的《全国年节及纪念日放假办法》，全年法定节假日为 10 天。根据 2007 年修订的《全国年节及纪念日放假办法》的规定，全体公民的节日假期由原来的 10 天增设为 11 天。

（3）特殊情况下的工资支付。是指除属于社会保险，如病假工资或疾病救济费（疾病津贴）、产假工资（生育津贴）之外的特殊情况下的工资支付，如婚丧假工资、探亲假工资。

（4）工资性津贴。包括上下班交通费补贴、洗理费、书报费等。

（5）工资总额外补贴项目：计划生育独生子女补贴、冬季取暖补贴。

相 关 链 接　　　**《全国年节及纪念日放假办法》（节选）**

第二条　全体公民放假的节日：

（一）新年，放假1天（1月1日）；

（二）春节，放假3天（农历正月初一、初二、初三）；

（三）清明节，放假1天（农历清明当日）；

（四）劳动节，放假1天（5月1日）；

（五）端午节，放假1天（农历端午当日）；

（六）中秋节，放假1天（农历中秋当日）；

（七）国庆节，放假3天（10月1日、2日、3日）。

补充福利是指在国家法定的基本福利之外，由企业自定的福利项目，企业补充福利项目的多少、标准的高低，在很大程度上要受到企业经济效益和支付能力的影响，以及企业出于自身某种目的的考虑。

补充福利的项目五花八门，常见的有交通补贴、房租补助、免费住房、工作午餐、女工卫生费、通信补助、互助会、职工生活困难补助、财产保险、人寿保险、法律顾问、心理咨询、贷款担保、内部优惠商品、搬家补助、子女医疗费补助等。

（三）集体福利与个人福利

集体福利主要是指全部职工可以享受的公共福利设施。如职工集体生活设施，包括：职工食堂、托儿所、幼儿园等；集体文化体育设施，包括：图书馆、阅览室、健身室、浴池、体育场（馆）；医疗设施，包括：医院、医疗室等。

个人福利是指在个人具备国家及所在企业规定的条件时，可以享受的福利。如探亲假、冬季取暖补贴、子女医疗补助、生活困难补助、房租补贴等。

二、职工福利的决定过程

组织提供的福利反映了组织的目标、战略和变化，因此，职工福利的有效管理对组织的发展至关重要。职工福利设计涉及以下四个方面：福利的目标、福利的成本核算、福利调查与沟通、福利的实施。

（一）确定福利目标

每个组织的福利目标各不相同，但是有些内容是相似的。主要包括：

（1）必须符合组织的长远目标。

（2）满足职工的需求。

（3）符合组织的薪酬政策。

（4）着眼于职工的眼前需要和长远需要。

（5）能激励大部分职工。

（6）符合组织的经济负担能力。

（7）符合政府政策法规的规定。

（二）福利成本核算

这是福利管理中的重要部分，管理者必须花较多的时间与精力投入福利的成本核算。主要涉及以下一些方面：

（1）通过销售额人工费率或附加价值劳动分配率以及薪酬结构计算出公司最高可能支出的福利总费用。

（2）与外部福利水平进行比较，尤其是与竞争对手的福利水平进行比较。

（3）做出主要福利项目的预算。

（4）估算出每一个职工福利项目的费用。

（5）制定书面的职工福利方案计划。

（三）福利调查与沟通

要使福利项目最大限度地满足职工的需要，福利沟通相当重要。研究显示，并不是福利投入的金额越多，职工越满意，职工对福利的满意程度与对福利需要的程度正相关。

福利沟通可以采取以下方法：

（1）用问卷法了解职工对福利的需求和对现行福利项目的满意程度。

（2）用录像、各种内部刊物等形式或在其他场合介绍有关的福利项目。

（3）找一些典型的职工面谈，收集职工对各种福利项目的反馈，了解某一层次或某一类型员工的福利需求。

（4）公布一些福利项目让职工自己挑选。

（5）制定福利项目和标准计划。

（四）福利的实施

福利的实施是福利管理中最具体的一个方面，在福利实施中应注意以下几点：

（1）根据目标和方案计划实施。

（2）财务预算要落实。

（3）有一定的灵活性。

（4）防止漏洞产生。

（5）定时检查实施情况。

第二节

职工福利费的来源及使用范围规定

一、职工福利费用的来源

职工福利费用是国家和单位用于职工生活福利设施和福利补贴的各种费用的总称。在国家机关和事业单位，称为"职工福利费"；在企业单位，1992 年起称"职工福利基金"，2007 年起改称"职工福利费"。二者尽管性质相同，但在提取和使用范围上却有差别。

（一）企业职工福利基金的提取

财政部于 1992 年 4 月 30 日发布《关于提高国营企业职工福利基金提取比例调整职工福利基金和职工教育经费计提基数的通知》（〔92〕财工字第 120 号），从 1992 年 5 月 1 日起执行，将职工福利基金改按职工工资总额的 14％从成本中提取。同时，将 1985 年以来由企业福利基金负担的企业职工的各种副食品价格补贴，改为从企业成本中列支。

为了贯彻实施修订后的《企业财务通则》（2006 年 12 月 4 日财政部令第 41 号公布），2007 年 3 月 20 日，财政部财企〔2007〕48 号文件通知："修订后的《企业财务通则》实施后，企业不再按照工资总额 14％计提职工福利费，2007 年已经计提的职工福利费应当予以冲回。"

按工资总额 14％的职工福利费停止计提以后，原在 14％职工福利费列支的有关项目的支出，不超过工资薪金总额 14％的部分，按照《企业会计准则》的规定，作为"职工薪酬"的组成部分，可直接在税前列支。

相关链接 企业发生的合理的职工福利费支出，准予税前扣除

2007 年 12 月 6 日中华人民共和国国务院令第 512 号公布、自 2008 年 1 月 1 日起施行的《中华人民共和国企业所得税法实施条例》第四十条规定："企业发生的职工福利费支出，不超过工资薪金总额 14％的部分，准予扣除。"

（二）国家机关、事业单位职工福利费的提取

国家机关、事业单位的职工福利费，主要由国家财政拨款。国家统一规定：按全体职

工月平均工资的 2% 提取，开支不足时，由单位行政经费予以补助。

（三）其他来源

（1）国家为各单位提供的、与职工基本生活有关的非生产性建设投资费用。

（2）工会经费中用于职工福利的费用。

（3）各单位举办的职工福利设施的收入。

相 关 链 接　　　　　**企业职工福利费改革的方向**

2009 年 11 月 12 日财政部财企〔2009〕242 号文件印发的《关于企业加强职工福利费财务管理的通知》指出：

一是控制职工福利费在职工总收入的比重。"职工福利是企业对职工劳动补偿的辅助形式，企业应当参照历史一般水平合理控制职工福利费在职工总收入的比重。按照《企业财务通则》第四十六条规定，应当由个人承担的有关支出，企业不得作为职工福利费开支。"

二是通过市场化途径解决职工福利待遇问题。"企业应当逐步推进内设集体福利部门的分离改革，通过市场化方式解决职工福利待遇问题。"

三是逐步将职工福利纳入职工工资总额管理。"结合企业薪酬制度改革，逐步建立完整的人工成本管理制度，将职工福利纳入职工工资总额管理。"

二、企业职工福利费支付的项目范围

财企〔2009〕242 号文件规定：企业职工福利费是指企业为职工提供的除职工工资、奖金、津贴、纳入工资总额管理的补贴、职工教育经费、社会保险费和补充养老保险费（年金）、补充医疗保险费及住房公积金以外的福利待遇支出，包括发放给职工或为职工支付的以下各项现金补贴和非货币性集体福利：

（1）为职工卫生保健、生活等发放或支付的各项现金补贴和非货币性福利，包括职工因公外地就医费用、暂未实行医疗统筹企业职工医疗费用、职工供养直系亲属医疗补贴、职工疗养费用、自办职工食堂经费补贴或未办职工食堂统一供应午餐支出、符合国家有关财务规定的供暖费补贴、防暑降温费等。

（2）企业尚未分离的内设集体福利部门所发生的设备、设施和人员费用，包括职工食堂、职工浴室、理发室、医务所、托儿所、疗养院、集体宿舍等集体福利部门设备、设施的折旧、维修保养费用以及集体福利部门工作人员的工资薪金、社会保险费、住房公积金、劳务费等人工费用。

（3）职工困难补助，或者企业统筹建立和管理的专门用于帮助、救济困难职工的基金支出。

（4）离退休人员统筹外费用，包括离休人员的医疗费及离退休人员其他统筹外费用。企业重组涉及的离退休人员统筹外费用，按照《财政部关于企业重组有关职工安置费用财务管理问题的通知》（财企〔2009〕117 号）执行。国家另有规定的，从其规定。

（5）按规定发生的其他职工福利费，包括丧葬补助费、抚恤费、职工异地安家费、独生子女费、探亲假路费，以及符合企业职工福利费定义但没有包括在本通知各条款项目中的其他支出。

相 关 链 接 　　　　　北京市职工丧葬补助费开支标准

北京市财政局、北京市人事局、北京市劳动和社会保障局联合发布京财行〔2009〕70 号文件，印发《关于调整我市职工丧葬补助费开支标准的通知》，部分内容如下所示：

一、我市实行丧葬补助费包干使用办法。不分职务级别，将职工丧葬费的开支标准一律调整为 5 000 元，发给死亡职工家属统筹用于有关装殓（如服装、整容、遗体存放、运送、火化、骨灰盒、存放埋葬等）和遗体告别（如租赁礼堂、花圈、遗像放大）等项费用开支。我市今后不再执行遗体告别费用报销和直系亲属来京办理丧事路费补助等相关规定。

二、在本市基本养老保险统筹内按月领取养老金的离退休（含退职、退养）人员的丧葬补助费，由基本养老保险基金支付。

三、企业在职职工丧葬补助费按规定据实在成本（费用）中列支。

四、行政事业单位人员的丧葬补助费发放渠道不变。

五、本通知自 2009 年 1 月 1 日起执行。

三、企业为职工提供的交通、住房、通信待遇

财企〔2009〕242 号文件规定："企业为职工提供的交通、住房、通讯待遇，已经实行货币化改革的，按月按标准发放或支付的住房补贴、交通补贴或者车改补贴、通讯补贴，应当纳入职工工资总额，不再纳入职工福利费管理；尚未实行货币化改革的，企业发生的相关支出作为职工福利费管理，但根据国家有关企业住房制度改革政策的统一规定，不得再为职工购建住房。"

"企业给职工发放的节日补助、未统一供餐而按月发放的午餐费补贴，应当纳入工资总额管理。"

相 关 链 接 　　　　　北京市按月标准发放提租补贴

北京市人民政府房改办公室、北京市财政局、北京市国土资源和房屋管理局、北京市物价局〔2000〕联合发布京房改办字第 080 号文件，即《关于北京市提高公有住房租金增发补贴有关问题的通知》规定：

一、从2000年4月1日起，我市出租的公有住房统一执行每月每平方米使用面积3.05元的标准租金。

二、从2000年4月1日起，在提高房租的同时，行政、事业单位为职工（含离退休人员和已购房职工）增发补贴，月人均补贴额为90元。

各职级人员月补贴标准为：正局级130元，副局级115元，正处级100元，副处级90元，科级和25年（含）以上工龄的科员、办事员80元，25年以下工龄的科员、办事员70元。

工人月补贴标准为：高级技师90元，高级工、技师和25年（含）以上工龄的初、中级技术工人与普通工人80元，25年以下工龄的初、中级工和普通工人70元。

四、实行年薪制等薪酬制度改革的企业负责人的各项福利性货币补贴的规定

财企〔2009〕242号文件规定："对实行年薪制等薪酬制度改革的企业负责人，企业应当将符合国家规定的各项福利性货币补贴纳入薪酬体系统筹管理，发放或支付的福利性货币补贴从其个人应发薪酬中列支。"

五、对以本企业产品和服务作为职工福利的，企业应如何处理

财企〔2009〕242号文件规定："企业职工福利一般应以货币形式为主。对以本企业产品和服务作为职工福利的，企业要严格控制。国家出资的电信、电力、交通、热力、供水、燃气等企业，将本企业产品和服务作为职工福利的，应当按商业化原则实行公平交易，不得直接供职工及其亲属免费或者低价使用。"

六、企业职工福利费财务管理应当遵循的原则和要求

财企〔2009〕242号文件规定：企业职工福利费财务管理应当遵循以下原则和要求。

（一）制度健全

企业应当依法制定职工福利费的管理制度，并经股东会或董事会批准，明确职工福利费开支的项目、标准、审批程序、审计监督。

（二）标准合理

国家对企业职工福利费支出有明确规定的，企业应当严格执行。国家没有明确规定

的，企业应当参照当地物价水平、职工收入情况、企业财务状况等要求，按照职工福利项目制定合理标准。

（三）管理科学

企业应当统筹规划职工福利费开支，实行预算控制和管理。职工福利费预算应当经过职工代表大会审议后，纳入企业财务预算，按规定批准执行，并在企业内部向职工公开相关信息。

（四）核算规范

企业发生的职工福利费，应当按规定进行明细核算，准确反映开支项目和金额。

第三节

基本社会保险缴费

一、社会保险缴费的重要性

为了增强社会保险基金的支撑能力，确保离退休人员养老金按时足额发放和国有企业下岗职工维持基本生活，维护缴费单位和缴费个人合法权益，加强和规范社会保险费征缴工作，保障社会保险金的发放。国务院于1999年1月22日发布了《社会保险费征缴暂行条例》，并自发布之日起施行。

社会保险缴费对劳动者必不可少。其重要性如下所述。

（一）社会保险缴费是劳动者获得社会保险待遇的前提条件

被保险人及其所属单位必须先尽缴纳费用的义务，然后才能获得享受社会保险给付的权利。例如，现行的基本养老保险规定，按月支付基本养老金，"中人"养老保险缴费必须满10年；"新人"养老保险缴费必须满15年。现行一些省、自治区、直辖市的基本医疗保险规定：基本医疗保险必须满半年以上，才能享受基本医疗保险待遇；男性必须缴费满25年以上、女性必须缴费满20年以上，退休以后才能享受基本医疗保险待遇。

如果用人单位不为劳动者缴纳社会保险费，就等于剥夺了劳动者获得社会保险的机会。

（二）社会保险缴费是公平交易和公平竞争的体现

社会保险是薪酬的重要组成部分，是现代市场经济中劳动力使用权交易价格的不可缺少的组成部分，用人单位不为劳动者缴纳社会保险费，实际上是在和劳动者进行不公平的交易，是在劳动力市场和商品市场上进行的不正当的竞争，是对劳动者权益的侵害。

二、基本社会保险缴费

（一）基本养老保险缴费

《关于建立统一的企业职工基本养老保险制度的决定》（国发〔1997〕26 号）规定：企业缴纳基本养老保险费的比例，一般不得超过企业工资总额的 20％（包括划入个人账户的部分），具体比例由省、自治区、直辖市人民政府确定。

个人缴纳基本养老保险费的比例为本人缴费工资的 8％。职工个人以全部工资收入（按统计口径）为基数缴费；职工工资高于当地职工平均工资 300％的，按当地职工平均工资的 300％为基数缴费；低于当地职工平均工资 60％的，按当地职工平均工资的 60％为基数缴费（有的地区规定：本人工资低于最低工资的，以最低工资为缴费基数）。

《国务院关于完善企业职工基本养老保险制度的决定》（国发〔2005〕38 号）的补充规定为：城镇各类企业职工、个体工商户和灵活就业人员都要参加企业职工基本养老保险。城镇个体工商户和灵活就业人员参加基本养老保险的缴费基数为当地上年度在岗职工平均工资，缴费比例为 20％。为与落实个人账户相衔接，从 2006 年 1 月 1 日起，个人账户的规模统一由本人缴费工资的 11％调整为 8％，全部由个人缴费形成，单位缴费不再划入个人账户。

国办发〔2019〕13 号《国务院办公厅关于印发降低社会保险费率综合方案的通知》提出：自 2019 年 5 月 1 日起，降低城镇职工基本养老保险（包括企业和机关事业单位基本养老保险，以下简称养老保险）单位缴费比例。各省、自治区、直辖市及新疆生产建设兵团（以下统称省）养老保险单位缴费比例高于 16％的，可降至 16％。各省应以本省城镇非私营单位就业人员平均工资和城镇私营单位就业人员平均工资加权计算的全口径城镇单位就业人员平均工资，核定社保个人缴费基数上下限，合理降低部分参保人员和企业的社保缴费基数。

（二）基本医疗保险缴费

国发〔1998〕44 号《国务院关于建立城镇职工基本医疗保险制度的决定》提出：基本医疗保险费由用人单位和职工共同缴纳。用人单位缴费率应控制在职工工资总额的 6％左右，职工缴费率一般为本人工资收入的 2％。随着经济发展，用人单位和职工缴费率可做相应调整。

（三）失业保险缴费

1999 年 1 月 22 日国务院令第 258 号发布的《失业保险条例》规定：城镇企业、事业单位按本单位工资总额的 2％缴纳失业保险费；城镇企业、事业单位职工个人按本人工资的

1‰缴纳失业保险费。城镇企业、事业单位招用的农民合同制工人本人不缴纳失业保险费。

（四）工伤保险缴费

2003年4月27日国务院令第375号公布、2010年12月20日国务院令第586号修改公布的《工伤保险条例》规定：

（1）工伤保险费按照以支定收、收支基本平衡的原则，确定费率。国家根据不同行业的工伤风险程度确定行业的差别费率，并根据工伤保险费使用、工伤发生率等情况在每个行业内确定若干费率档次。行业差别费率及行业内费率档次由国务院社会保险行政部门制定，报国务院批准后公布施行。

统筹地区经办机构根据用人单位工伤保险费使用、工伤发生率等情况，适用所属行业内相应的费率档次确定单位缴费费率。

（2）用人单位应当按时缴纳工伤保险费，职工个人不缴纳工伤保险费。用人单位缴纳工伤保险费的数额为本单位职工工资总额乘以单位缴费费率之积。对难以按照工资总额缴纳工伤保险费的行业，其缴纳工伤保险费的具体方式，由国务院社会保险行政部门规定。

人社部发〔2015〕71号《人力资源社会保障部、财政部关于调整工伤保险费率政策的通知》规定：

（1）按照《国民经济行业分类》对行业的划分，根据不同行业的工伤风险程度，由低到高，依次将行业工伤风险类别划分为一类至八类。

（2）不同工伤风险类别的行业执行不同的工伤保险行业基准费率。各行业工伤风险类别对应的全国工伤保险行业基准费率为，一类至八类分别控制在该行业用人单位职工工资总额的0.2%、0.4%、0.7%、0.9%、1.1%、1.3%、1.6%、1.9%左右。一类行业分为三个档次，即在基准费率的基础上，可向上浮动至120%、150%；二类至八类行业分为五个档次，即在基准费率的基础上，可分别向上浮动至120%、150%或向下浮动至80%、50%。

（五）生育保险缴费

《企业职工生育保险试行办法》（劳部发〔1994〕504号）规定：生育保险根据"以支定收，收支基本平衡"的原则筹集资金，由企业按照其工资总额的一定比例向社会保险经办机构缴纳生育保险费，建立生育保险基金。

《企业职工生育保险试行办法》规定，生育保险费的具体提取比例由当地人民政府根据计划内生育人数和生育津贴、生育医疗费等项费用确定，最高不得超过企业工资总额的1%。

国办发〔2019〕10号《国务院办公厅关于全面推进生育保险和职工基本医疗保险合并实施的意见》提出：生育保险基金并入职工基本医疗保险基金，统一征缴，统一层次一致。按照用人单位参加生育保险和职工基本医疗保险的缴费比例之和确定新的用人单位职工基本医疗保险费率，个人不缴纳生育保险费。同时，根据职工基本医疗保险基金支出情况和生育待遇的需求，按照收支平衡的原则，建立费率确定和调整机制。

综上所述，国家规定的社会保险缴费一览表见表5-1。北京市自2021年7月1日起到2022年6月30日止每月企业单位和职工个人社会保险缴费一览表见表5-2。

表5-1 国家规定的社会保险缴费率一览表

险 种	企业缴费比例	个人缴费比例
基本养老保险	16%	8%
失业保险	0.8%	0.2%
工伤保险	行业差别费率0.2%~1.9%	不缴纳
基本医疗保险	基本医疗保险6%	2%
生育保险	生育保险不超过1% 两险合并后为7%	不缴纳
合 计	24%~25.7%	10.2%

表5-2 北京市自2021年7月1日起到2022年6月30日止每月企业单位和职工个人社会保险缴费一览表

险 种	缴费基数	企业缴费比例	个人缴费比例
基本养老保险	本人上年月平均工资，上限为北京市上年平均工资的3倍（即28 221元），下限为北京市上年平均工资的60%（即5 644元，企业职工执行5 360元）	16%	8%
失业保险	同基本养老保险	0.8%	0.2%
工伤保险	同基本养老保险	行业差别费率0.2%~1.9%	不缴纳
基本医疗保险	同基本养老保险	基本医疗保险为8%	2%
生育保险	同基本医疗保险	生育保险为0.8% 两险合并后为8.8%	不缴纳
大病互助医疗保险	同基本医疗保险	1%	每人每月3元
合 计	——	26.8%~28.5%	10.2%

按照表5-2，2021年7月至2022年6月，北京市最低社会保险缴费，企业单位每月缴费1 441.84元，职工个人每月缴费549.12元，企业单位和职工个人每月合计为1 990.96元。

第四节

补充医疗保险

补充医疗保险的形式很多。这里主要阐述企业出资并可列支成本的两种形式的补充医疗保险。

一、列支成本、企业自主使用的补充医疗保险费

财政部、劳动和社会保障部《关于企业补充医疗保险有关问题的通知》（财社〔2002〕

18 号），就企业建立补充医疗保险的有关问题通知如下：

（1）按规定参加各项社会保险的有关足额缴纳社会保险费的企业，可自主决定是否建立补充医疗保险。企业可在按规定参加当地基本医疗保险基础上，建立补充医疗保险，用于对城镇职工基本医疗保险制度支付以外的由职工个人担负的医药费用进行的适当补助，减轻参保职工的医药费负担。

（2）企业补充医疗保险费在工资总额 4% 以内的部分，企业可直接从成本中列支，不再经同级财政部门审批。

（3）企业补充医疗保险办法应与当地基本医疗保险制度相衔接。企业补充医疗保险资金由企业或行业集中使用和管理，单独建账，单独管理，用于本企业个人负担较重职工和退休人员的医药费补助，不得划入基本医疗保险个人账户，也不得另行建立个人账户或变相用于职工其他方面的开支。

二、由政府人力资源和社会保障行政部门管理的大额医疗费用互助制度

以北京市大额医疗费用互助制度为例，大额医疗费用互助资金是指按比例支付给职工和退休人员，在一个年度内累计超过一定数额的门诊、急诊医疗费用和超过基本医疗保险统筹基金最高支付限额（不含起付标准以下的个人负担部分）的医疗费用。参加基本医疗保险的用人单位及其职工和退休人员应当参加大额医疗费用互助保险，但实行国家公务员补助办法的用人单位及其职工和退休人员除外。

《北京市基本医疗保险规定》第五章"补充医疗保险"规定，大额医疗费用互助资金由用人单位和个人共同缴纳。用人单位按全部职工缴费工资基数之和的 1% 缴纳，职工和退休人员个人按每月 3 元缴纳。大额医疗费用互助资金在每月缴纳基本医疗保险费时一并缴纳。大额医疗费用互助资金由社会保险经办机构负责统一筹集、管理和使用。

企业年金

第五节

住房公积金

一、住房公积金的概念及性质

按照 1999 年 4 月 3 日国务院令第 262 号发布、根据 2002 年 3 月 24 日国务院令第 350 号修订的《住房公积金管理条例》的规定：住房公积金，是指国家机关、国有企业、城镇

集体企业、外商投资企业、城镇私营企业及其他城镇企业、事业单位、民办非企业单位、社会团体（以下统称单位）及其在职职工缴存的长期住房储金。职工个人缴存的住房公积金和职工所在单位为职工缴存的住房公积金，属于职工个人所有。

住房公积金管理制度的建立，是为了维护住房公积金所有者的合法权益，促进城镇住房建设，提高城镇居民的居住水平。住房公积金应当用于职工购买、建造、翻建、大修自住住房，任何单位和个人不得挪作他用。住房公积金的存、贷利率由中国人民银行提出，经征求国务院建设行政主管部门的意见后，报国务院批准。国务院建设行政主管部门会同国务院财政部门、中国人民银行拟订住房公积金政策，并监督执行。

二、住房公积金账户及缴存

（一）住房公积金账户

（1）住房公积金管理中心应当在受委托银行设立住房公积金专户。单位应当到住房公积金管理中心办理住房公积金缴存登记，经住房公积金管理中心审核后，到受委托银行为本单位职工办理住房公积金账户设立手续。每个职工只能有一个住房公积金账户。住房公积金管理中心应当建立职工住房公积金明细账，记载职工个人住房公积金的缴存、提取等情况。

（2）新设立的单位应当自设立之日起 30 日内到住房公积金管理中心办理住房公积金缴存登记，并自登记之日起 20 日内持住房公积金管理中心的审核文件，到受委托银行为本单位职工办理住房公积金账户设立手续。

（3）单位合并、分立、撤销、解除或者破产的，应当自发生上述情况之日起 30 日内由原单位或者清算组织到住房公积金管理中心办理变更登记或者注销登记，并自办妥变更登记或者注销登记之日起 20 日内持住房公积金管理中心的审核文件，到受委托银行为本单位职工办理住房公积金账户转移或者封存手续。

（4）单位录用职工的，应当自录用之日起 30 日内到住房公积金管理中心办理缴存登记，并持住房公积金管理中心的审核文件，到受委托银行办理职工住房公积金账户的设立或者转移手续。

（5）单位与职工终止劳动关系的，单位应当自劳动关系终止之日起 30 日内到住房公积金管理中心办理变更登记，并持住房公积金管理中心的审核文件，到受委托银行办理职工住房公积金账户转移或者封存手续。

（二）住房公积金的缴存

（1）职工住房公积金的月缴存额为职工本人上一年度月平均工资乘以职工住房公积金缴存比例。

（2）单位为职工缴存的住房公积金的月缴存额为职工本人上一年度月平均工资乘以单位住房公积金缴存比例。

（3）新参加工作的职工从参加工作的第二个月开始缴存住房公积金，月缴存额为职工本人当月工资乘以职工住房公积金缴存比例。

（4）单位新调入的职工从调入单位发放工资之日起缴存住房公积金，月缴存额为职工本人当月工资乘以职工住房公积金缴存比例。

（5）职工和单位住房公积金的缴存比例均不得低于职工上一年度月平均工资的5％；有条件的城市，可以适当提高缴存比例。

相 关 链 接　　　　　　**住房公积金缴存额度**

2006年6月，财政部、国家税务总局《关于基本养老保险费、基本医疗保险费、失业保险费、住房公积金有关个人所得税政策的通知》（财税〔2006〕10号）规定：单位和个人在不超过职工本人上一年度月平均工资12％的幅度内，其实际缴存的住房公积金，允许在个人应纳税所得额中扣除。单位和个人缴存住房公积金的月平均工资不得超过职工工作地所在设区城市上一年度月平均工资的3倍。

（6）职工个人缴存的住房公积金，由所在单位每月从其工资中代扣代缴。单位应当于每月发放职工工资之日起5日内，将单位缴存的和为职工代缴的住房公积金汇缴到住房公积金专户内，由受委托银行计入职工住房公积金账户。

（7）单位应当按时、足额缴存住房公积金，不得逾期缴存或者少缴。对缴存住房公积金确有困难的单位，经本单位职工代表大会或者工会讨论通过，并经住房公积金管理中心审核，报住房公积金管理委员会批准后，可以降低缴存比例或者缓缴；待单位经济效益好转后，再提高缴存比例或者补缴缓缴。

（8）住房公积金自存入职工住房公积金账户之日起按照国家规定的利率计息。

（9）住房公积金管理中心应当为缴存住房公积金的职工发放缴存住房公积金的有效凭证。

（10）单位为职工缴存的住房公积金，按照下列规定列支：机关在预算中列支；事业单位由财政部门核定收支后，在预算或者费用中列支；企业在成本中列支。

三、住房公积金的提取和使用

（一）住房公积金的提取

职工有下列情形之一的，可以提取职工住房公积金账户内的存储余额：

（1）购买、建造、翻建、大修自住住房的。

（2）离休、退休的。

（3）完全丧失劳动能力，并与单位终止劳动关系的。

（4）出境定居的。

（5）偿还购房贷款本息的。

（6）房租超出家庭工资收入的规定比例的。

依照上述第（2）、（3）、（4）项规定，提取职工住房公积金的，应当同时注销职工住房公积金账户。职工死亡或者被宣告死亡的，职工的继承人、受遗赠人可以提取职工住房公积金账户的存储余额；无继承人也无受遗赠人的，职工住房公积金账户内的存储余额纳入住房公积金的增值收益。

职工提取住房公积金账户内的存储余额的，所在单位应当予以核实，并出具提取证明。职工应当持提取证明向住房公积金管理中心申请提取住房公积金。住房公积金管理中心应当自受理申请之日起 3 日内做出准予提取或者不准提取的决定，并通知申请人；准予提取的，由受委托银行办理支付手续。

（二）住房公积金的使用

缴存住房公积金的职工，在购买、建造、翻建、大修自住住房时，可以向住房公积金管理中心申请住房公积金贷款。住房公积金管理中心应当自受理申请之日起 15 日内做出准予贷款或者不准贷款的决定，并通知申请人；准予贷款的，由受委托银行办理贷款手续。住房公积金贷款的风险，由住房公积金管理中心承担。申请人申请住房公积金贷款的，应当提供担保。

社会保障"十四五"规划目标和主要举措

2020 年 5 月 11 日中共中央 国务院《关于新时代加快完善社会主义市场经济体制的意见》、2020 年 10 月 29 日十九届五中全会通过的《中共中央关于制定国民经济和社会发展第十四个五年规划和二〇三五年远景目标的建议》和党的二十大报告，对"十四五"期间及今后一个时期规划了社会保障的目标和主要举措。

一、目标

健全社会保障体系，健全覆盖全民、统筹城乡、公平统一、安全规范、可持续的多层次社会保障体系，扩大社会保险覆盖面。坚持男女平等基本国策，保障妇女儿童合法权益。促进残疾人事业全面发展。加快建立多主体供给、多渠道保障、租购并举的住房制度。

二、主要举措

（1）实施企业职工基本养老保险基金中央调剂制度，尽快实现养老保险全国统筹，促进基本养老保险基金长期平衡。全面推开中央和地方划转部分国有资本充实社保基金工作。

（2）推动基本医疗保险、失业保险、工伤保险省级统筹。

（3）推进社保转移接续，健全基本养老、基本医疗保险筹资和待遇调整机制。稳步建立长期护理保险制度。

（4）实施渐进式延迟法定退休年龄。

（5）发展多层次、多支柱养老保险体系。大力发展企业年金、职业年金、个人储蓄性养老保险和商业养老保险。

（6）深化医药卫生体制改革，完善统一的城乡居民医保和大病保险制度，健全基本医保筹资和待遇调整机制，持续推进医保支付方式改革，加快落实异地就医结算制度。积极发展商业医疗保险。

（7）完善失业保险制度。

（8）健全灵活就业人员社保制度。开展新业态从业人员职业伤害保障试点。

（9）统筹完善社会救助、社会福利、慈善事业、优抚安置等制度。

（10）健全分层分类的社会救助体系，加强社会救助资源统筹，完善基本民生保障兜底机制。

（11）加快建立多主体供给、多渠道保障、租购并举的住房制度，改革住房公积金制度。

（12）健全退役军人工作体系和保障制度。

（13）坚持男女平等基本国策，保障妇女儿童合法权益。健全老年人、残疾人关爱服务体系和设施，完善帮扶残疾人、孤儿等社会福利制度。

（14）完善全国统一的社会保险公共服务平台。

复习思考题

1. 思考题

（1）如何定位员工的福利目标？

（2）法定福利包括哪些项目？

（3）调查本地区企业补充医疗保险的有关政策规定。

（4）阐述住房公积金缴存的规定。

2. 实训题

某市基本养老保险企业缴费率为16％，个人为8％；基本医疗保险、大病互助医疗保险和生育保险的企业缴费率合计为9.8％（即8％＋1％＋0.8％），基本医疗保险和大病互助医疗保险的个人缴费率合计为2％＋3元；失业保险企业缴费率为0.8％，个人为0.2％；工伤保险缴费率为0.3％。某企业有5类职工，共16人，其上年度月平均工资及人员分布情况如下表所示，各项保险的个人缴费基数都是本人上年度月平均工资。

某企业工资标准与人员分布情况表

序号	职工类别	上年度月平均工资（元）	职工人数
1	A	12 000	1
2	B	10 500	2
3	C	9 000	4

续表

序号	职工类别	上年度月平均工资（元）	职工人数
4	D	7 500	6
5	E	6 000	3

请计算：

（1）该企业（单位）每月共需缴纳多少社会保险费？

（2）5 类职工每人每月分别应缴纳多少保险费？

在线练习

第三篇

薪酬福利基本知识

第 六 章

企业薪酬管理的基本问题

本章思维导图

通过本章的学习，你应该能够：

▶ **知识目标**

1. 了解企业内部工资分配所要解决的问题和追求的目标；

2. 掌握企业内部工资工作体系的三个组成部分；

3. 了解制定企业薪酬政策和策略的要点；

4. 掌握完整的薪酬管理体系的三个组成部分；

5. 了解制定战略性薪酬的基本要求。

▶ **技能目标**

1. 基本了解把四种战略性薪酬政策和三个薪酬目标联系起来的四种薪酬技术；

2. 根据企业实际情况和企业外部环境，制定总体战略性薪酬策略；

3. 根据企业实际情况，选择具体的外部薪酬策略；

4. 根据企业发展阶段，选择具体的薪酬策略。

▶ **素养目标**

在本单位薪酬管理实际工作中，践行效率、公平、合法三个薪酬目标。

引 例 及 分 析

朗讯科技公司是美国通信业的巨擘。北京朗讯科技公司是其在华设立的分公司之一。该公司的薪酬机制十分独特。

一、薪酬构成

1. 工资。分为十级，每个等级又有最高和最低工资。工资从一级到十级差别达 20 多倍。工资标准不固定，随行就市。工资的总体水平比国有企业、同类岗位高许多。

2. 奖金。分为两种类型：一为常规半年奖、年底奖。其发放根据公司效益和员工个人绩效评估后而定。二为非常规季节奖、随机奖。每次获奖名额不超过员工人数的10%。奖金一般相当于员工半个月或一个月的工资。

3. 其他福利。除支付政府规定的社会保险外，企业还为员工购买人身意外保险、个人财产事业商业保险、门诊医疗商业保险等。每年企业还在员工住房、教育、培训、疗养、旅游、工会活动等方面做出预算开支。

4. 股权认购和股权奖励。公司规定每个员工可以认购公司100股股票。股权奖励只发给优秀员工（不超过5%，具体数目不定）。认购和奖励都不用员工掏钱。公司将股权赠予员工，但不能出售。3年后员工方能出售。

二、薪酬的调整运作

1. 工资调整。每年公司都要进行相关外部企业的薪酬调查，主要涉及当年物价指数变动；当地企业平均增资水平；各相关企业最高和最低增资水平；各相关公司各职位的薪酬状况及变化；当地各相关公司和全国同行业的人员流失和经理、专业技术人员流失等。

2. 职务晋升增资。通常由经理提出建议，逐级晋升，但也有表现突出、业绩优秀者连升三级的现象。正常晋升增资幅度在10%～25%，越级晋升增资幅度在25%～40%。

3. 招聘时定薪。主要依据因素为学历、经验、专长和经历。其中，大学本科毕业人员的薪酬定为专业管理最低一级，研究生则提高15%；有两年以上工作经验的本科生的薪酬比没有经验的同类员工高出20%，有两年以上工作经验的研究生的薪酬比没有经验的同类员工高出30%；如招聘时发现确有某方面专长的人员，则其工资可能超过同类岗位工作几年的员工；最后，对有在知名公司或不同领域、不同行业、不同企业工作经历的人员，工资定级时会被着重考虑。

4. 绩效评估与薪酬调整。公司将员工的绩效评估分为5个档次，分别是"不能接受""勉强接受""基本完成任务""完成任务""超额完成任务"。公司有硬性规定，必须有5%的员工考核结果落在第一类，10%的员工落在第五类。对于落在第一类的员工，公司不发奖金，且限期3个月改进；如没有明显改进，则劝其离岗走人。落在第二类的员工奖金最少，且不能涨工资。落在第三类的员工发标准奖金。落在第五类的员工奖金和工资晋升幅度最高，甚至比平均增幅高出一倍以上。

由上述朗讯的薪酬结构和调整运作机制思考：企业在制定薪酬水平和薪酬调整运作政策时应着眼于哪些目标？薪酬水平决定机制和薪酬调整运作机制与企业战略是什么关系？本章将给你一个系统的、理论上的回答。

企业薪酬管理工作体系

一、企业薪酬管理的概念

　　企业的薪酬管理，就是企业管理者对本企业员工薪酬的支付标准、薪酬构成、薪酬计发办法等进行确定、调整和实施的过程。

　　传统薪酬管理仅具有物质薪酬分配的性质，而对被管理者的行为特征考虑较少，其着眼点是物质薪酬。现代企业薪酬管理理念发生了完全不同的变化，薪酬管理的着眼点转移到了人身上。现代薪酬管理将物质薪酬的管理过程与员工激励过程紧密结合起来，成为一个有机的整体。

　　由于福利管理另有专章阐述，本章集中阐述企业内部工资分配问题。企业内部工资分配即企业微观工资分配，是企业按照合理人工费的要求，或依据集体协商原则，或遵照国家政策确定和提取工资总额，并将确定和提取的工资总额分配给职工个人的全过程。企业内部工资分配的核心问题，一是工资标准，二是工资计发。

二、企业内部工资分配所要解决的问题和追求的目标

　　企业内部工资分配所要解决的问题和追求的目标是：以劳动者的劳动质量和数量为依据，处理好两个分配关系，即一是企业与职工之间的分配关系，二是企业内部职工之间的分配关系，使职工的工资收入同他们的劳动成果紧密联系起来，以从企业内部分配方面不断增强企业活力，提高企业的劳动生产率和经济效益，提高职工的职业生活质量。

三、企业内部工资工作体系

　　搞好企业内部工资分配，核心是建立健全企业内部工资工作体系，进而建立起全面反映职工劳动质量和数量并反映劳动力供求关系的工资制度。

　　企业内部工资工作体系由劳动定额、工资等级制度和工资形式三部分组成。这三个部

分中的每一部分都有自己特定的职能，并组成了企业内部工资工作的严密的、不可分割的统一整体。

（一）劳动定额

劳动定额规定劳动标准。确定应付的劳动者的工资数量，必须首先明确各类劳动者应当提供多少劳动量。劳动定额承担着这方面的职能，它规定着劳动者在单位时间内应当完成的具有某种质量要求的劳动数量标准，以作为正确计量劳动者劳动数量的标准尺度。

劳动定额在产品生产工人中的应用，有两种基本形式：一种是工时定额，也称时间定额，是在一定生产技术和生产组织条件下，为生产一定量合格产品或完成一定量工作，所预先规定的用时间表示的劳动消耗量标准；另一种是产量定额，是在一定生产技术和生产组织条件下，在单位时间内预先规定的完成合格产品的数量标准。

在非产品生产职工中，根据工作的特点不同，劳动定额派生出很多其他价值形式的定额，如销售定额（计划销售额或目标销售额）、利润定额（计划利润、目标利润、核定的实现利润基数）、实现利税定额（计划利税、目标利税、核定的实现利税基数）等。

在工资管理体系中，劳动定额的过程往往表现为绩效计划过程，并具体体现为绩效指标和绩效标准。

（二）工资等级制度

工资等级制度规定工资标准。工资标准，也称工资率或工资价位，劳动力价格或劳动价格。确定应付劳动者的工资数量，还必须明确各类劳动者工资报酬的支付标准。工资等级制度承担着这方面的职能。工资等级制度是确定劳动者工资等级标准（简称工资标准）的工具，它通过对不同质量劳动的分析比较，规定着各类劳动者的劳动等级，并进而规定着各类劳动者相应的工资等级和工资标准。

确定工资标准的工资等级制度是企业工资制度的基础和核心。所以，贯彻按劳分配的首要任务，是选择能够比较准确反映劳动差别的工资等级制度，并在工资标准上对复杂劳动与简单劳动、熟练劳动与非熟练劳动、繁重劳动与轻便劳动规定出明显的工资差别。

在工资管理体系中，工资等级制度在实际工作中集中表现为确定工资结构，以及基于工作或技能、工龄等因素确定工资标准的过程。

（三）工资形式

工资形式把劳动数量与工资标准联系起来，是最终支付工资的依据。

工资形式是劳动计量与工资支付方式的简称。工资形式之所以作为工资工作体系的一个组成部分，是因为劳动定额只是规定了劳动者的劳动数量标准，工资等级制度也只是规定了劳动者的工资报酬标准，然而却缺乏一种具有把两者联系起来的机制，工资支付无法进行，工资形式最终承担了这方面的职能。它计量劳动者实际提供的劳动数量，并把劳动数量同工资标准直接联系在一起，作为最终支付工资的依据。

在工资管理体系中，劳动计量的过程往往表现为绩效考核的过程。通过绩效考核，表明职工提供的劳动数量或劳动贡献程度。

综上所述，全面有效地做好企业的工资工作，必须同时设计、同时实施劳动定额、工资等级制度和工资形式三项工作。

四、制定企业薪酬政策和策略的要点

制定企业薪酬政策和策略的要点见表6-1。

表6-1　薪酬政策和策略要点

序号	政策和策略决策要点	政策和策略决策的选择
1	薪酬分配原则	内部公平和外部公平
2	薪酬水平	高于、低于或等于市场薪酬水平
3	薪酬决定因素	以岗位、能力或绩效为基础决定基本工资或三者的组合
4	薪酬构成	处理好固定薪酬与浮动薪酬的比例关系，以及短期激励与长期激励的比例关系
5	激励重点	激励的重点是团队还是个人，或者需要两者兼顾

第二节

薪酬目标、薪酬政策和薪酬技术

完整的薪酬管理体系由薪酬目标、薪酬政策以及实现薪酬目标和薪酬政策的薪酬技术三个部分组成，如图6-1所示。在薪酬体系中，薪酬目标是设计薪酬制度的核心，是变革薪酬制度的出发点和着眼点，亦可说是薪酬制度的灵魂；薪酬政策为薪酬体系之本，体现了企业薪酬体系的价值观，并直接影响和决定着员工的行为；薪酬技术则是达到薪酬目标的途径、策略和方法。

一、薪酬目标

不同的薪酬目标，决定着不同的薪酬政策、薪酬内容，以及薪酬制度制定过程中所需要使用的策略和方法。

设计和管理薪酬制度是为了达到一定的目标，图6-1右边列出了一般情况下薪酬制度的基本目标：效率、公平和合法。

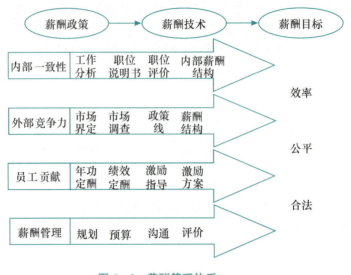

图 6-1 薪酬管理体系

（一）效率

将效率目标进一步细化，可分为下述几方面。

1. 提高绩效

绩效涉及以下三方面的问题：

（1）支持战略。首先，承担不同职能和任务目标的员工的薪酬水平是否支持公司的战略目标；其次，该计划还应该与人力资源战略和目标正确配合；最后，在原来工资的基础上，目标工资的增幅多大才有意义。

（2）促进员工的行为与组织目标相符。组织内部薪酬结构影响员工的行为，要设计一种能使员工的努力与组织的目标相一致的薪酬结构，应该把每个职位与组织目标之间的关系阐述清楚。员工越是清楚地了解他们的工作与组织目标之间的关系，薪酬结构越是能使员工的行为与组织目标相一致。

（3）绩效工资。设计绩效工资制度的关键在于绩效标准。在具体操作中，需要考虑以下问题：1）绩效目标。这些目标是否具体而且灵活，员工们能够感觉到他们的行为与公司目标完成的关系。2）衡量尺度。员工们是否了解使用什么衡量指标（个人评估、团队评估、企业财务评估等）来评估他们的绩效是否可以领取绩效工资。3）适用性。计划应该覆盖多少人员。4）工资计发。根据员工绩效评价结果，员工能清楚地知道可以领取多少绩效工资。

2. 保证质量

保证产品和服务的质量，这是实现公司战略、取悦客户的基础。

3. 取悦客户

对于企业来说，客户是市场，丢了客户，就丢了市场。要让每一位员工明白，给他们发工资的人不是公司经理，是客户。只有对客户高度负责，让客户满意，企业、员工的生存空间才会越来越大。

4. 控制成本

控制成本有两个方面的意义：一是在保证质量的前提下，控制住了成本，就控制住了价格，就能取得产品价格的竞争优势；二是降低成本就能提高企业的经济效益，进而就能为提高员工收入水平、技术改造和扩大生产规模提供资金保证。

（二）公平

公平是薪酬制度的基础。"公平地对待所有员工"或"按劳分配""同工同酬"，这些表述反映了对公平的关注。它强调在设计薪酬制度时，应确保薪酬体系对所有的员工都公平。

对员工来说，有下述两种类型的公平。

1. 分配的结果公平

分配的公平感来源于两个方面的分配关系：一是企业和员工之间的分配关系，即劳动和资本的关系。这一关系表现为员工实际获得的报酬数量与按相关标准进行衡量的产出之间的关系，如人工费比率、劳动分配率等，在销售额、增加值一定的情况下，人工费比率或劳动分配率决定了增加值中的资本要素报酬总额和劳动要素报酬总额。二是员工之间的分配关系，即在劳动要素报酬总额一定的条件下，劳动要素报酬总额在劳动者之间的分配。

2. 决定分配结果的程序公平

分配结果的公平在很大程度上是由分配决策程序的公平决定的。可以认为，没有分配决策过程的公平，就没有分配结果的公平。

实践证明，这种公平对员工的满意度影响更大，通常使用公平分配和公平程序决定报酬的组织，被认为更可信赖，并将产生更高的组织承诺水平。

员工对过程公平的认可程度将对他们是否接受结果产生重大的影响，如果员工和企业认为确定薪酬结果的方式是公平的，他们就愿意接受低工资。要做到薪酬过程公平，应遵循以下四点：（1）薪酬结构要适用于全体员工。（2）允许员工并鼓励员工代表参与薪酬制定过程。（3）员工要有对薪酬不满的申诉程序。（4）使用的数据要准确。

拥有公平感的一个关键的因素是沟通。员工们想提前知道组织对他们的期望是什么，他们也需要组织给他们提供一个达到这些期望的机会。同时，如果绩效被判定为与企业标准有差距的话，他们需要一个求助机制。在有工会的条件下，工会被认为是一种申诉的机制。

（三）合法

"合法"作为薪酬决策的目标之一，包括遵守各种全国性的和地方性的法律法规，这是维持和提高企业信誉的关键，也是吸引优秀人才的关键。为了维护良好的信誉，确保绩效工资制度与薪酬法律相吻合是必要的。

二、薪酬政策

薪酬政策为薪酬体系之本，体现了企业薪酬体系的价值观，并直接影响和决定着员工的行为。每个企业都必须致力于研究图 6-1 左边所包括的战略性薪酬政策：内部一致性、外部竞争力、员工贡献、薪酬管理。

（一）内部一致性

内部一致性，通常称作内部公平，是指薪酬结构（即薪酬差别，下同）与组织设计和工作之间的关系。它强调薪酬结构设计的规范性和统一性，即要对所有员工公平，按照统一的尺度来衡量每一位员工的岗位在组织中的相对价值，而不管他们的身份如何，要有利于使员工行为与组织目标相符。

内部一致性决定着企业内部的薪酬结构。薪酬结构，是指在同一组织内不同职位或不同技能薪酬水平的排序形式。它强调薪酬等级的多少、不同等级薪酬之间级差的大小以及决定薪酬级差的标准。表 6-2 是洛克希德公司工程技术职位的薪酬结构。内部一致性通过对企业内各个岗位进行岗位分析，编制岗位说明书，依据一定的标准同时考虑组织的战略意图、文化、风俗习惯、经济环境、员工的特征和工作性质等要素对各个岗位进行评价，以确定企业内合理的薪酬结构。

表 6-2　洛克希德公司工程技术职位的薪酬结构　　　　　　　　　单位：元

	职位	定义	薪酬	来源
公认权威	顾问工程师	表现出杰出的灵活性、创造力和适应性。应用或开发极为先进的技术、科学原理和概念。能根据现有领域的知识研究新的领域。经常独立从事找出和解决与工作项目有关的问题。	130 000	招聘、内部晋升
↑	指导工程师	应用先进的原理、理论和概念，对概括和总结新的原理、概念有贡献。需要创造性地解决复杂问题。在顾问工程师的指导下从事长期目标策划。工作任务经常由自己决定。	98 000	内部晋升
↑	主管工程师	以专家的身份应用广泛的专业知识。经常需要灵活、创造性地解决复杂问题。工作中没有指令。	83 000	内部晋升
↑	系统工程师	广泛地应用原理和概念，具有与原理有关的其他工作经验。对难题提出解决性方案，解决方案具有想象力。在较为一般的指导下工作。	68 000	内部晋升
↑	高级工程师	充分应用标准的原理和概念，对各种问题提出解决方案，在一般性的监督之下工作。	55 000	市场招聘
初级水平	工程师	在有限的范围内应用基本原理和概念。在有限的范围内提供解决方案，在严密的监督之下工作。	46 750	市场招聘

薪酬结构主要包括以下三个要素。

1. 薪酬等级

薪酬等级是薪酬结构的特点之一，反映等级的数目和各等级之间的关系。有些企业分层较多，但有些企业分层较少。

2. 薪酬级差

薪酬级差即不同等级之间的薪酬差异。薪酬结构十分倾向于支付高薪酬给资格要求高、工作条件差、教育投入高的职位。在薪酬管理中，各类薪酬级差包括职业生涯中不同阶段的薪酬差异、上下级之间的薪酬差异、工会会员和非工会会员之间的薪酬差异、管理人员与一般员工的薪酬差异等。

3. 薪酬结构确定的标准（或依据）

确定薪酬结构等级和差异大小的标准可归纳为以岗定酬和以人定酬，以及以岗定酬和以人定酬相结合。以岗定酬依据的是工作内容即以完成了的工作任务、组织所期望的行为、期望的结果来确定薪酬的高低。以人定酬关注的是人，即员工拥有的技能或知识，或者是组织认为员工具备的能力。

影响组织内部薪酬结构的因素包括：

（1）组织外部因素，包括：文化与风俗习惯；市场竞争压力；政府政策、法律和法规。

（2）组织内部因素，包括：组织战略；岗位设计；人力资源政策。

（3）内部劳动力市场，即把内部因素与外部因素统一起来，较高职位的薪酬往往受组织内部因素的影响，而较低职位的薪酬往往受外部因素的影响。

（4）员工的接受程度，这是决定企业薪酬结构的关键因素，也是验证薪酬结构公平与否的关键。

内部一致性既是影响薪酬水平的决定性因素，也影响着其他三个薪酬决策目标：其一，决定着员工的去留；其二，决定着他们是否愿意额外地进行培训投资以使自己更具有适应性；其三，决定着他们是否会承担更大的责任。

（二）外部竞争力

外部竞争力，是指雇主如何参照市场竞争对手的薪酬水平给自己的薪酬水平定位。它强调的是薪酬支付与外部组织薪酬之间的关系。外部竞争力具有市场相对性。

尽管决定与竞争对手相对的薪酬水平是一个基本决策，但竞争也包括选择多种薪酬形式，如红利、持股、灵活的福利、职业机会、具有挑战性的工作等。

在实际运作中，薪酬的竞争力是通过选择高于、低于或与竞争对手相同的薪酬水平来实现的。在组织内部，不同职位平均薪酬的排列就是该组织的薪酬水平。

视外部竞争情况而定的薪酬水平决策对薪酬目标具有双重影响。

1. 确保薪酬足够吸纳和维系员工

这是对员工态度和行为的影响。一旦员工发现他们的薪酬低于企业内其他同行，他们就很有可能会离开。这就是在劳动力市场上为什么对某种工作没有"通行薪酬水平"或"通行市场工资"的原因。

2. 控制劳动力成本以使本企业的产品或服务价格具有竞争力

这是对企业运作成本的影响。在其他条件相同的情况下，薪酬水平越高，劳动力成本越高。由此可见，外部竞争直接影响着企业的效率和内部公平。

影响外部竞争力的因素可归纳为以下几个方面：其一，劳动力市场上寻求有技能和有能力的员工的压力；其二，产品市场或服务市场的竞争对企业财务状况的影响；其三，对组织或劳动力特殊的需要。这些因素共同影响着薪酬水平的决策。

（三）员工贡献

员工贡献是指企业对员工业绩的重视。对绩效和（或）工龄的重视程度是一项重要的薪酬决策，因为它直接影响着员工的工作态度和工作行为。清楚地制定了绩效工资政策的企业，在制定薪酬制度时会更为注重绩效工资和激励工资。

员工的绩效取决于以下三个因素：（1）完成任务的技能和能力。（2）对于本岗位工作实践、规则、原理和程序的知识掌握情况。（3）完成任务的意愿。

（四）薪酬管理

薪酬管理是薪酬政策最后的一块基石。企业必须设计一整套包括内部一致性、外部竞争力、员工贡献在内的薪酬制度，但如果管理不善，则不可能达到预定目标。管理者必须把各种形式的薪酬（如基本工资、短期和长期激励工资）规划在该制度之内，做好与员工的沟通，还要对该制度能否达到目标做出准确判断。

三、薪酬技术

薪酬技术是达到薪酬目标的途径、策略和方法。图 6-1 中间的部分给出了薪酬技术的内容。薪酬技术把四种基本战略和三个薪酬目标联系起来。

（一）保证内部一致性的技术

贯彻内部一致性政策的技术和程序是：从工作分析开始，把有关某人和（或）某职位的信息收集起来编制职位说明书；从企业战略、完成企业的短期目标的需要出发，制定覆盖所有岗位和任职员工的岗位评价标准体系；按照岗位评价标准体系所定的价值尺度，实施岗位评价，形成企业内部的薪酬等级结构。

（二）保证外部竞争力的技术

外部竞争力的薪酬水平，是通过参照同行的薪酬水平，给类似职位确定薪酬而建立起来的。确定薪酬水平要经过薪酬调查，薪酬调查要经历以下三个步骤。

1. 界定一个企业相互竞争的劳动力市场

确定相关劳动力市场的因素通常有以下三个：职业（资格要求）、地理位置、产品市场的竞争对手。产品市场竞争资料和劳动力市场竞争资料，在界定相关市场时哪一个价值更大，取决于相关因素作用的大小。

当以下因素起作用时，产品市场竞争的资料更有意义：劳动力成本在总成本中的比重较大；产品需求根据产品价格变化而变化；劳动供给弹性很小，即薪酬水平对劳动供给的影响不大；员工的技能只适应某一产品市场，而且将继续如此。

当以下因素属实，劳动力市场竞争的资料会更有价值：组织在吸纳和留住员工方面存在困难；招聘成本较高。

2. 组织薪酬调查

弄清其他企业与本企业薪酬等级相应的职位支付多少薪酬。

3. 确定一个薪酬框架

薪酬框架即薪酬政策线，最终建立起企业的薪酬结构。薪酬框架不仅影响企业吸纳和留住人才的能力，也影响企业控制劳动成本的能力。

（三）衡量员工贡献的技术

对员工贡献重视的基础是根据绩效、工龄加薪，激励方案，股票期权和其他以业绩为基础的工资形式。目前，越来越多的企业采用某种形式的激励方案和员工共享经营成果。根据绩效支付薪酬，除了影响管理成本外，还能影响员工的态度和行为，尤其是影响有能力的员工加入该企业并留下来努力工作的意向。

（四）薪酬管理技术

薪酬管理技术主要有薪酬预算、人工成本控制、薪酬沟通、薪酬诊断与再造等。

1. 薪酬预算

即薪资预算，包括加薪计划、工资总额计划、平均工资计划。

2. 人工成本控制

即控制平均人工成本、人工费比率、劳动分配率、人工成本占总成本的比重。企业人工成本理想的状况是：平均人工成本高于同行业水平，而人工费比率、劳动分配率、人工成本占总成本的比重都低于同行业水平。

3. 薪酬沟通

薪酬沟通强调薪酬政策的确定和调整必须要有员工参与，要理解和支持员工。

4. 薪酬诊断与再造

薪酬沟通包括定期进行员工满意度调查；定期对现行薪酬制度进行评价和调整。如组织机构进行重大战略调整，应对现行薪酬制度进行再造。

相 关 链 接

20 世纪后半叶国际薪酬体系的发展

	50 年代—60 年代	70 年代—80 年代	90 年代至今
经济形势	基本不变	逐步发展	飞速发展
评估工具	单一的工作评估体系＋有限的人才市场调查	标准化的工作评估体系＋细致的人才市场调查	丰富多样的评估体系（技能/竞争力标准、计算机模型分析）＋细致的人才市场调查
目标	以工作性质为基础的对内公正性	以工作性质为基础的对内公正性＋以市场价值为基础的对外竞争性	以个人成就为基础的对内公正性＋以市场价值为基础的对外竞争性
薪酬确定的原则	按职位决定报酬	按职位决定报酬＋按个人表现决定其他报酬	按个人表现决定工资与其他薪酬

战略性薪酬

一、战略性薪酬的含义

战略性薪酬是指把薪酬看作提高企业竞争优势的潜在手段，即如何支持经营战略和适应外部压力，它的最终目的是使企业赢得竞争优势，保持竞争优势。

企业的竞争优势源于两种思路：一是价值增加。薪酬决策为企业增加价值主要是通过吸纳和留住关键人才、控制成本、激励员工不断学习和提高绩效来实现。二是适应性。这是企业竞争优势的关键所在，包括企业经营战略与薪酬体系之间如何适应；薪酬与人力资源其他活动之间如何适应；薪酬体系如何实施。

二、战略性薪酬的基本要求

战略性薪酬的基本要求：一是支持经营战略；二是适应外部压力，即能承受周围环境中来自社会、市场竞争以及法律法规等各方面的压力。

薪酬体系应随着企业战略的改变而改变。如果薪酬战略的一个基本前提是把薪酬体系和经营战略联系起来，那么，不同的经营战略就会具体化为不同的薪酬方案。表6-3列举了几种根据不同的企业战略设计的薪酬制度。

表6-3　调整薪酬制度以适应企业战略

经营战略	商业反馈	人力资源方面的配合	薪酬制度
创新战略： 提高产品的复杂性，缩短产品生命周期	（1）产品的领导地位 （2）转向大众化生产和创新 （3）周期	灵敏、有冒险精神、富有创新意识的人	（1）奖励对产品创新和生产过程的改革 （2）薪酬以市场为基础 （3）灵活的工作描述
成本领先战略： 注重效率	（1）操作精确 （2）寻求节省成本的方法	少用人，多办事	（1）重视竞争对手的劳动成本 （2）提高可变工资 （3）重视生产力 （4）重视系统控制和工作分工

续表

经营战略	商业反馈	人力资源方面的配合	薪酬制度
以顾客为核心的战略： 提高顾客期望	（1）密切与顾客的关系 （2）售后服务 （3）对市场反应迅速	取悦顾客，超过顾客期望	（1）以顾客满意为基础的激励工资 （2）以与顾客的交往为依据评价工作和技能

　　创新战略强调冒险，其方式是不再过多地重视评价和衡量各种技能和职位，而是把重点放在激励工资上，以此鼓励员工在新的生产流程中大胆创新，缩短从产品设计到顾客购买产品之间的时间差。成本领先战略以效率为中心，强调少用人，多办事，其方式是降低成本、鼓励提高生产率、详细而精确地规定工作量。以顾客为核心的战略强调取悦顾客、按顾客满意度给员工付酬。总之，不同的薪酬战略要求有不同的薪酬制度，并不存在放之四海而皆准的薪酬制度。

三、战略性薪酬的选择：基于五个问题的决策形成薪酬战略

　　战略是指企业所选择的基本方向。企业在选择做什么和不做什么的过程中确立了其战略。图 6-2 把这些战略性的选择与竞争优势的要求联系了起来。从职能或制度的层次来看，整体薪酬如何帮助我们赢得并保持竞争优势成为企业最基本的战略性选择。

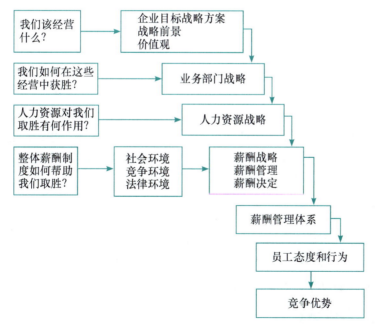

图 6-2　战略性选择与竞争优势要求的联系

当运用薪酬模型分析企业管理者面临的战略性薪酬决策问题时，可以分别以薪酬目标

和四种基本薪酬决策进行思考。

（1）薪酬目标：薪酬应该怎样支持企业战略，又该如何适应整体环境中的文化约束和法规约束。

（2）内部一致性：同一企业内部不同的工作性质及技能水平之间的差别如何在薪酬上得以体现。

（3）外部竞争力：整体薪酬应定位在什么水平来与同行相抗衡。

（4）员工奉献：加薪的根据是什么，是个人或团队的业绩，还是员工不断丰富的经验，知识的不断增长或技能的不断进步，或者是生活费用的上涨，个人需求的增加（如住房补贴、交通补贴、医疗保险），或者经营单位的绩效。

（5）薪酬管理：薪酬决策应在多大程度上向所有的员工公开和透明化；由谁负责设计和管理薪酬制度。

基于以上五个问题的所有决策，相互交织形成一个完整的格局，从而最终形成了企业薪酬战略。

四、外部薪酬策略的选择

（一）领先型薪酬策略

领先型薪酬策略能最大限度地发挥组织吸纳和留住员工的能力，同时，把员工对薪酬的不满减少至最低。而且，它能弥补工作中令人感到乏味的因素。

（二）跟随型薪酬策略

跟随型薪酬策略是竞争者通常采用的方式。原因有以下三点：（1）薪酬水平低于竞争对手会引起员工的不满；（2）薪酬水平低会限制组织的招聘能力；（3）支付市场薪酬水平是管理的责任。

没有工会组织的企业通常采用领先型或跟随型薪酬策略。跟随型薪酬策略力图使本组织的薪酬成本接近产品竞争对手的薪酬成本；同时使本组织吸纳员工的能力接近产品竞争对手吸纳员工的能力。这种策略能使企业在产品定价或保留高素质员工队伍方面避免劣势，但它并不能使企业在劳动力市场上处于优势。

（三）滞后型薪酬策略

滞后型薪酬策略也许会影响企业吸纳潜在员工的能力。但是，如果采用滞后型薪酬策略的企业能保证员工将来可以得到更高的收入，那么员工的责任感会提高，团队精神也会增强，从而企业的劳动生产率也会提高。

（四）混合型薪酬策略

混合型薪酬策略是根据不同的职位制定不同的薪酬策略。目前许多企业给不同的职位制定不同的薪酬策略：对组织成功至关重要的职位，采取领先型薪酬策略；对组织成功不很重要的职位，采取跟随型薪酬策略；对在当地劳动力市场上很容易招聘到人员的职位，采取滞后型薪酬策略。有的企业根据不同的薪酬形式制定不同的薪酬策略，如总薪酬高于市场价值，但基本工资略低于市场平均水平，而激励工资远远高于市场平均水平。

（五）企业的抉择

企业的抉择比其他薪酬策略都要复杂，因为它要在一个更广泛的范围内（包括各种工作报酬）界定薪酬。因此，组织的定位是以工作总报酬为基础的。如微软公司的基本工资是滞后型的，业绩奖金是跟随型的，创造财富的员工持股却是领先型的。此外，它还给员工提供了富有挑战性的工作，可见微软公司已经把竞争策略看作人力资源管理策略的一部分。

五、企业不同发展阶段薪酬策略的选择

（一）发展阶段

在处于迅速发展阶段的企业中，经营战略通常是以投资促进企业发展。为了与此发展阶段的特点相适应，薪酬策略也应该具有较强的激励性。要做到这一点，企业应该着重将高额报酬与中、高等程度的刺激和激励结合起来。虽然这种做法风险较大，但是，企业可以迅速发展，回报率也高。

（二）成熟阶段

处于成熟阶段的企业，其经营战略基本上以保持利润和保护市场为目标。因此，与此相适应，薪酬策略要鼓励新技术开发和市场开拓，使基本薪资处于平均水平，奖金所占比例应较高，福利水平保持中等。

（三）衰退阶段

当企业处于衰退阶段时，最恰当的战略是争取利润并转移目标，转向新的投资点。与这一战略目标相适应，薪酬策略应实行较低于中等水平的基本薪资、标准的福利水平，同时使相适应的刺激与鼓励措施直接与成本控制联系在一起。

企业在不同的发展阶段，应推行不同的企业经营战略，同时，设计与发展与各阶段相适应的薪酬计划。表6-4中总结了企业不同发展阶段的特点与相应的薪酬策略。

表6-4　企业不同发展阶段的特点与相应的薪酬策略

企业发展阶段	企业经营战略	薪酬策略	薪酬组合	薪酬性质与薪酬结构
迅速发展阶段	以投资促进发展	以业绩工资为主，刺激创业	高额基本薪资，中、高等奖金与津贴，中等福利	高弹性，以绩效为导向

续表

企业发展阶段	企业经营战略	薪酬策略	薪酬组合	薪酬性质与薪酬结构
正常发展至成熟阶段	保持利润与保护市场	薪酬管理技巧	平均基本薪资，较高比例的奖金，较高比例的津贴，中等的福利水平	高弹性，以绩效为导向；或折中以能力（工作）为导向的组合
无发展或衰退阶段	取得利润并向别处投资	着重成本控制	较低的基本薪资，与成本控制相结合的奖金，标准的福利水平	高弹性，以绩效为导向；或折中以能力（工作）为导向的组合

复习思考题

（1）薪酬目标有哪三个方面的内容？其含义是什么？

（2）战略性薪酬的含义是什么？战略性薪酬的基本要求是什么？

（3）形成薪酬战略要基于哪五个问题的决策？

（4）企业外部薪酬策略有哪四种？薪酬策略一般如何与企业发展阶段相适应？

在线练习

案例分析

海尔的薪酬制度

一、企业的发展战略是确定薪酬制度的基础

（一）名牌战略阶段的薪酬制度

国际上认为20世纪80年代企业应该以品质作为企业主题，也就是全面质量管理。这个阶段海尔的主要工作放在质量上，因此薪酬制度也就以质量为主要内容。以质量为主的薪酬制度主要是改变员工的质量观念。企业薪酬制度的特点是工资考核制度，重点放在考核质量上。当时海尔建立了质量价值券考核制度，要求员工不但要干出一台产品，而且要干好一台产品。另一个考核重点是遵章守法，凡是企业的规章制度，不是摆样子，而是建立一项就执行一项、考核一项、兑现一项。所以，此时的分配制度主要同质量挂钩，谁出了质量问题，就按考核规定扣掉谁的工资，这种做法对海尔集团后来进入国际市场非常有利。

（二）多元化阶段的薪酬制度——多种工资模式

多元化阶段的薪酬制度由原来的四种模式完善规范到十三种模式，实行分层分类的多种薪酬制度和灵活的分配形式。科技人员实行科研承包制，营销人员实行年薪制和提成工资制，生产人员实行计件工资制，辅助人员则实行薪点工资制。海尔工资分档次发放。工资标准规定：岗位工资标准不超过青岛市职工平均工资的三倍。岗位工资＋国家补贴＝工资总额。每月无奖金，年终奖金不超过两个月的工资。科研和销售人员实行工效挂钩，科研人员按市场效益奖励科研成果，营销人员如果是外聘的推销员，收入和推销的成果挂钩。

在工资分配政策的制定和执行上，海尔一直坚持"公开、公平、公正"的原则，对每一个岗位、每一个动作都进行了科学的测评，计点到位，绩效联酬。每位员工都有一张3E卡，3E即每人（Everyone）、每天（Everyday）、每件事（Everything）。劳动一天，员工就可根据当天的产量、质量、物耗、工艺等九大项指标的执行情况计算出当日的工资，即所谓"员工自己能报价"。管理人员则把目标分解为：年度目标—月度目标—日清，计算出当月的应得工资。人人的工资都公开透明，只按效果，不论资历，由同岗同酬观念转变为同效同酬观念。在海尔，高素质、高技能获得高报酬，人才的价值在工资分配中得到了真正的体现，极大地调动了员工的生产积极性。

（三）国际化战略阶段——市场链

市场链就是增强职工的市场竞争观念，并在工资分配中加以体现的一种机制。市场链机制为"SST"（两索一跳：索酬、索赔、跳闸），索酬就是通过为服务对象服好务而获得报酬，如果达不到市场的要求则要被索赔，如果既不索酬又不索赔，第三方就会跳闸，找出问题来。通过这种内部模拟市场进行分配的形式，促进了企业的管理，增强了企业的市场竞争力。

二、薪酬制度的具体操作原则

在具体的薪酬制度设计中，海尔重点掌握了以下原则：

（1）静态与动态相结合的原则（如动态的工资考核，静态的补贴、津贴等）。

（2）直接与间接相结合的原则（直接：工资、津贴、奖励等；间接：住房、班车、休假、福利等）。

（3）显性与隐性相结合（显性：现金部分；隐性：投保、福利部分）。

（4）整体与部门、部门与个人相结合的原则（按效益计算到整体，按效率考核到部门，按效果兑现到个人）。

（5）品行与技能相结合的原则（处理问题的观念与效果）。

（6）主要与次要相结合的原则（主指标与辅指标）。

（7）定性与定量相结合的原则。

海尔的发展是个奇迹，但这个奇迹的背后是海尔始终坚持"以人为本"的原则，充分发挥员工的"源头"作用的结果。海尔独特的管理哲学（以人为本、系统协调、日清日高）中，"以人为本"的管理哲学起着灵魂和统帅的作用。同时海尔一直把分配工作列为人力资源管理工作中的重中之重，提出"所有出现的问题都是分配问题"的观点，在集团内部形成了各单位、各部门一把手亲自抓分配的良好氛围，也正是有了这种良好的氛围，海尔集团才形成了一套富有特色的薪酬制度。

分析：

（1）海尔是如何根据自己的发展战略制定薪酬制度的？

（2）海尔的薪酬运作有什么特点？

第 七 章

企业合理人工费用的计算

本章思维导图

学习目标 ▶

通过本章的学习，你应该能够：

▶ **知识目标**

　　1. 理解人工费用的概念，掌握我国企业人工费用七个组成部分的具体项目；

　　2. 说明决定人工费用的三个因素和影响企业支付能力的七个因素。

▶ **技能目标**

　　1. 应用合理确定人工费用的三种计算方法，确定合理的人工费用；

　　2. 掌握企业人工成本的统计分析指标。

▶ **素养目标**

　　1. 在企业人工费用计算的实践工作中，处理好劳动要素与资本要素的分配关系，做到"工资不侵蚀利润，利润不侵蚀工资"；

　　2. 在企业人工成本指标出现"一低三高"苗头时，采取多种措施，向"一高三低"改善，从而在人工成本方面保证企业健康持续发展。

引例及分析

　　邯郸钢铁集团有限责任公司（以下简称邯钢）从 1991 年开始，实行"模拟市场核算，实行成本否决"机制，经济效益大幅提高，其主要内容和基本模式是：市场—倒推—否决—全员。在控制人工成本方面，邯钢采取了如下有效措施：（1）精简富余职工，实施劳动力二次投入。把以前多投入的劳动力，投向新项目和实行新工时制度产生的空缺岗位上。（2）以科学的定员方法，严格控制劳动力投入。新项目投产前，都要参照部颁标准和其他单位同类型设备的配人标准，按设计定员的 70% 编制定员框架，待运行后，再调查测定下达编制定员。（3）在劳动力的配备上，树立投入产出观念。邯钢有数万名职工，但对不产生效益的不多设一岗，不多增一人；而对创效益的岗位和关键技术岗位的投入，则不惜重金，全力保证。（4）优化劳动结构，追求产出最大化。（5）把成本包括人工成本指标层层分解落实、考核。（6）按市场需要，大力调整产品结构。对增加高附加值产品的产量，加大奖励力度，以达到消化日益增长的人工成本的目的。

邯钢在控制人工成本方面取得了卓越的成绩。那么，确定企业合理的人工费用究竟有哪些因素？怎样计算企业合理的人工费用？采用哪些指标来分析企业人工成本及劳动效益？通过本章的学习，你将会得到以上问题的答案。

企业人工费用的概念与确定因素

一、企业人工费用的概念

企业人工费用也称人事费用，是指企业在生产经营活动中用于和支付给职工的全部费用。按照国际惯例，人工费用应包括为雇用职工所发生的一切费用。

企业人工费用与企业人工成本费用按照国际惯例是一致的。国际劳工组织 1966 年对人工成本的概念定义为：人工成本是指雇主因雇用劳动力而发生的费用，它包括对已完成工作的报酬；对未工作而有报酬的红利和赏金；食品、饮料费用的支付以及其他实物支付；雇主负担的职工住房费用；为雇员支付的社会保险费用；职工技术培训费用；福利服务和其他费用（如职工的上下班交通费、工作服费和招工费用），税收也被认为是人工成本的一部分。

二、国外企业的人工费用构成

国外一般人工费用的结构及大致比例如图 7-1 所示。人工费总额大约是规定工作时间内的工资的 1.7 倍，但不同规模的企业是不一样的，详见表 7-1。

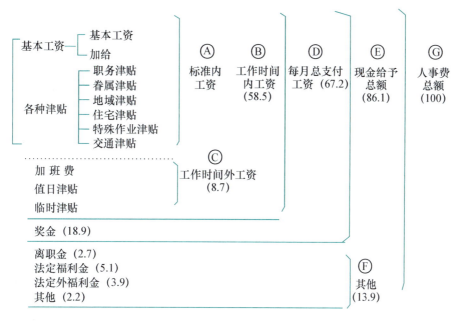

图 7-1　国外一般人工费用的结构及大致比例

表 7-1　企业规模与人工费用

企业规模	人事费总额/规定工作时间内工资
5 000 人以上	1.9 倍
1 000～4 999 人	1.8 倍
300～999 人	1.7 倍
100～299 人	1.6 倍
30～99 人	1.5 倍
平均值	1.7 倍

三、我国企业的人工费用构成

我国企业的人工费用包括下述七个组成部分。

（一）从业人员劳动报酬（含不在岗职工生活费）

从业人员劳动报酬包括：在岗职工工资总额，聘用、留用的离退休人员的劳动报酬，人事档案关系保留在原单位的人员劳动报酬，外籍及港澳台方人员劳动报酬。其中：在岗职工工资总额是指企业在报告期内直接支付给在岗职工的劳动报酬总额，包括基础工资、职务工资、级别工资、工龄工资、计件工资、奖金、各种津贴和补贴等。

不在岗职工生活费是指企业支付给已经离开本人的生产或工作岗位，但仍由本企业保留劳动关系的职工的生活费用。

（二）社会保险费用

社会保险费用是指企业按有关规定实际为使用的劳动力缴纳的养老保险、医疗保险、失业保险、工伤保险和生育保险费用，包括企业上缴给社会保险机构的费用和在此费用之外为使用的劳动力支付的补充养老保险或储蓄性养老保险、支付给离退休人员的其他养老保险费用。社会保险费用按企业列支数据统计。

（三）住房费用

住房费用是指企业为改善本单位所使用的劳动力的居住条件而支付的所有费用，具体包括企业实际为使用的劳动力支付的住房补贴、住房公积金等。

（四）福利费用

福利费用是指企业在工资以外实际支付给单位使用的劳动力个人以及用于集体的福利费的总称。主要包括企业支付给劳动力的冬季取暖补贴费（也包括企业实际支付给享受集体供暖的劳动力个人的部分）、医疗卫生费、计划生育补贴、生活困难补助、文体宣传费、集体福利设施和集体福利事业补贴费以及丧葬抚恤救济费等。该指标资料来源于两方面，一方面是企业净利润分配中公益金里用于集体福利设施的费用；另一方面是在成本费用中列支的福利费（不包括上缴给社会保险机构的医疗保险费）。福利费用按照实际支出数统计。

（五）教育经费

教育经费是指企业为劳动力学习先进技术和提高文化水平而支付的培训费用（包括为主要培训本企业劳动力的技工学校所支付的费用）。教育经费的来源一方面是财务"其他应付款"科目中的有关支出；另一方面是营业外支出中的"技工学校经费"。教育经费按照实际支出数统计。

（六）劳动保护费用

劳动保护费用是指企业购买劳动力实际享用的劳动保护用品、清凉饮料和保健用品等费用支出。在工业企业中，它来源于制造费用中的"劳动保护费"科目。劳动保护费用按照实际支出数统计。

（七）其他人工成本

其他人工成本是指不包括在以上各项成本中的其他人工成本项目。如工会经费，企业因招聘劳动力而实际花费的招聘、解聘、辞退费用等。

四、确定合理人工费用的因素

合理的人工费用一般是就企业所能合理负担的人工费用而言。确定合理的人工费用，应以企业的支付能力、职工的生计费用和工资的市场行情三个因素为基准来衡量。

（一）企业的支付能力

先来看一下计算企业薪资水平的公式：

$$\begin{array}{c}薪资水平\\(平均薪资)\end{array}=\frac{人工费}{职工人数}$$

$$=\underbrace{\underbrace{\frac{固定资产}{职工人数}}_{(劳动装备率)}\times\underbrace{\frac{产量-制品库存}{固定资产}}_{(设备生产率)}}_{实物劳动生产率}\times价格\times\underbrace{\frac{增加值}{(产量-制品库存)\times价格}}_{(增加值率)}\times\underbrace{\frac{人工费}{增加值}}_{\left(\begin{array}{c}劳动\\分配率\end{array}\right)}$$

（销货劳动生产率）

（增加值劳动生产率）

由薪资水平公式可见，薪资水平即企业平均每一职工的薪资，是由各种生产率所决定的。因此，当自己企业薪资水平比其他企业低时，就要提高影响薪资水平的各种生产率。但是，应当掌握的一个重要原则是：生产率的增长应先于薪资的增长。

下面，我们仔细分析一下影响企业支付能力的因素。

1. 实物劳动生产率

实物劳动生产率，是指某一时期内平均每一职工生产的产品数量。它是衡量企业人工费支付能力的一般尺度。其计算公式为：

$$实物劳动生产率=\frac{实物产量}{职工人数}=\frac{固定资产}{职工人数}\times\frac{产量-制品库存}{固定资产}$$

2. 销货劳动生产率

销货劳动生产率，是指某一时期内平均每一职工的销货价值。它是衡量企业人工费支付能力的一般尺度。其计算公式为：

$$销货劳动生产率=\frac{销货价值}{职工人数}=\frac{固定资产}{职工人数}\times\frac{产量-制品库存}{固定资产}\times价格$$

从式中可见，销货劳动生产率主要决定于两个因素：一是产品产量，二是单位产品价格。因此，要想提高销货劳动生产率，必须力求多生产市场紧俏的商品。

3. 人工费比率

人工费比率，是指企业人工费占企业销货额的比重，也可以说是企业人均人工费占企业销售劳动生产率的比重。人工费比率是衡量企业人工费支付能力的重要尺度之一，也是分析企业人工费支付能力最简单、最基本的方法之一。

计算人工费比率的公式为：

$$人工费比率=\frac{人工费}{销货额}=\frac{\dfrac{人工费}{职工人数}}{\dfrac{销货额}{职工人数}}$$

根据一般经验，人工费与销货额的比例大致为14％，其具体比例与企业的规模大小有关。具体比例见表7-2。

表7-2　销货额构成比

	原材料费	外包加工费	各项经费	人工费	资本费	纯利润
大企业	52.4％	4.6％	16.3％	11.4％	10.4％	4.9％
中小企业	49.3％	0	25％	14.6％	7.0％	4.1％

4. 劳动分配率

劳动分配率，是指企业人工费占企业净产值（也称企业增加值或附加值）的比率。它是衡量企业人工费支付能力的重要尺度之一。该比率高，对净产值劳动生产率而言，无疑是人工费过高；如果该比率仅达一般水平，无疑是净产值过少。

劳动分配率的理想公式为：作为分子的人工费用即平均每人薪资高于一般水平；而作为分母的净产值即平均净产值也高于一般水平；最后计算出来的劳动分配率却低于一般水平。

确定企业适宜的劳动分配率，既要把企业报告期的分配率与上一时期相比较，也要与同一时期的其他公司的分配率相比较。企业报告期的分配率与上期比有所降低，与同期行业其他公司的分配率相当，即可视为合理适当的分配率。这些措施是：提高企业的技术构成、资金周转率、生产紧俏或适销对路产品等。当企业的利润和折旧费增长率快于人工费的增长率时，劳动分配率就会降低。劳动分配率的计算公式为：

$$劳动分配率 = \frac{人工费用总额}{产品增加值（净产值）}$$

5. 增加值劳动生产率

增加值劳动生产率，也称净产值劳动生产率，指平均每一职工生产的增加值或净产值，是衡量企业人工费支付能力的一般尺度。其计算公式为：

$$增加值劳动生产率 = \frac{增加值}{职工人数}$$

6. 单位制品薪资

单位制品薪资，指平均每件或每单位制品的人工费。理想的情况是：平均薪资比其他公司高，但单位制品薪资比其他公司低。它是衡量企业人工费支付能力的一般尺度。其计算公式为：

$$单位制品薪资 = \frac{人工费}{生产量}$$

7. 损益分歧点

损益分歧点，指企业利润为零时的销货额，是企业盈亏的分界点。在损益分歧点中，人工费是不能超额支出的，如超额支出，就会造成企业亏损。损益分歧点的计算详见下一节。

（二）职工的生计费用

职工要领取薪资来维持生计，因此，薪资必须能够保障职工某一水准的生活，能够保障这一水准生活的费用称为生计费用。生计费用是随着物价和生活水平两个因素的变化而变化的。如果物价水平不变，生活水平提高了，则生计费用也就提高了；如果生活水平不变，物价水平提高了，则生计费用也将提高。因此用于保障职工某一水准生活的生计费用的工资，是企业"非支付不可的薪资"，是合理用人费的下限，而不管企业的支付能力如何。

（三）工资的市场行情

为什么还要考虑市场的工资行情呢？因为所支付的薪资尽管在企业可支付能力的范围内，尽管符合生活水准，但如果本企业支付的薪资低于其他同类企业，有才能者就会外流，以致连必要的劳动力也难以保留。

在把本企业的薪资与市场行情做比较时，一般所用的方法是把本企业某一类型劳动者的个别薪资与其他企业同类型劳动者的个别薪资相比较，然后在考虑职工构成的基础上推算出平均薪资，以此作为判断全体薪资水平的资料。对此，最好的参考资料是政府统计部门公布的行业工资资料。

确定薪资水平要考虑工资市场行情，这一条也称为同工同酬原则。在这里是指在不同的行业、企业，完成同样或同等价值的工作，应当得到同样的工资。

第二节

决定合理人工费用的计算方法

由于企业之间不断以高薪争取稀缺人才，加上物价上涨和生活水准提高等因素的推动，工资持续上升的趋势是不可扭转的。如何确定人工费用支出的极限，本节介绍三种方法。

一、劳动分配率基准法

劳动分配率基准法，是以劳动分配率为基准，根据一定的目标人工费用，推算出所必须达到的目标销货额；或者根据一定的目标销货额，推算出可能支出的人工费用及人工费用总额增长幅度。

如前所述，劳动分配率是指企业人工费占企业增加值的比率。增加值系由企业本身创造的价值，是企业可用来进行分配的收入，即成为在资本与劳动之间分配的基础。

增加值的计算方法有两种：

一种是扣除法，由销货净额扣除外购价值求出。其公式为：

增加值＝销货（生产）额－外购部分

　　　　＝销货净额－当期进货成本

　　　　＝销货净额－（直接原材料＋购入零配件＋外包加工费＋间接材料）

　　另一种是相加法，由形成增加值的各项因素相加而得出。其公式为：

增加值＝利润＋人工费用＋其他形成增加值的各项费用

　　　　＝利润＋人工费用＋财务费用＋租金＋折旧＋税收

　　关于本企业劳动分配率的多少，基期可以从报表的有关数字中求得，本期的可以从借贷平衡表（见表7-3）中予以推算。也就是先计算出附加值中资本分配额及资本分配率，再计算出劳动分配额及劳动分配率。

表7-3　借贷平衡表

资产部分		负债及资本部分	
项目	金额（万元）	项目	金额（万元）
1. 流动资产	2 985	1. 负债	6 929
2. 固定资产	5 340	其中：长短期贷款	3 257
其中：折旧资产	3 114	其他	3 672
其他	2 226	2. 自有资本	1 396
		其中：股份资本	789
		其他	607
合计	8 325	合计	8 325

【例7-1】借贷平衡表推算示例。

　　从表7-3中先分别计算出企业经营所必需的盈余分配（股票股息）、利息支付、折旧费、用于扩大再生产的保留盈余等，然后逐一相加，即为资本分配额。

　　（1）盈余分配。

　　现在假定股份资本的目标盈余分配率为10%，且盈余分配的企业所得税税率为25%，则必需的盈余分配资金是：

$$789 \times 10\% \div (1-25\%) = 105.2（万元）$$

　　（2）利息支付。

　　假定企业负债中的长短期贷款3 257万元的市场利率为12%，则企业必须支付的利息为：

$$3 257 \times 12\% = 390.84（万元）$$

　　（3）折旧费。

　　假定折旧资产额3 114万元的折旧率为14%，则企业必需的折旧费为：

$$3 114 \times 14\% = 435.96（万元）$$

　　（4）保留盈余。

　　假定从企业的经营计划出发，应保留盈余150万元，企业所得税税率为25%。则企业获得保留盈余所需的金额为：

$$150 \div (1 - 25\%) = 200 （万元）$$

将以上四项相加，即为企业所必需的资本分配额：

$$105.2 + 390.84 + 435.96 + 200 = 1\,132 （万元）$$

如果企业的年增加值为 2 060 万元，则增加值必须保留的资本分配率为：

$$1\,132 \div 2\,060 \times 100\% = 54.95\%$$

下面再计算出劳动分配额（人工费）和劳动分配率：

$$劳动分配额 = 2\,060 - 1\,132 = 928 （万元）$$
$$劳动分配率 = 928 \div 2\,060 \times 100\% = 45.05\%$$

或　　　　　$$1 - 54.95\% = 45.05\%$$

在应用劳动分配率基准法时，还涉及增加值率问题，即增加值占销货额的比例。增加值率越高，表明企业经营能力越好，进而企业支付人工费的能力越强。所以，合理的人工费率可由下式求出：

$$合理的人工费率 = \frac{人工费}{销货额} = \frac{净产值}{销货额} \times \frac{人工费}{净产值}$$
$$= 目标附加价值率 \times 目标劳动分配率$$

到此，就可以研究如何应用劳动分配率基准法了。首先，可用目标人工费用（也称计划用人费）、目标净产值率（也称计划产值率）及目标劳动分配率（也称计划劳动分配率）三项指标计算出目标销售额（也称计划销售额）。

【例 7 - 2】假设某公司目标净产值率为 40%，目标劳动分配率为 45%，目标人工费为 2 600 万元，按人工费比率之基准计算，其目标销售额应为多少？

解：

$$目标销售额 = \frac{目标人工费}{人工费比率} = \frac{目标人工费}{目标净产值率 \times 目标劳动分配率}$$
$$= \frac{2\,600}{40\% \times 45\%} = 14\,444.44 （万元）$$

微课：劳动分配率
基准法示例

其次，运用劳动分配率还可以求出合理薪资的增长幅度。具体办法是：在计算年度和确定本年度目标劳动分配率的基础上，根据本年的目标销售额计算出本年目标人工费，并进而计算出薪资总额的增长幅度。

【例 7 - 3】某公司上年度人工费为 2 382 万元，净产值为 8 780 万元，本年度确定目标净产值为 10 975 万元，目标劳动分配率同上年，该企业本年度人工费总额为多少？人工费增长率是多少？

解：

上年度劳动分配率＝2 382÷8 780＝27.13％

目标劳动分配率同上年，则：

$$目标劳动分配率＝\frac{目标人工费}{目标净产值}$$

即 $27.13\％＝\dfrac{目标人工费}{10\ 975}$

则：

本年度人工费＝10 975×27.13％

＝2 977.52（万元）

人工费增长率＝2 977.52÷2 382－100％

＝25％

即该公司本年度人工费总额为 2 977.52 万元，增长幅度为 25％。

二、销货净额基准法

销货净额基准法，即根据前几年实际人工费的比率、上年平均人数、平均薪资和本年目标薪资增长率，求出本年的目标销售额，并以此作为本年应实现的最低销售净额。其公式为：

目标人工费＝本年计划平均人数×上年平均薪资×（1＋计划平均薪资增长率）

目标销售额＝目标人工费÷人工费比率

微课：销货净额
基准法示例

【例 7-4】某公司人工费比率为 18％，上年平均薪资为 6 600 元，本年度计划平均人数为 108 人，平均薪资增长 25％，本年销售额应为多少？

解：

目标人工费＝108×6 600×（1＋25％）

＝891 000（元）

目标销售额＝891 000÷18％

＝495（万元）

利用人工费比率（人工费/销货额）还可以计算销售人员每人的目标销售额。步骤是先确定推销员的人工费率，再根据推销员的月薪或年薪及推销员人工费率计算推销员的年度销售目标。其计算公式是：

$$销售人员年度销售目标＝\frac{推销人工费}{推销员的人工费率}$$

【例 7-5】某公司推销员的人工费率约为 1.24％，月薪平均为 7 200 元（含奖金），且年度薪给共为 13 个月，该公司推销员年度销售目标多少？

解：

$$该公司推销员年度销货目标 = \frac{7\,200 \times 13}{1.24\%} = 754.8（万元）$$

与上述方法相类似，还有一种根据毛利额及人工费率，计算推销员目标销售毛利额及推销员毛利与工资的大致比例的方法。其计算公式是：

$$推销员人工费率 = \frac{推销员人工费总额}{毛利额}$$

$$目标销售毛利 = \frac{某推销员工资}{推销员人工费率}$$

【例 7 - 6】某公司毛利金额为 3 400 万元，销售人工费 600 万元，公司中某销售人员月工资为 8 600 元，每年薪给 13 个月，该推销员年度目标销售毛利是多少？月目标销售毛利是多少？

解：

$$该公司推销员人工费率 = \frac{600}{3\,400} = 17.65\%$$

$$该推销员年目标毛利 = \frac{8\,600 \times 13}{17.65\%} = 633\,430（元）$$

$$月目标销售毛利 = \frac{633\,430}{12} = 52\,790（元）$$

该推销员月目标销售毛利与其工资之比是：52 790：8 600 = 6.14：1，也就是必须达到月工资 6.14 倍的毛利额。

三、损益分歧点基准法

损益分歧点也称损益平衡点或收支平衡点，即损益平衡、不盈也不亏之点。具体来说，是指在单位产品价格一定的条件下与产品制造和销售及管理费用相等的销货额，或者说达到这一销货额的产品销售数量。损益分歧点还可以简要地概括为公司利润为零时的销货额或销售量。损益分歧点之销售收入可用公式表示为：

销售收入 = 制造成本 + 销售及管理费用

如果将制造成本和销售及管理费用划分为固定费（也称固定成本，是指不随生产量多少而增减的费用，如折旧费、房租、间接人工费等）和变动费（也称变动成本，是指随产销数量变动而增减的费用，如材料费、保管费、直接人工费等），损益分歧点之销售收入的公式即可改写为：

销售收入 = 固定成本 + 变动成本

为便于表达，上式各因式可用下列符号表示：

P——单位产品售价（Selling Price Per Unit）

V——单位产品变动成本（Variable Cost Per Unit）

F——固定成本（Fixed Cost）

X——产量或销售量（Measure of Volume or…）

这样，损益分歧点可用代数式表示为：

$$PX=F+VX$$

在损益分歧点所要达到的销售量为：

$$X=\frac{F}{P-V}$$

式中：$P-V$ 为每单位产品边际利益（Marginal Contribution）。

每单位产品的边际利益除以每单位的产品价格，为边际利益率，公式为：

$$每单位产品边际利益率=\frac{P-V}{P}$$

这样，以销售额表示的损益分歧点，可用公式表示为：

$$损益分歧点之销售额=\frac{固定成本}{边际利益率}$$

损益分歧点可用图形表示，如图 7-2 所示。

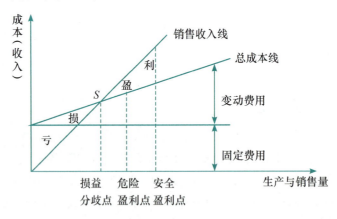

图 7-2 损益分歧点

微课：损益分歧点基准法示例

损益分歧点基准法可应用于三种目的：

第一，以损益分歧点为基准，来计算一定人工费总额下的损益分歧点之销售额及薪资支付的最高限度。

【例 7-7】某公司的固定费用为 4 000 万元，其中人工费用 2 600 万元，边际利益率为 40％，该公司损益分歧点之销售额是多少？

解：

$$损益分歧点之销售额 = \frac{固定费用}{边际利益率}$$

$$= \frac{4\,000}{40\%} = 10\,000（万元）$$

人工费支付的最高限额，即最高人工费比率为：

$$\frac{人工费}{损益分歧点之销售额} = \frac{2\,600}{10\,000} = 26\%$$

计算表明，人工费支出最高不得超过销售额的 26%，否则将造成亏损。

第二，以损益分歧点为基准，计算损益分歧点之上危险盈利点所应达到的销售额，并继而推算出薪资支付的可能限度，即可能的人工费比率。

危险盈利点，是指销售额不仅能抵补全部成本支出，而且还能获得保证股东有适当股息分配的一定利润。

计算危险盈利点之销售额及人工费支付的可能限度的公式为：

$$\frac{危险盈利点}{之销售额} = \frac{固定费用 + \dfrac{股息分配}{1 - 企业所得税税率}}{边际利益率}$$

$$\frac{工资支付的可能限度}{（可能人工费比率）} = \frac{人工费总额}{危险盈利点之销售额}$$

【例 7-8】某公司的固定费用为 4 000 万元，其中人工费总额为 2 600 万元，边际利益率为 40%，该公司当年决定支付股东利息 56 万元，该公司当年危险盈利点之销售额是多少？可能的人工费率是多少？（假定该公司的企业所得税税率为 25%）

解：

$$危险盈利点之销售额 = \frac{4\,000 + \dfrac{56}{1 - 25\%}}{40\%}$$

$$= 10\,186.67（万元）$$

$$工资支付的可能限度（可能人工费比率） = \frac{2\,600}{10\,186.67} = 25.52\%$$

计算表明，在销售额为 10 186.67 万元时，人工费比率不能超过 25.52%，否则将危及股东股息的分配。

第三，以损益分歧点为基准，计算出损益分歧点之上剩余额保留点之销售额，并进而推算出人工费用支付适正限度，即合理人工费比率（也称安全人工费比率）。

剩余额保留点（也称安全盈利点）之销售额是指在抵补全部成本之后，在保证一定利润用于股东股息的分配之外，还有一定的剩余利润作为今后企业的各项发展及应付可能发生的风险之用。

计算剩余额保留点之销售额及人工费支付的适正限度公式为：

$$剩余额保留点之销售额 = \frac{固定费用 + \dfrac{股息分配 + 各项保留}{1 - 企业所得税税率}}{边际利益率}$$

$$工资支付的适正限度（合理人工费比率） = \frac{人工费总额}{剩余额保留点之销售额}$$

【例 7 - 9】某公司的固定费用为 4 000 万元，其中人工费总额为 2 600 万元，边际利益率为 40%，当年决定用于股息分配 56 万元，留作今后企业发展基金 120 万元，后备基金 60 万元，该公司剩余额保留点之销售额是多少？合理人工费比率是多少？（假定该公司的企业所得税税率为 25%）

解：

$$剩余额保留点之销售额 = \frac{4\,000 + \dfrac{56 + 120 + 60}{1 - 25\%}}{40\%} = 10\,786.67（万元）$$

$$工资支付的适正限度（合理人工费比率） = \frac{2\,600}{10\,786.67} \times 100\% = 24.1\%$$

第三节

企业人工成本及劳动效益分析指标

企业人工成本的分析指标，一般由人均水平指标、综合性主指标和成本结构性指标组成。

一、人均水平指标

人均水平指标是绝对指标，即平均人工成本。平均人工成本是平均工资成本与平均非工资成本之和。这是一个辅助指标，其公式是：

$$平均人工成本 = \frac{年度人工成本总额}{年度平均人数}$$

人均水平指标反映的是：企业职工平均收入的高低；企业招用一名职工的人工费。人均水平指标可以基本表明和衡量不同行业、同一行业不同企业在劳动力市场上的工资收入分配关系及其竞争能力。

二、综合性主指标

综合性主指标是相对指标，包括人工费比率和劳动分配率。其公式分别是：

$$人工费比率 = \frac{人工费总额}{销售总额} \times 100\%$$

$$劳动分配率 = \frac{人工费总额}{增加值总额} \times 100\%$$

$$= \frac{平均人工成本}{人均销售额} \times 100\%$$

综合性主指标反映的是：活劳动要素的投入产出关系；企业增加值劳动生产率同职工收入（生产同分配）的关系；与同行业的平均水平或其他企业相比，企业相对人工成本的高低状况。

从分析和评价企业劳动投入的经济效益，即劳动者的劳动成果与相应的人工成本支出的比率出发，评价人工成本的综合性主指标实际上就是评价劳动投入经济效益逆指标：人工费比率相当于百元销售产值人工成本；劳动分配率相当于百元增加值人工成本含量。其指标越低，工资的经济效益越高。

如果采用与逆指标相反的正指标，那么，人工费比率的正指标就是每百元人工成本销售产值率，劳动分配率的正指标就是每百元人工成本增加值率。其公式分别是：

$$每百元人工成本销售产值率 = \frac{企业销售产值}{企业人工成本总额（百元）}$$

$$每百元人工成本增加值率 = \frac{企业增加值}{企业人工成本总额（百元）}$$

从正指标的计算结果来看，其数值越大，劳动投入的经济效益越高。

由上述简单分析可见，人工成本的综合性指标只不过是劳动投入经济效益正指标的逆表示，因此，如果没有特殊需要，完全可以把分析评价人工成本的两个综合性指标，用来作为分析评价劳动投入经济效益的主指标。

三、成本结构性指标

成本结构性指标也是相对指标，主要是人工成本占总成本的比例。这是另一个辅助指标，其公式是：

$$人工成本占总成本的比例 = \frac{人工成本总额}{产品成本总额} \times 100\%$$

四、人工成本分析指标的使用

在实际人工成本统计分析中，以上三个方面的四项具体指标往往同时使用，对单个企业来说，与同行业平均水平相比，比较理想的情况是"一高三低"，即平均人工成本要高，而人工费比率、劳动分配率和人工成本占总成本的比例要低。一般来说，这是劳动要素的高投入、高产出、高效益。与此相反，最糟的情况是"一低三高"，即平均人工成本低于同行业平均水平，而人工费比率、劳动分配率和人工成本占总成本的比例却高于平均水平。一般来说，这是劳动要素的低投入、低产出、低效益。

对于与同行业水平相比出现了"一低三高"情况的企业，有关部门要及时提出警告，提醒企业采取措施改善不良的人工成本状况。

复习思考题

1. 思考题

（1）确定合理人工费应以哪三个因素为基准来衡量？

（2）衡量企业人工费支付能力的尺度有哪七个？其中哪两个是重要的尺度？

2. 实训题

（1）某公司2018年度目标净产值率为40%，目标劳动分配率为50%，目标人工费为2 500万元，按人工费率之基准计算，该公司2018年目标销售额应为多少？

（2）某公司人工费比率为15%，上年平均薪资为6 000元，本年度计划平均人数为120人，平均薪资增长20%，本年度销售额应为多少？

（3）某公司固定费2 000万元，其中人工费1 300万元，边际利益率40%，当年决定用于股息分配28万元，留作今后企业发展基金90万元。该公司剩余额保留点之销售额应为多少？合理人工费的比例应多少（假定该企业的企业所得税税率为25%）？

（4）某公司2018年销售收入8 000万元，其增加值率为75%。当年平均人数为100人，支付工资总额1 500万元，其他人工费用750万元，发生销售总成本5 000万元。计算该公司的有关人工成本指标：1）平均人工成本；2）人工费比率；3）劳动分配率；4）人工成本占总成本的比例；5）每百元人工成本销售产值率；6）每百元人工成本增加值率。

在线练习

附录 7-1

北京市全市企业 2018 年人工成本四项指标统计

行业代码	行业名称	平均人工成本（元/人·年）	人工成本/增加值（%）	人工成本/销售收入（%）	人工成本/成本总额（%）
A0000	农、林、牧、渔业	112 834	50.97	13.51	13.41
B0000	采矿业	154 165	44.48	21.99	21.13
C0000	制造业	151 596	21.74	6.34	6.67
D0000	电力、热力、燃气及水生产和供应业	169 370	43.68	12.63	11.15
E0000	建筑业	137 370	54.38	9.22	9.30
F0000	批发和零售业	125 191	42.92	9.26	8.80
G0000	交通运输、仓储和邮政业	141 485	48.34	19.55	15.21
H0000	住宿和餐饮业	104 769	53.30	24.79	20.27
I0000	信息传输、软件和技术信息服务业	177 942	47.58	20.64	14.52
J0000	金融业	222 927	40.00	26.28	18.25
K0000	房地产业	128 637	40.57	17.67	14.30
L0000	租赁和商务服务业	103 006	47.50	19.26	15.75
M0000	科学研究和技术服务业	182 316	50.11	17.82	14.74
N0000	水利、环境和公共设施管理业	123 865	52.82	24.56	17.75
O0000	居民服务、修理和其他服务业	103 838	47.59	15.42	12.89
P0000	教育	151 445	47.26	21.99	17.23
Q0000	卫生和社会工作	180 159	46.17	23.22	21.36
R0000	文化、体育和娱乐业	147 456	47.13	19.92	16.02

资料来源：北京市人力资源和社会保障局. 2018 年北京市劳动力市场工资指导价位与企业人工成本状况. 北京：中国民航出版社，2019：181-200.

附录 7-2

北京市全市 2018 年行业平均人工成本及构成

单位：元/人·年

行业代码	行业	平均人工成本	平均劳动报酬及占人工成本比重（%）	平均社会保险费用及占人工成本比重（%）	平均福利费用及占人工成本比重（%）	平均教育经费及占人工成本比重（%）	平均劳保费用及占人工成本比重（%）	平均住房费用及占人工成本比重（%）	平均其他成本及占人工成本比重（%）
A0000	农、林、牧、渔业	112 834	81 621	19 622	3 123	344	268	3 590	4 265
			72.34	17.39	2.77	0.30	0.24	3.18	3.78
B0000	采矿业	154 165	93 770	27 799	5 111	311	275	5 054	21 846
			60.82	18.03	3.32	0.20	0.18	3.28	14.17

续表

行业	平均人工成本	平均劳动报酬及占人工成本比重（%）	平均社会保险费用及占人工成本比重（%）	平均福利费用及占人工成本比重（%）	平均教育经费及占人工成本比重（%）	平均劳保费用及占人工成本比重（%）	平均住房费用及占人工成本比重（%）	平均其他成本及占人工成本比重（%）
C0000 制造业	151 596	103 493	24 234	5 593	901	893	6 960	9 523
		68.27	15.99	3.69	0.59	0.59	4.59	6.28
D0000 电力、热力、燃气及水生产和供应业	169 370	112 738	28 815	9 039	1 542	2 191	8 620	6 425
		66.56	17.01	5.34	0.91	1.29	5.09	3.79
E0000 建筑业	137 370	97 883	21 031	4 475	633	525	4 921	7 902
		100.00	71.26	15.31	3.26	0.46	0.38	3.58
F0000 批发和零售业	125 191	88 786	19 502	4 144	463	543	3 621	8 132
		70.92	15.58	3.31	0.37	0.43	2.89	6.50
G0000 交通运输、仓储和邮政业	141 485	99 280	23 476	4 556	460	740	4 468	8 506
		70.17	16.59	3.22	0.33	0.52	3.16	6.01
H000 住宿和餐饮业	104 769	73 648	16 247	3 607	411	388	2 903	7 565
		70.30	15.51	3.44	0.39	0.37	2.77	7.22
I0000 信息传输、软件和技术信息服务业	177 942	126 355	26 516	5 379	846	934	4 816	13 096
		71.01	14.90	3.02	0.48	0.52	2.71	7.36
J0000 金融业	222 927	162 482	31 566	7 926	1 135	603	5 495	13 720
		72.89	14.16	3.56	0.51	0.27	2.46	6.15
K0000 房地产业	128 637	91 150	20 304	4 205	456	627	3 973	7 921
		70.86	15.78	3.27	0.35	0.49	3.09	6.16
L0000 租赁和商务服务业	103 006	73 243	16 150	3 327	413	371	2 597	6 905
		71.11	15.68	3.23	0.40	0.36	2.52	6.70
M0000 科学研究和技术服务业	182 316	130 559	27 800	5 263	767	935	5 504	11 488
		71.61	15.25	2.89	0.42	0.51	3.02	6.30
N0000 水利、环境和公共设施管理业	123 865	86 389	19 813	4 619	444	773	4 651	7 175
		69.75	16.00	3.73	0.36	0.62	3.75	5.79
O0000 居民服务、修理和其他服务业	103 838	73 279	16 044	3 320	416	426	3 251	7 102
		70.57	15.45	3.20	0.40	0.41	3.13	6.84
P0000 教育	151 445	108 515	22 646	4 636	549	506	3 673	10 920
		71.65	14.95	3.06	0.36	0.33	2.43	7.21
Q0000 卫生和社会工作	180 159	130 091	26 477	5 408	677	624	5 584	11 297
		72.21	14.70	3.00	0.38	0.35	3.10	6.27
R0000 文化、体育和娱乐业	147 456	104 043	22 832	4 727	621	742	4 354	10 137
		70.56	15.48	3.21	0.42	0.50	2.95	6.87

资料来源：北京市人力资源和社会保障局. 2018年北京市劳动力市场工资指导价位与企业人工成本状况. 北京：中国民航出版社，2019：201—220.

附录 7-3

企业人工成本盘子有多大？
——《〈中华人民共和国企业所得税法〉实施条例》"第三节 扣除"（摘录）

说明：2007 年 3 月 16 日中华人民共和国主席令第 63 号公布的、自 2008 年 1 月 1 日起施行的《中华人民共和国企业所得税法》第四条规定：企业所得税的税率为 25%。下面摘录的《〈中华人民共和国企业所得税法〉实施条例》第二章第三节详细规定了税前扣除事项。税前扣除事项规定了能够进入企业成本的可在计征企业所得税前扣除的工资薪金支出、社会保险缴费、福利等人工成本的口径及额度。

第三节 扣　除

第二十七条　企业所得税法第八条所称有关的支出，是指与取得收入直接相关的支出。

企业所得税法第八条所称合理的支出，是指符合生产经营活动常规，应当计入当期损益或者有关资产成本的必要和正常的支出。

…………

第二十九条　企业所得税法第八条所称成本，是指企业在生产经营活动中发生的销售成本、销货成本、业务支出以及其他耗费。

第三十条　企业所得税法第八条所称费用，是指企业在生产经营活动中发生的销售费用、管理费用和财务费用，已经计入成本的有关费用除外。

第三十一条　企业所得税法第八条所称税金，是指企业发生的除企业所得税和允许抵扣的增值税以外的各项税金及其附加。

…………

第三十三条　企业所得税法第八条所称其他支出，是指除成本、费用、税金、损失外，企业在生产经营活动中发生的与生产经营活动有关的、合理的支出。

第三十四条　企业发生的合理的工资薪金支出，准予扣除。

前款所称工资薪金，是指企业每一纳税年度支付给在本企业任职或者受雇的员工的所有现金形式或者非现金形式的劳动报酬，包括基本工资、奖金、津贴、补贴、年终加薪、加班工资，以及与员工任职或者受雇有关的其他支出。

第三十五条　企业依照国务院有关主管部门或者省级人民政府规定的范围和标准为职工缴纳的基本养老保险费、基本医疗保险费、失业保险费、工伤保险费、生育保险费等基本社会保险费和住房公积金，准予扣除。

企业为投资者或者职工支付的补充养老保险费、补充医疗保险费，在国务院财政、税务主管部门规定的范围和标准内，准予扣除。

第三十六条　除企业依照国家有关规定为特殊工种职工支付的人身安全保险费和国务院财政、税务主管部门规定可以扣除的其他商业保险费外，企业为投资者或者职工支付的商业保险费，不得扣除。

....

第四十条 企业发生的职工福利费支出，不超过工资薪金总额 14% 的部分，准予扣除。

第四十一条 企业拨缴的工会经费，不超过工资薪金总额 2% 的部分，准予扣除。

第四十二条 除国务院财政、税务主管部门另有规定外，企业发生的职工教育经费支出，不超过工资薪金总额 2.5% 的部分，准予扣除；超过部分，准予在以后纳税年度结转扣除。

相 关 链 接   **企业职工教育经费如何税前扣除？**

为鼓励企业加大职工教育投入，《财政部 税务总局关于企业职工教育经费税前扣除政策的通知》（财税〔2018〕51号）就企业职工教育经费税前扣除政策通知如下：

一、企业发生的职工教育经费支出，不超过工资薪金总额 8% 的部分，准予在计算企业所得税应纳税所得额时扣除；超过部分，准予在以后纳税年度结转扣除。

二、本通知自 2018 年 1 月 1 日起执行。

第 八 章

工资等级制度

本章思维导图

学习目标 ▶

通过本章的学习，你应该能够：

▶ 知识目标

1. 理解工资等级制度的概念；

2. 掌握年资型、职位型、职能型、多元型等不同类型的工资制度的特点；

3. 掌握技术等级工资制的组成；

4. 掌握职务等级工资制的组成；

5. 了解不同形式的岗位工资制的特点。

▶ 技能目标

1. 掌握技术等级工资制的操作步骤；

2. 掌握一岗一薪制、一岗数薪制、岗位薪点工资制的技术要点；

3. 掌握岗位职能工资制两个工资单元设置的技术要点。

▶ 素养目标

根据企业不同岗位、工种的特点，以及企业的发展战略，选择一种或几种工资等级制度的形式，从而促进企业发展、职工成长。

引 例 及 分 析

引例一　2018 年某地铁建安公司生产操作（维修工、桥隧工）岗位工资标准表

单位：元/月

技术等级	技术等级工资标准						
	1	2	3	4	5	6	7
高级技师	7 070	7 180	7 250	7 355	7 465	7 570	7 680
技师	6 465	6 715	6 965	7 215	7 465	7 715	7 965
高级工	5 500	5 750	5 965	6 215	6 465	6 715	6 965
中级工	4 860	5 110	5 320	5 535	5 750	5 965	6 180
初级工	4 250	4 465	4 645	4 820	5 035	5 215	5 430

引例二　1993 年某工程公司技术工人五类工种划分及工资标准表

单位：元/月

工种	所含岗位	工种年限	工资标准
一类工种岗位	工程处的瓦工、抹灰工、木工（含木材加工的木工），捣固手，钢筋工，架子工，电焊工（含钢窗厂焊工），塔吊车司机（含汽车吊），汽车驾驶员，装载机手；机运处的挖掘机、推土机、压路机手，土方及运输组司机；安装处的水电安装工、塔吊安拆维修工	一年以内	610
		一年（含）到两年	690
		两年（含）到三年	770
		三年（含）到五年	870
		五年（含）以上	970
二类工种岗位	小型机械手（小翻斗车手、拌和机手、卷扬机手），工地电梯工，水电维修工；钢铝合金厂的放样工、裁床工、组装工、油漆工、玻璃工；建材厂的机械手；机运处修理厂修理工、车工、钳工、铣工、锻工、镗工，无中级五大员证的员工（施工员、材料员、预算员、质量检查员、安全员），有证一、二级厨师，机械设备管理员，塔吊指挥	试用期满	610
		一年（含）到两年	690
		两年（含）到四年	770
		四年（含）以上	870
三类工种岗位	工地现场材料验收员，仓库保管员，有证三级厨师以及无证主厨，电脑打字员，无职称出纳员，工地保卫消防员，水电抄表员	试用期满	530
		一年（含）到两年	610
		两年（含）到四年	690
		四年（含）以上	770
四类工种岗位	工地普工（含混凝土养护），食堂采购员，厂内电梯工，保育员，门诊挂号收费员，后勤仓库保管员，机关收发员，电话总机员，车场门卫，公司保安队	四年以下	610
		四年（含）以上	690
五类工种岗位	厂（处）取报员、接待员、复印员、普通炊事员以及各类清洁工及勤杂人员	四年以下	530
		四年（含）以上	450

　　注：表中"工种年限"，是指本工种在岗年限，如转换工种，则可按原岗位年限三年折算新上岗工种一年，套入新岗位相应工资档次。以上各类工种人员，随岗位的调整而及时调整岗位技能标准。

　　引例一是 2018 年某地铁建安公司生产操作（维修工、桥隧工）的工资等级标准表，引例二是 1993 年北京市某工程公司工人工资等级标准表。两张工资等级标准表在决定工资等级的依据上有什么不同？通过本章的学习，你将得到一个明确的答案。

工资等级制度概述

一、工资等级制度的概念

工资制度有广义和狭义之分。广义的工资制度，是指为了贯彻按劳分配原则，计量劳动者的劳动消耗和计付劳动报酬而建立的一整套完整、系统的准则和方法。它包括工资等级制度、定级制度、升级制度、各种工资形式以及工资管理体制等。狭义的工资制度，特指工资等级制度，就是根据劳动的复杂程度、繁重程度、责任大小等因素确定工资等级，或者根据劳动者的劳动能力确定工资等级，按等级规定工资标准的制度。

工资等级制度是伴随着劳动力等级制度的发展而发展起来的。马克思在论述工资等级制度的产生和发展时指出："由于总体工人的各种职能有的比较简单，有的比较复杂，有的比较低级，有的比较高级，因此他的器官，即各个劳动力，需要极不相同的教育程度，从而具有极不相同的价值。因此，工场手工业发展了劳动力的等级制度，与此相适应的是一种工资的等级制度。"[1]

二、工资等级制度的职能

工资等级制度的主要职能是确定相对工资率，也就是在全部职工货币工资水平一定的情况下，在全国范围内或一个局部（如一个企业）范围内确定各类职工、各类工作或职位的工资标准，以确定各类职工、各种工作或职位之间的相对报酬。

工资等级制度的职能主要体现在：

（1）它是各种工资形式的基础。不论是实行计时工资制度还是计件工资制度，都是通过工资等级标准计算的。奖金同工资标准之间也有着一定的比例关系。职工的定级、升级都以工资等级制度为依据。

（2）它是调整工资关系的重要手段。工资等级制度是工资分配的基本制度，规定着职工工资的主要部分，规定着企业内部不同职位之间和不同职工之间的工资关系。在计划体制下，甚至规定着部门之间、产业之间、地区之间及企业之间的工资关系。合理的工资关

---

① 马克思.资本论.第1卷.北京：人民出版社，1975：388.

系应该是：职工之间的工资差别和他们之间的劳动差别相适应，而工资关系的调整，大部分是通过调整和改革工资等级制度来实现的。

三、工资等级制度的特点

工资等级制度的特点如下：

（1）工资等级制度主要从劳动的质量方面反映和区分劳动的差别，并相应地按劳动质量等级规定工资等级。这是它的基本特点。

（2）在计量劳动质量时，工资等级制度所反映的不是任意个人之间的劳动质量差别，而是各等级之间的质量上的差别。

（3）对各个等级的每个劳动者来说，它反映的只是劳动能力或任职岗位等级的高低，而不是实际的劳动消耗。由于这两点原因，工资等级制度也就不能作为计量劳动差别和计算工资的唯一依据；只有同一定的工资形式结合起来，才能确切地使工资反映劳动差别。

四、工资等级制度的类型

工资分配总是通过划分工资等级来实现的，按照确定劳动者工资等级依据的不同，可以把工资等级制度归纳为四种类型。

（一）年资型工资制

年资型工资制，其确定劳动者工资等级的主要依据是年龄和连续工龄。典型的年资型工资制度体系如图 8－1 所示。

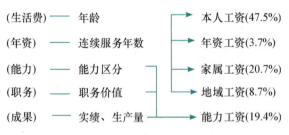

图 8－1　年资型工资制度体系

年资型工资制的典型形式是日本企业传统的年功序列工资制。年功序列工资制起源于第一次世界大战期间，是在日本的东方传统观念与当时日本的现实情况相结合的特殊条件下，于 20 世纪 50 年代初期全面形成的，并于 20 世纪 50 年代和 60 年代在日本企业广泛采用，其主要内涵是：职工的基本工资随职工本人的年龄和本企业工龄的增加而每年增加，而且增加工资有一定的序列，各企业按自行规定的年功工资表循序增加，故称年功序列工资制。其理论依据是：年龄越大，企业工龄越长，技术熟练程度越高，对企业的贡献越大，因而工资也越高。年功序列工资制以劳动等价报酬和生活保障为原则。其特点是：

（1）基本工资由年龄、企业工龄和学历等因素决定，与劳动质量没有直接的关系。

（2）工资标准由企业自定，并每年随职工生活费用、物价、企业的支付能力而变动。

（3）起点工资低，多等级、小级差，每年定期增加工资，也就是随着职工年龄增长、家庭负担的增加而增加工资。

（4）考虑到职工衣、食、住、行等方面的需要，在基本工资外，还有优厚的奖金、各种各样的津贴、补贴。除考虑职工本人的生活需要外，还适当考虑职工家属的生活需要，以尽可能解除职工后顾之忧。

（5）基本工资是计算退休金和奖金的基础。

年功序列工资制与终身雇佣制结合在一起，在第二次世界大战后日本经济的恢复和20世纪60年代实现赶超西方经济的目标中发挥了重要作用。其优越性主要是：

（1）年功序列工资制有随年龄增长而每年增加工资的规划，使职工能预期将来会有较高的待遇而甘心接受开始工作时的较低工资，不但能稳定雇佣关系，而且可防止过度竞争，保持融洽的气氛和秩序。

（2）它与终身雇佣制结合在一起，使职工对企业产生强烈的依附感，把企业看作是个人生活的依靠和一生事业的基地，从而产生"工作第一、企业重要"的观念，并成为促进经济发展和提高劳动生产率的主要动力。

（3）它对引进新技术和调整劳动组织有一定的灵活性和适应性。因为在年功序列工资制中，决定基本工资的最主要因素不是岗位或职位，因而当企业引进新技术后需要调整组织机构和人员时，职工不必有工资下降的担忧，企业也不必担心在工资制度上产生阻力。同时，企业引进新技术后，职工一般也无被解雇之忧，企业会通过培训保证职工迅速掌握和适应新技术和新岗位。因此，比起欧美国家，日本职工对技术革新的态度较为积极。

（二）职位型工资制

职位型工资制，是以美国为代表的西方工业化市场经济国家广泛采用的一种工资制度。即基于职位确定工资等级结构，也称作以工作为导向的工资等级结构。

职位可以简单地理解为有人任职的工作岗位，它是工作单位分配给每个工作人员职务和责任的集合体。现在，人们通常把职位和岗位作为同一概念来使用。所以，职位型工资制也可以称为岗位型工资制，也有称为职务型工资制的。当然，这里所用的职务概念，是指工作项目或同等级职位的归集，而不是指我们通常所说的在行政上担任某一官职的"职务"，或担任其他某种领导时的"职务"。

职位型工资制，其确定劳动者工资等级的主要依据是劳动者从事劳动的职位等级或岗位等级。典型的职位型工资制度体系如图8-2所示。

职位型工资制有两种具体形式。一种是岗位等级工资制，通常用于工人。工人工资等级决定于通过工作评价确定的岗位等级。另一种是职位等级工资制，通常用于职员（及国家公务员）。职位工资等级决定于通过职位分类确定的职位等级。从实际情况看，工作评价或者职位评价，人们都习惯通俗地称为"岗位评价""岗位测评"。

职位型工资制与年资型工资制有着根本区别：年资型工资制是根据劳动者个人的年

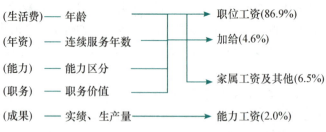

图 8-2 职位型工资制度体系

龄、企业工龄及学历等个人因素决定工资，因此，被称为"属人工资"；而职位型工资制则依据职位这一不含任何个人特质的因素来决定工资，因而被称为"属职工资"。

职位型工资制的突出优点是：它以实际工作内容为基础确定工资结构，以劳动者所从事的工作难度和重要性来确定工资等级，使人们清楚地看到了同工同酬原则的实行。而且，这种工资制度还有助于避免出现那种按工人的资格水平付酬，而这种资格实际上并不为企业所需要。此外，它有利于按职位系列进行工资管理，使责、权、利有机地结合起来。

实行职位型工资制容易出现的问题是：在"一岗一薪"下，过分强调岗位的价值，忽视了在同等级岗位上工作而实际存在的不同职工在技术上的差别，并由此导致职工提高专业技术水平或技术水平的动力不足，导致技术岗位人员缺位；工资的晋升只有职位等级晋升一条通道，造成"官道"拥挤，并最终形成"官本位"的工资制。

（三）职能型工资制

职能是指执行任职职位规定的职责能力。职能型工资制，其确定劳动者工资等级的主要依据是劳动者按照技术等级标准或业务等级标准考评确定的技术等级或业务等级，即基于能力确定工资等级结构，也称为以技能或能力为导向的工资等级结构。职能型工资制也可以简单地理解为技能型工资制或能力型工资制。在美国，这被称为"按知识付酬计划"。

人们习惯上认为，以技能为基础的等级结构用于蓝领工作，其广泛的应用领域是制造业和组装业的工作；以能力为基础的等级结构用于白领工作。

典型的职能型工资制体系如图 8-3 所示。

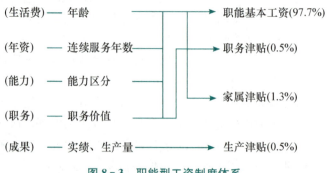

图 8-3 职能型工资制度体系

职能型工资制中的技能可以侧重于深度，即把员工掌握某一方面知识、技术的多少作为工资等级的基础。例如，以受教育程度作为掌握知识的尺度，并以此确定工资等级。例如，教师职业，两位教师讲授相同的课程，一位具有本科学历，另一位具有研究生学历。具有研究生学历的教师工资高，其假设条件是，具有较多知识的人，可以承担更高要求的教学工作，工作效率高而且较灵活。

职能型工资制中的技能也可以侧重于广度，即多技能的通才，以掌握多技能为基础。某公司的一个实例说明了这种制度（见表 8-1）。该公司为汽车的联动机件组装链条。最初，整个组装过程中有七个不同的职位，第一个是链条堆货工，然后是打包工、装配工和铆工等。当该公司改换使用以技能为基础的薪酬制度时，这七种职位被重新组织为三种范围较广的类型：A、B、C 三种操作工。C 型操作工是一个入门水平的职位。一旦 C 型操作工能通过测试性工作，表明掌握了链条堆货工的技能之后，他们就有资格获得 B 型操作工职位的培训。每掌握一种工作的技能，就能增加一定数额的薪酬。B 型操作工可以在他已经掌握的任一种职位上轮流工作，包括 C 水平的职位。一位 B 型操作工能够胜任要求的每一个职位，包括链条堆货，而且得到的仍是 B 型操作工应有的薪酬。A 型操作工也能胜任所有的职位，包括承担计划并监督团队的责任。该公司的优势是：劳动力有灵活性，进而能降低人员配备的水平。

表 8-1　职位工资结构与技能工资的比较

以工作为基础	以技能为基础		
链条堆货工	技能 C	技能 B	技能 A
打包工			
清洁工			
超声波检测员			
测试工			
装配工			
铆工			
领导、监督与计划的责任			

该公司这种以技能为基础的薪酬制度与前面谈到的用于教师的薪酬制度是不同的，因为在多技能制度下，员工分配到的责任在短期内可以发生明显的变化，然而，教师的责任并不是经常变化的。

具体到我国，职能型工资制有两种具体的形式：一种是技术等级工资制，或称技能等级工资制，适用于技术工种的工人。工人的工资等级通过按照技术等级标准考核达到的技术等级来确定。另一种是职务等级工资制，包括管理职务等级工资制和专业技术职务等级工资制。管理人员的工资等级按照其具备担任某等级职务的任职能力资格确定；专业技术人员的工资等级通过按照各级各类职务的业务等级标准和任职资格条件考评达到的专业技术资格确定。

职能型工资制的突出优点是：它以劳动者的技术业务水平或个人特质为基础确定工资

结构，以个人的能力水平来确定工资等级，排除了因客观上某些高等级职位无空缺而使职员工资受损的情况，使他们获得稳定的工资保障。从企业方面来说，由于工资按能力确定，不因职责的调整而调整，因而能够保证劳动力调整的灵活性。

职能型工资制也存在一些问题：（1）相当一部分劳动者所从事工作的难度和重要性与他们的实际相对工资水平往往不相称，难以实现同工同酬。（2）员工的工资水平是由他们所掌握的技能水平所决定的，因此，员工将积极要求参加技术培训以尽快达到最高工资水平，而给员工提供的培训机会可能是不平等的。（3）如果多数员工的工资标准都处于上限，公司的人工成本势必很高，导致产品的价格水平过高或利润下降。解决这种问题的策略是将起薪水平确定在略低于竞争对手的水平上，或者通过某种方式适当控制员工技能等级提高的速度。总之，其较高的工资水平必须能够被数量较少的劳动力或者较高的生产率消化和吸收。

职能型工资制与职位型工资制既有联系，又有区别，如图8-4所示。

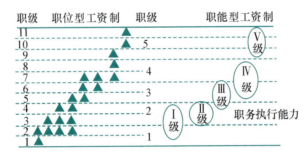

图8-4　职能型工资制与职位型工资制的联系与区别

以职位为基础、以技能为基础和以能力为基础的三种工资等级结构，以及它们所重视的方面的比较见表8-2。

表8-2　以职位为基础、以技能为基础和以能力为基础的三种工资方案的比较

主要方面	职位方案	技能方案	能力方案
重视内容	劳动要素	技能模块	能力
价值量化	要素权重	技能水平	能力水平
转化为工资的机制	反映标准工资结构的点数	外部市场中技能的鉴定与定价	外部市场中能力的鉴定与定价
工资结构	基于从事的工作或市场	基于所鉴定的技能或市场	基于所培养的能力或市场
工资提升	职位晋升	技能的提高	能力的提高
经理关心的问题	1. 把员工与工作联系在一起 2. 晋升与安置 3. 通过职位工资和预算控制成本	1. 有效地使用员工技能 2. 提供培训 3. 通过培训、鉴定和工作任务控制成本	1. 有真实的能力与价值 2. 提供培养能力的机会 3. 通过鉴定与工作任务控制成本
员工关心的问题	寻求获得晋升的机会	寻求技能	寻求能力

续表

主要方面	职位方案	技能方案	能力方案
等级确定程序	1. 工作分析 2. 工作评价	1. 技能分析 2. 技能鉴定	1. 能力分析 2. 能力鉴定
优点	1. 期望明确 2. 有晋升动力 3. 体现工作价值	1. 不断学习 2. 灵活性 3. 劳动力减少	1. 不断学习 2. 灵活性 3. 横向调动
局限性	1. 潜在的繁文缛节 2. 潜在的刚性	1. 潜在的繁文缛节 2. 需要成本控制	1. 潜在的繁文缛节 2. 需要成本控制

（四）多元型工资制

多元型工资制，也称分解工资制，或称组合工资制、结构工资制，是把影响和决定劳动者工资的各种主要因素分解开来，然后根据各因素分别设置工资标准的一种工资制度。

多元型工资制的具体形式表现为由不同内容或不同工资单元组成的结构工资制。如以岗位（职务）工资为主要内容的结构工资制；以技术工资为主要内容的结构工资制；劳动部曾在 1990 年至 1992 年倡导实行的岗位技能工资制；20 世纪 60 年代以后，一些日本企业吸收欧美职位、职能工资制的特点，曾经实行过的"年功型职位职能工资制"。我国 1993 年开始在国家公务员中实行的"职级工资制"也属于这一类型。

多元型工资制给人一种十分灵活、适应性强、能照顾到各类劳动者的各个方面的感觉，让各类人员都无可挑剔。但是分析起来，多元型工资制可能是在我国经济转轨时期的特定环境下，为照顾新老职工的关系而相互妥协的产物和选择。其实行中的问题包括：各工资单元之间的相对关系难以摆平，工资的确定缺乏明确的导向；工资价格不能一目了然，给人一种工资标准多、乱的感觉；难以把全部工资标准同实际劳动量联系起来，一些工资单元，如基础工资、工龄工资等往往成为与劳动无关的"死工资"；同工不同酬，不同工也同酬。

第二节

技术等级工资制

一、技术等级工资制的概念

技术等级工资制是工人工资等级制度的一种形式，其主要作用是区分技术工种之间和工种内部的劳动差别和工资差别。

技术等级工资制是按照工人所达到的技术等级标准确定工资等级，并按照确定的等级工资标准计付劳动报酬的一种制度。这种工资制度适用于技术复杂程度比较高、工人劳动差别较大、分工较粗及工作物不固定的工种。

二、技术等级工资制的构成

技术等级工资制由工资标准、工资等级表和技术等级标准三个基本因素构成。借助这三个组成部分，给具有不同技术水平或从事不同工作的工人规定适当的工资等级。

（一）工资标准

工资标准，亦称工资率，就是按单位时间（时、日、周、月）规定的工资数额，表示某一等级在单位时间内的货币工资水平。按小时规定的为小时工资标准，按日规定的为日工资标准，按月规定的为月工资标准。我国工人的工资标准大部分是按月规定的，企业可以根据需要，将月工资标准换算为日工资标准或小时工资标准。

确定工资标准，最重要的是规定好最低的一级工资标准。一级工资标准的确定在很大程度上取决于国家或地区的最低工资限额，在一定程度上反映了整个国家或局部地区的工资水平。如果扣除物价等不可比因素，就可以作为研究各国之间、各地区之间工资差别的基础。一级工资标准应当与国家实行的最低工资保障标准相一致。

（二）工资等级表

工资等级表是用来规定工人的工资等级数目以及各工资等级之间差别的一览表。它由工资等级数目、工资等级差别以及工种等级线组成。它表示不同劳动熟练程度和不同工种之间工资标准的关系。

工资等级数目是指工资有多少个等级。工资等级是工人技术水平和工人技术熟练程度的标志，其数目多少是根据生产技术的复杂程度、繁重程度和工人技术熟练程度的差异规定的。凡是生产技术比较复杂、繁重程度及工人技术熟练程度差别较大的产业或工种，工资等级数目就应规定得多一些；反之，则应少一些。

各工资等级之间的差别，简称级差，是指相邻两个等级的工资标准相差的幅度。级差有两种表示方法：一种是用绝对金额表示；另一种是用工资等级系数表示。所谓工资等级系数，就是某一等级的工资标准同一级工资标准的对比关系。它说明某一等级的工资比一级工资高多少倍，某一等级的工作就比最低等级的工作复杂多少倍。知道了一级工资标准和某一工资等级的系数，就可以求出某一等级的工资标准。

工种等级线是用来规定各工种（岗位）的起点等级和最高等级的界限。起点等级是熟练工、学徒工转正定级后的最低工资。最高等级线是该工种在一般情况下不能突破的上限。凡技术复杂程度高、责任大以及掌握技术所需要的理论知识水平较高的工种，等级的起点就高，等级线长；反之，则起点低，等级线短。一些技术简单而又繁重的普通工种，由于体力消耗大，其等级起点较高，但等级线不宜过长。工种等级线、学徒期、熟练期，以及培训期和见习期由国家统一规定，各单位不得自行提高或降低工种等级线和缩短学徒或培训期限。具体工种及工种等级线请查阅劳动部劳培字［1992］14 号文件颁发的《中华人民共和国工种分类目录》。

部分工种的工种等级线如表 8-3 所示。

表 8-3　部分工种的工种等级线

行业	工种	熟练期	学徒期		工种等级线		
			培训期	见习期	初级工	中级工	高级工
商业	司磅工	半年	一年	一年			
商业	制冰工	一年					
商业	糕点制作工		一年	一年			
建设	无轨电车驾驶员	半年					
建设	环卫机动车驾驶员		一年	一年			
建设	供水调度员		转化				
建设	管道检漏工		一年	一年			
机械工业	烧结工	一年					
机械工业	钳工		二年	一年			
机械工业	工具钳工		二年	一年			

（三）技术等级标准

技术等级标准，简称技术标准，它是按生产和工作分类的所有技术工种工人的技术等级规范，是用来确定工人的技术等级（简称工人等级）和工人工资等级的尺度。它包括"应知""应会""工作实例"三个组成部分。

"应知"，是指完成某等级工作所应具备的理论知识，也可以同时规定工人应达到的文化水平。

"应会"，是指工人完成某等级工作所必须具备的技术能力和实际经验。

"工作实例"，是根据应知、应会的要求，列举本工种某等级工人应该会做的典型工作项目。

我国的技术等级标准由国家或国家产业部门统一制定。技术等级标准分别明确地规定了各工种的初级工、中级工和高级工应具备的专业和技术能力尺度。工人按照技术标准的要求，经过书面考试和实际制作的考试，达到某一技术等级标准的要求，就可以评定某一技术等级，并相应地执行某一等级的工资标准。

技师应按劳动人事部劳人培［1987］16 号发布的《关于实行技师聘任制的暂行规定》和劳人培［1987］19 号《〈关于实行技师聘任制的暂行规定〉的几点意见》规定的技师条件评聘。

技师是在高级技术工人中设置的技术职务。技师的条件是：

（1）技工学校或其他中等职业技术学校毕业，或经过自学、职业培训，达到同等水平。

（2）具有本工种技术等级标准中高级工的专业技术理论水平和实际操作技能。

（3）具有丰富的生产实践经验，能够解决本工种关键性的操作技术和生产中的工艺难题。

（4）具有传授技艺、培训技术工人的能力。

高级技师应按劳动人事部劳培字［1990］14号发布的《关于高级技师评聘的实施意见》规定的高级技师条件评聘。

高级技师是在高级技术工人中设置的高级技术职务。高级技师的条件是：任技师职务三年以上并作出突出贡献；具有本专业（工种）较高的专业知识并了解和掌握相关专业（工种）有关知识和操作技能；有高超专业技能和综合操作的技能；在技术改造、工艺革新、技术攻关和解决本专业（工种）高难度生产技术问题等方面成绩显著；能热心传授技艺、绝招，培训技术工人，指导、带领技术工人进行技术攻关和技术革新。

三、技术等级工资制的操作步骤

在实际工作中，技术等级工资制的一般操作步骤如下所述。

（一）划分与设置工种，确定工种定义，规定适用范围

工种是根据劳动管理的需要，按照生产劳动的性质和工艺技术特点而划分的工作种类。工种名称应既能准确反映工种的特性，又能兼顾其行业的特点和习惯称谓。劳动部1992年颁发的《中华人民共和国工种目录》（以下简称《目录》）划分了包括46个行业在内的4 700多个工种，几乎覆盖了全国所有工人从事的工作种类。各行业及用人单位可依据《目录》和本单位实际情况进行划分和设置。

工种定义是对工种性质的描述和说明，一般包括工作手段、方式、对象和目的等各项内容。如对机械工业铸造工种的定义为：使用造型工具、设备、材料，制成型腔等，将金属溶液注入型腔内，获得所需铸件。

适用范围，是指工种所包括的主要生产工作岗位。如规定铸造工的适用范围包括：造型、造芯、芯铁、扣箱、浇注、机械造型、特种造型及金属压铸、铸件修补等。

（二）划分工种等级线，规定学徒期、熟练期

（1）划分工种等级线。工种等级线是工种技术复杂程度的客观反映。《目录》在科学划分工种的基础上，通过对工种的分析与评价，根据技术复杂程度及工人掌握其基本知识和技能所需专业培训的时间长短，合理地设定技术等级，并将原以八级制为主体的等级结构形式简化为三级制为主体的等级结构形式。技术要求复杂的工种等级线一般设定初、中、高三级；技术要求比较简单、不易或不宜划分等级的工种一般设初、中两级，或不再区分等级。某些工种技术等级为中、高两级，属于转化或晋升工种。

各行业、各企业可在初、中、高三级的基础上，根据合理设置工资等级数目的要求，

再具体细化等级或分档，见表8-4。

表8-4　初级、中级、高级技术等级的工资等级细分

技术等级	初级			中级			高级	
等级档次	1	2	3	1	2	3	1	2
工资等级	1	2	3	4	5	6	7	8

对工种等级线达到高级的，可再向上延伸技师和高级技师工资等级。

（2）规定学徒期、熟练期。学徒期是工人掌握本工种基本专业技术理论和操作技能，并能独立工作所需的培训期限。根据国家有关法律和目前企业的实际情况，为保证工人的技术素质，《目录》确定学徒期和熟练期的原则是：凡技术复杂、等级线设初、中、高三级的工种，除了个别行业外，一律实行两年以上（包括两年）的学徒期。学徒期包括培训期和见习期两项内容。对实行三年学徒期的工种，规定培训期两年、见习期一年；对实行两年半学徒期的工种，规定培训期一年半、见习期一年。凡技术要求比较简单的工种（等级线设初、中两级或初级的）实行两年以下的熟练期。熟练期多为一年和半年。

《目录》中规定的工种等级线、学徒期和熟练期应严格执行，不得随意缩短。

（三）确定技术等级标准

各行业工人的技术等级标准一般由各行业主管部门依据《目录》修订或制定，经人力资源和社会保障部审定后，由人力资源和社会保障部以及行业主管部门联合颁发。考虑到《目录》对工种等级线只分为初、中、高三级，各企业可根据工资等级数目的要求，分别将初、中、高级技术标准做相应的细化，以适应工人等级考核和确定工资等级的要求。

（四）对工人进行技术等级考核，确定其技术等级

确定工人的技术等级是确定工人工资等级的基础，所以在实行技术等级制的企业或岗位，应严格按照各等级技术标准对工人进行考核，并以工人达到的技术等级确定其工资标准。可以这样认为，严格按照技术标准对工人进行考核定级、考核升级是技术等级工资制的灵魂。

（五）制定工资等级标准表

（1）确定工资等级系数。在上述工种等级线和技术等级及工资等级数目确定的基础上，接下来的工作就是确定工资等级系数了。

规定工资等级系数要结合企业的工资结构一并考虑。如果采用单一的技术等级工资制，那么，工资等级系数应将劳动条件及责任因素考虑在内；如果采用的是技能工资加津贴的工资结构，那么工资等级系数就可单纯依据技术等级的复杂程度确定。

（2）计算工资等级标准。工资等级标准要依据工资等级系数、各等级工人数及可能支付的工资总额计算，并应考虑市场的工资行情。其计算公式是：

$$一级工资标准 = \frac{用于技能工资的工资总额}{本企业技能工资等级系数之和}$$

式中：工资等级系数之和 $= \sum$（每级工资等级系数×每一等级工人数）

（3）各等级工资标准。其公式是：

$$各等级工资标准 = 一级工资标准×各等级工资等级系数$$

（六）制定技术等级工资制实施细则

实施细则除包括上述内容外，应将重点放在保证其健康运行的机制上，如规定明确的技术等级考核周期和考核方法、工人转换工种的工资确定办法、工资标准随劳动生产率和物价调整的周期和办法等。

职务等级工资制

一、职务等级工资制的概念

职务等级工资制，是按照企业职员担任的职务等级规定工资等级和工资标准的一种工资制度，适用于企业中担任管理职务和专业技术职务的人员。其完整的表述是：职务等级工资制是按照职员担任的职务规定工资标准，不同职务有不同的工资标准，在同一职务内，又划分若干等级，每个职员都在本人职务所规定的工资等级范围内评定工资。职务等级工资制的特点如下所述。

（一）按照职务规定工资，"一职数薪"制

职务工资制是按照职务规定工资，但它不是"一职一薪"制，而是在每个职务内部再划分若干等级，规定不同的工资标准，借以反映同一职务内的各个职员劳动熟练程度的差别。

（二）只能在职员职务工资规定的范围内升级

各个职员只能在其职务工资所规定的工资标准范围内进行升级，当升到最高等级时，除非提升职务或调任其他职务，否则不再有升级调整工资的机会。

（三）调任新职务，即领取新的职务工资

职务等级工资制是以职务定工资，因此，职员调任新职务后即领取新的职务工资，不考虑职员本人原有的工资水平与资历。

二、职务等级工资制的组成

职务等级工资制是由职务名称序列表、职务工资标准表、业务等级标准所组成。

（一）职务名称序列表

职务名称序列表是在职能分工的基础上，由国家主管部门对各个职能工作的内容进行横向和纵向的分析、归类，然后制定出明确的、统一的各种职务名称序列表。有了统一的职务序列表，才能在全国范围内对各执行同一职能的职员，按同一标准评价，按同一职务确定工资。

目前，我国不同类型的企业，其机构设置和职务序列的安排是不同的。一般来说，大型企业的经营管理职务序列可由正、副厂长，总工程（会计、经济）师，正、副处（科）长（正、副车间主任），科员，办事员等组成；专业技术职务序列可由高级工程（会计、经济）师、工程（会计、经济）师、助理工程（会计、经济）师和技术员等组成。中型企业一般不设三总师、正副处长和高级专业技术职务。小型企业正、副厂长下一般设正、副股长、办事员。

（二）职务工资标准表

职务工资标准表是各类职务工资标准的一览表。它由职务工资等级数目、职务工资类别及其划分标准、职务工资标准及职务等级线组成。

（1）职务工资等级数目是指职务工资一共有多少个等级。职务工资等级的多少可完全由企业自定。一般来说，职务工资等级的多少同企业的规模大小成正相关关系。

（2）职务工资类别及其划分标准。职务工资类别是指对同一名称的职务根据单位的行政级别、产业类别、规模大小等不同造成的劳动差别规定不同的工资标准，是表现同一名称职务工资差别的一种方式，目的是更好地体现同一职务由于单位规模大小的不同而造成的劳动差别。

（3）职务工资标准及职务等级线。同一职务规定若干等级工资标准，某个职务执行最低工资等级和最高工资等级的界限称为职务等级线。

（三）业务等级标准

业务等级标准是各个职务的业务规范文件，是评定职员职务工资的主要依据。它由"应知""业务要求""职责规范"三部分组成。

（1）"应知"，是指规定从事某项职务所应掌握的专业理论与实际知识，对管理人员还

要求掌握与所担任职务有关的法律、法令、条例和规章制度等知识。

（2）"业务要求"，是指从事某项职务所应具备的文化程度和专业知识的最低水平。在某些情况下，对某一职务或工作还要求有一定的本专业实际工龄。

我国职务等级工资制的形式和发展趋势

在实际工作中，也可以把"应知""业务要求"合并起来，提出一个总的要求。例如，我国对科研、文教等部门的工作人员提出的"职称要求"就是综合制定的。

（3）"职责规范"，主要是列举各个职务的主要工作内容和从事该项工作的职员所应负的主要责任、权限，以及完成任务的标准。其内容应该反映出该职务的工作性质、复杂程度、负责程度、职责范围等，既要有明确的分工，指出"干什么"，又要指出"干到什么样"。

第四节

岗位等级工资制

一、岗位等级工资制的概念和特点

（一）岗位等级工资制的概念

岗位等级工资制，简称岗位工资制，它是按照员工在生产中的工作岗位确定工资等级和工资标准的一种工资制度，是劳动组织与工资组织密切结合的一种工资制度。

岗位工资制是建立在岗位评价基础上的，员工所任职岗位的劳动差别是决定工资差别的主要因素，岗位等级越高，工资越高。它隐含着这样一种假定：担任某一种职位的员工恰好具有与工作要求相当的能力，它不鼓励员工拥有跨职位的其他技能。

（二）岗位等级工资制的特点

1. 按照工人工作岗位等级规定工资等级和工资标准

岗位工资制不是按照工人的技术能力规定工资标准，而是按照各工作岗位的技术复杂程度、劳动强度、劳动条件、责任大小等规定工资标准。工人在哪个岗位工作，就执行哪个岗位的工资标准。在这种情况下，同一岗位的工人，尽管能力与资历可能有所差别，却执行同一工资标准。

2. 工人只有到高一级的岗位工作，才能提高工资等级

岗位工资制有存在升级问题，工人只有变动工作岗位，即只有到高一等级的岗位上，

才能提高工资等级。但这并不等于说，一个工人不变岗位，就不能提高工资标准。在企业经济效益提高，或社会整体经济水平增长以及物价上涨过快而工资等级数目不变的情况下，对于不能上升到高一级岗位上工作的工人，就要通过提高岗位工资标准来提高工资。

3. 工人只有达到岗位的要求时，才能上岗工作

岗位工资制虽然不制定技术标准，但各工作岗位都规定明确的职责范围、技术要求和操作规程，工人只有达到岗位要求时，才能独立上岗工作。如果在未达到岗位的要求时就上岗工作，只能视为工人在非熟练期间领取熟练期的工资。

二、岗位等级工资制的形式

岗位等级工资制主要有两种形式：一岗一薪制和一岗数薪制。在 20 世纪 90 年代初期，还出现了一种用点数和点值计发工资的"岗位薪点工资制"的形式。

（一）一岗一薪制

一岗一薪制，指的是一个岗位只有一个工资标准，凡在同一岗位上工作的工人都执行同一工资标准（见表 8-5）。岗位工资标准按由低到高的顺序排列，组成一个统一的岗位工资标准体系，它反映的只是不同岗位之间的工资差别，不反映岗位内部的工资差别。

表 8-5 某公司一岗一薪制工资标准表

岗位等级	薪酬标准（元）	管理职务	技术职务	生产岗位薪酬标准	
				岗位等级	标准（元）
十级岗	5 000	公司总经理		一级岗	1 080
九级岗	4 250	公司副总经理		二级岗	1 250
八级岗	3 900	总经理助理		三级岗	1 650
七级岗	3 700	公司部门主任	正高级工程师	四级岗	1 950
六级岗	3 250	公司部门副主任	副高级工程师	五级岗	2 250
五级岗	2 800	科长		六级岗	2 600
四级岗	2 380	副科长	工程师	七级岗	3 050
三级岗	1 950	主任科员	助理工程师		
二级岗	1 600	科员	技术员		
一级岗	1 300	办事员	技术员		

实行一岗一薪制，岗内不升级。新工人上岗采取"试用期"或"熟练期"的办法，期满经考核合格后正式上岗，即可执行岗位工资标准。

一岗一薪制适用于专业化、自动化程度较高，流水作业、工种技术比较单一、工作物等级比较固定的工种。

（二）一岗数薪制

一岗数薪制，指的是在一个岗位内设置几个工资标准，以反映岗位内部不同员工之间的劳动差别（见表 8-6）。

表 8-6　某公司一岗数薪制工资标准表

等级	档次						
	1	2	3	4	5	6	7
一	5 000	6 500	8 000				
二	3 800	4 800	5 800				
三	2 800	3 300	3 800	4 300			
四	2 100	2 400	2 700	3 000	3 300		
五	1 700	1 900	2 100	2 300	2 500	2 700	
六	1 100	1 300	1 500	1 700	1 900	2 100	
七	700	800	900	1 000	1 100	1 200	1 300

　　岗内级别同岗位之间的级别一样，也是根据岗位内不同工作的技术复杂程度、劳动强度、责任大小等因素确定的，工资的确定同样是对事不对人；当然有时也是主要对事，其次对人，即在岗位内部，对技术熟练程度较高的工人规定较高的工资标准。由于一岗数薪，高低相邻的两个岗位之间的工资级别和工资标准可能交叉。

　　实行一岗数薪制，员工在本岗位内可以晋升工资档次（也称"薪级"），直到达到本岗最高工资标准。

　　由于一岗数薪融合了技术等级工资制和岗位工资制的优点，适应了生产岗位之间存在的劳动差异和岗位内部劳动者之间存在的技术熟练程度的差异，所以它适用于岗位划分较粗，同时岗位内部技术有些差别的工种。

（三）岗位薪点工资制

1. 岗位薪点工资制的概念

　　岗位薪点工资制是在岗位劳动评价的基础上，通过量化考核，用点数来反映不同岗位的劳动差别，用点值来确定每点的工资额，以企业经济效益决定工资和建立激励机制为核心的一种工资制度。

2. 薪点组成

　　岗位薪点工资制是由岗位要素点、积累贡献点、个人技能要素点、津补贴点四个单元构成。其中岗位要素点、积累贡献点是员工的基本收入，个人技能要素点、津补贴点是员工的辅助收入。

　　（1）岗位要素点是反映员工岗位劳动"四要素"的薪点，"上岗则有、下岗则无、岗变薪变"是岗位薪点工资制的主要组成部分，占岗位薪点工资制的 70%左右。

　　（2）积累贡献点是反映员工过去劳动所作积累贡献的薪点，是体现新老员工差别的主要措施，其占岗位薪点工资制的 10%以内。

　　（3）个人技能要素点，是体现个人技能水平的因素，根据本人的专业技术资格等级或技术等级确定，占岗位薪点工资制的 10%左右。

　　（4）津补贴点，是根据岗位劳动地点和场所对劳动者造成的劳动负效用确定，属于补偿性的工资差别，占岗位薪点工资制的 10％ 左右。

3. 薪点值

薪点值的公式为：

$$薪点值＝\frac{企业经济效益决定的岗位工资总额}{全部员工薪点之和}$$

4. 应付岗位薪点工资

应付岗位薪点工资的公式为：

$$应付员工岗位薪点工资＝员工所得薪点 \times 薪点值$$

第五节

岗位职能工资制

一、岗位职能工资制的含义

岗位职能工资制的含义有二：一是按照职工任职的岗位等级确定工资等级；二是按照职工的职能等级确定工资档次。其具体形式表现在纵横结合的一岗多薪工资标准表中：纵向是若干工资等级，表示的是职工任职的岗位等级结构，体现的是不同岗位等级之间的差别；横向是若干工资档次，表示的是同一岗位等级中职工的能力等级结构，体现的是同等级岗位内部不同能力的人员之间的劳动差别。

在工资设计咨询实践中，编者把岗位职能工资制演变发展成为两个工资单元：

（1）岗位职能工资单元（或称"岗位资质工资单元""岗位能级工资单元"），工资标准为一岗多薪，纵向体现岗位的价值，横向体现人的价值。岗位职能工资，作为"岗位基本工资"，在劳动者提供正常劳动的情况下，固定支付；在不能提供正常劳动的情况下，按特殊情况下的工资支付规定支付。

（2）岗位绩效工资单元，工资标准为一岗一薪，只纵向体现岗位的价值。岗位绩效工资根据公司、部门、个人的绩效表现支付，是工资构成中的全浮动部分。

二、岗位职能工资制的优势

岗位职能工资制把岗位工资制和职能工资制的好处有机地结合起来，同时又克服了单一实行岗位工资制或单一实行职能工资制的缺点。具体来说，其优势有以下几点：

（1）职工工资等级的高低以岗位为基础确定，既体现了不同岗位劳动的价值，又基本保证了同工同酬的实现。

（2）在同一工资等级中，通过给不同知识、不同资历和经验、不同技能或能力的职工规定不同的工资档次，体现了对人力资本投资的承认、补偿和回报，目的是要建立一种激励员工主动进行人力资本投资，进而提高业务技术素质的新机制。长期坚持这一点，就会大大提升员工的整体素质水平，提升企业整体竞争力，职工的个人人力资本也得到了增值，从而获得"双赢"的结果。

（3）在一岗多薪、上下等级交叉的岗位职能工资标准下，职工工资的晋升有了多种通道，技术岗位人员的工资完全有可能超过主管、直接上级，甚至间接上级，不"升官"也可以"发财"。这就有效地保证了企业技术人才的供给，为"科技兴企"提供了薪酬制度上的支持和保障。

实践证明，岗位职能工资制作为岗位工资制的一种拓展，得到很多企业的认同。

复习思考题

1. 思考题

（1）什么是工资等级制度？

（2）工资等级制度有哪几种类型？每种类型的特点是什么？

（3）职位型工资制度与职能型工资制度相比较，有哪些优缺点？

（4）职务工资制由哪三部分组成？

（5）职务工资标准表的三个组成部分是什么？

（6）简述岗位职能工资制的含义及具体表现形式。

（7）在工资设计咨询实践中，岗位职能工资制演变发展为哪两个工资单元？

2. 实训题

某公司有工资总额 106.756 2 万元，实行八级工资制，工资等级系数及各等级工人数见下表。

某公司工资等级系数及各等级工人数

工资等级	一	二	三	四	五	六	七	八	合计
工资等级系数	1	1.2	1.5	2.0	2.5	3.0	3.5	4.0	—
各等级工人数	20	25	30	35	30	22	18	3	183
工资等级系数之和									
一级工资标准									—
各等级工资标准									—

请计算出一至八级工资标准并填入表内（以元为单位，保留两位小数）。

在线练习

案例分析

JD 有限公司岗位职能绩效工资方案（试行）（摘录）

第二章 职位职能工资

第十条 【职位职能工资等级】

职位职能工资等级根据职工任职的职位等级确定。

职位职能工资等级由公司职位评价委员会按照 JD 公司职位评价标准体系，通过实施职位评价评定。

JD 有限公司分部门职位等级序列表如下表所示。

JD 有限公司分部门职位等级序列表（摘录）
（公司职能部门）

职位等级	总经理工作部	人力资源部	计划财务部	安全生产技术部	党群工作部
一级至七级					
八级			出纳员		
九级					
十级	综合档案师；治安消防干事；计算机应用工程师				党群干事
十一级	计算机网络工程师；综合管理师	社会保险会计师（兼公积金）	综合统计管理师；工程预算管理师；收入税务会计师；工资福利税务会计师；工程资产材料会计师；审核会计师		
十二级	主岗秘书	薪酬专责师（兼技术干部管理）；社会保险专责师（兼出纳）	成本总账报表会计师	机械工程专责师（兼环保节能）；土建工程专责师	

续表

职位等级	总经理工作部	人力资源部	计划财务部	安全生产技术部	党群工作部
十三级			成本总账报表专责师	安全监察专责师（兼电气）	
十四级					助理（兼组宣干事）
十五级		经理助理（兼劳动关系、保护、培训）	经理助理（兼计划预算效益分析）	经理助理（兼生产协调协议合同）	
十六级	董事会秘书				
十七级	经理				部长
十八级		经理	经理	经理	
十九级					

第十一条　【职位职能工资标准】

职位职能工资是工资构成中的相对固定部分。在工资构成中占60%左右。

职位职能工资标准实行"一岗九薪制"。档差按职位职能工资基准线的5%设计。

职位职能工资标准，纵向以职位等级为基础，体现职位的价值；横向以个人职位职能，即个人具有的专业技术资格等级或技能等级以及公司需要的特殊职业资格认证为依据确定。

JD有限公司职位职能工资标准和绩效工资系数表如下表所示。

JD有限公司职位职能工资标准和绩效工资系数表　　　　单位：元/月

职位等级	级差	档差	职能工资档次									绩效工资系数
			1	2	3	4	5	6	7	8	9	
一	—	65	1 190	1 255	1 320	1 385	1 450	1 515	1 580	1 645	1 710	1.00
二	110	70	1 290	1 360	1 430	1 500	1 570	1 640	1 710	1 780	1 850	1.08
三	110	75	1 390	1 465	1 540	1 615	1 690	1 765	1 840	1 915	1 990	1.17
四	160	85	1 530	1 615	1 700	1 785	1 870	1 955	2 040	2 125	2 210	1.29
五	250	100	1 750	1 850	1 950	2 050	2 150	2 250	2 350	2 450	2 550	1.48
六	120	105	1 860	1 965	2 070	2 175	2 280	2 385	2 490	2 595	2 700	1.57
七	130	110	1 980	2 090	2 200	2 310	2 420	2 530	2 640	2 750	2 860	1.67
八	100	115	2 070	2 185	2 300	2 415	2 530	2 645	2 760	2 875	2 990	1.74
九	100	120	2 160	2 280	2 400	2 520	2 640	2 760	2 880	3 000	3 120	1.82
十	100	125	2 250	2 375	2 500	2 625	2 750	2 875	3 000	3 125	3 250	1.89
十一	180	135	2 410	2 545	2 680	2 815	2 950	3 085	3 220	3 355	3 490	2.03
十二	270	150	2 650	2 800	2 950	3 100	3 250	3 400	3 550	3 700	3 850	2.23
十三	150	155	2 790	2 945	3 100	3 255	3 410	3 565	3 720	3 875	4 030	2.35
十四	100	160	2 880	3 040	3 200	3 360	3 520	3 680	3 840	4 000	4 160	2.42
十五	150	170	3 010	3 180	3 350	3 520	3 690	3 860	4 030	4 200	4 370	2.54

续表

职位等级	级差	档差	职能工资档次									绩效工资系数
			1	2	3	4	5	6	7	8	9	
十六	770	205	3 710	3 915	4 120	4 325	4 530	4 735	4 940	5 145	5 350	3.12
十七	380	225	4 050	4 275	4 500	4 725	4 950	5 175	5 400	5 625	5 850	3.41
十八	380	245	4 390	4 635	4 880	5 125	5 370	5 615	5 860	6 105	6 350	3.70
十九	400	265	4 750	5 015	5 280	5 545	5 810	6 075	6 340	6 605	6 870	4.00

注：在经营正常的情况下，绩效工资系数1.00为800元/月。

第十二条　【纳入职位职能工资等级的办法】

所有人员按照所任职位评定的职位等级，直接进入与本职位等级相对应的工资等级。

第十三条　【纳入职位职能工资档次的办法】

职位职能工资档次纳入表如下表所示。

职位职能工资档次纳入表

职位等级	任职专业技术等级/技能等级要求	任职人员实际具备专业技术资格等级/技能等级	纳入工资档次（一般任职人员）
一级 二级 三级	初级工	无等级	3
		初级工	5
		中级工	7
		高级工	9
四级 五级 六级 七级	员级；中级工	无等级	1
		初级工	3
		员级；中级工	5
		助理级；高级工	7
		中级；技师及以上	9
八级 九级 十级（工人岗）	助理级；高级工	初级工及以下	1
		员级；中级工	3
		助理级；高级工	5
		中级；技师	7
		副高级；高级技师	9
十级 十一级 十二级 十三级 十四级 十五级	中级；技师	员级、中级工及以下	1
		助理级；高级工	3
		中级；技师	5
		副高级；高级技师	7
		正高级；特级技师	9
十六级 十七级 十八级 十九级	副高级；高级技师	员级、中级工及以下	3
		助理级；高级工	5
		技师；中级	6
		副高级；高级技师	7
		正高级；特级技师	9

第十四条 【职位职能工资的支付】

职位职能工资为任职人员的基本工资，在员工正常出勤、提供正常劳动的情况下，每月固定支付。在不能正常出勤的情况下，因私事假，按日扣减；因病、婚、丧、生育等法定事假，根据本薪酬方案制定的《薪酬实施细则》的有关规定执行。

第三章　职位绩效工资

第十五条 【职位绩效工资等级】

职位绩效工资等级，同 JD 有限公司分部门职位等级序列表（摘录）。

第十六条 【职位绩效工资系数】

职位绩效工资是工资构成中的全浮动部分。在工资构成中占 30% 左右。

职位绩效工资标准，实行"一岗一薪"制。

职位绩效工资系数，见 JD 有限公司职位职能工资标准和绩效工资系数表。

$$职位绩效工资系数 = \frac{岗级职能工资基准}{一级职能工资基准}$$

$$职位绩效工资标准 = 职位绩效工资基数 \times 职位绩效工资系数$$

式中：职位绩效工资基数是浮动数，其高低水平根据公司经营收入和净产值劳动生产率状况决定的工资支付能力确定。

第十七条 【考核扣减绩效工资】

从有利于生产服务工作的开展和完成临时性工作的需要，对部门、分公司考核扣减所属职位任职人员的绩效工资，建立部门、分公司奖励基金，归部门、分公司统筹使用。

第十八条 【职位绩效工资的支付】

职位绩效工资，为两级考核、两级支付，是工资构成中的全浮动部分。

一级考核，即以部门、分公司为考核单位，由公司按照《部门绩效考核制度》，以否定考核项目和分类考核项目按月进行考核，根据考核结果，决定各部门、分公司的每月应发绩效工资总额。

二级考核，即以职位任职人员为单位，由各部门、分公司对所属任职人员，按照《公司关于职位绩效考核的指导意见》，根据本部门、本单位实际情况制定的绩效考核办法，按月进行考核，根据考核结果，决定职位任职人员的应发绩效工资。

分析：

（1）"职位职能绩效工资制"的含义是什么？

（2）本方案中的"JD 有限公司分部门职位等级序列表（摘录）"是通过什么程序形成的？

（3）本方案中的"JD 有限公司职位职能工资标准和绩效工资系数表"有什么特点？

（4）在本方案的"职位职能工资档次纳入表"中，职工纳入工资档次有什么规律？

第 九 章

工资形式

本章思维导图

引 例 及 分 析

某公司人力资源部的工资专员小鑫认为公司现行的工资制度激励性不足，为了促进员工提高工作效率，她向公司人力资源部经理提出了以下四项建议：第一，将现行的行政级别工资制、专业技术等级工资制、技术等级工资制改为岗位等级工资制。第二，将现行依据行政级别或技能确定的单一工资标准结构改为新的工资结构，新的工资结构由岗位基本工资和岗位绩效工资组成。第三，绩效工资的计发，营销岗位实行销售收入或销售利润提成工资制；生产岗位实行工时绩效工资制；管理岗位人员的绩效工资，以本人的岗位绩效工资标准，乘以营销岗位和生产岗位人员的绩效工资实现率（营销人员和生产工人实际应发岗位绩效工资之和/营销人员和生产工人岗位绩效工资标准之和），再乘以80％的比例浮动计发。第四，生产工人实行计件工资后，废除工时定额制度。

在小鑫提出的四项建议中，请结合上一章和本章的学习内容回答：哪项建议属于工资等级制度改革的内容？哪项建议属于工资形式改革的内容？哪项建议人力资源部经理将不会采纳？为什么？

第一节

工资形式的内容与制定要求

一、工资形式的概念

工资形式，即劳动计量与工资支付的方式，就是在确定各类员工工资等级标准的基础上，计量各个劳动者的实际劳动数量，并把员工的工资等级标准同他们的劳动数量联系起来，计算出企业应当支付给员工的工资报酬量，并由企业按照预定的支付周期直接支付给员工本人。工资形式的关键，是以何种方式准确地反映和计量员工实际提供的劳动数量，提供最终实际向劳动者计付工资的劳动数量依据。劳动数量解决了，应当支付多少工资的问题也就随之解决了。

在工资形式中，计时工资、计件工资是两种基本形式，是正常情况下劳动计量和工资支付的办法；奖金是超额劳动量的报酬；津贴和补贴是特殊劳动环境下和额外支出情况下带有补偿性的劳动报酬；奖金、津贴是两种补充形式。绩效工资是计件工资在新形势下的多种表现形式。

二、工资形式的内容

工资形式主要包括两个方面的内容：一是劳动计量，即以直接劳动时间或以劳动产品以及其他形式表现的劳动成果间接计量，反映劳动者的劳动数量；二是工资支付，即按照既定的工资标准和计量的实际劳动量计算应付工资，并向劳动者支付。

工资支付的内容主要包括：工资支付项目、工资支付水平（工资标准）、工资支付形式、工资支付对象、工资支付时间以及特殊情况下支付的工资。因此，工资是指用人单位根据劳动合同的规定，以各种形式支付给劳动者的工资报酬。这里，工资是指广义的工资。全部工资既包括按劳分配的工资，即与劳动者的劳动数量直接呈正向联系的工资，如小时工资、计件工资、奖金等；也包括非按劳分配的工资，即不与劳动者的劳动数量发生直接正向联系的工资，如津贴、补贴、特殊情况下的工资等。对用人单位来说，前者具有变动工资成本的性质，对劳动有明显的刺激性；后者带有准固定成本的性质，具有福利性。

三、工资形式应实现的目标

薪酬目标是为了实现整个人力资源目标，而这两者都是为帮助组织实现其战略目标的。组织的成功完全依赖于人员的行为。制定的薪酬决策和办法应该能激发雇员以有利于实现组织战略目标的方式行事。因此，组织在设计工资形式时应事先关注下述四个目标。

（一）吸引优秀员工

任何公司的长期成功均依赖于获取优秀的员工。薪酬体系中工资支付水平和支付制度的特点可能会影响求职者是否加入某个企业的决策。工资在整个招募过程中是最为透明的报酬形式。工作的提供者应能清楚地说明薪酬水平，甚至包括支付工资的方式，如津贴和利润分享计划等。工资要具有客观性，在招聘过程中它易于在用工双方的交流过程中得到沟通。

目前，人们更趋向于到同自己个性相适合的公司去工作，所以在设计薪酬体系时，公司可按照人的个性和价值观来设计薪酬制度，以吸引想要的雇员。

（二）留住优秀员工

工资与员工之间的关系是复杂的。20世纪70年代的公平理论认为，当员工感到自己在工资方面得不到公平对待时，他们就会选择离开企业到其他地方去。在奖励条件下，这一理论更为正确。当工资支付是基于个人绩效时，绩效差的员工的辞职率就很高。相反，团队奖励计划会导致高绩效的员工辞职率的增加，因为奖励给绩效优秀的个体的奖金现在得在团队成员中进行分配。

工资是影响员工去留的一个重要因素。太少的工资容易引发不公平的感觉，从而引起员工的辞职。支付工资的方式也会影响员工的辞职率。员工对使真实的未来收入存有风险的工资制度，或者对与个人努力程度挂钩较少而与团体努力程度挂钩较多的工资制度会感到不满意。因此在设计新的工资制度时，要确保所设计的制度不会破坏组织与员工之间的关系。

（三）促使员工主动开发技能

在薪酬设计体系中，要使员工愿意开发那些在现在的岗位上可能不重要，但是当公司战略为适应某种变化而做出调整时将会是很重要的技能。技能工资制试图对掌握了新技能（那些有助于员工完成本职工作和迅速做出调整以满足未来工作需要的技能）的员工增发工资。技能工资可能不能提高生产率，但是有助于使员工相信质量的重要性，从而制造出高质量的产品。

（四）提升绩效

设计能提升工作绩效的薪酬体系，能激励员工将现在的工作做好，也就是做好那些有利于实现公司战略目标的工作。管理者和普通员工都认为工资应该与绩效挂钩，并且工作绩效应是工资提升中所考虑的最重要的因素。工资与绩效挂钩有助于公司实现利润目标，对员工的绩效有正面影响；其对团队绩效也很重要，像科恩公司、纽科钢铁公司、百事可乐公司都强烈支持将浮动工资建立在依据团体绩效（通常这个团体是指公司内部所有员工或部分员工）的基础上。薪酬专家预计花在绩效工资上的每一美元将会给组织带来 2.34 美元的收益。奖金每增加 10％将会导致公司资产回报率增加 1.5％。

第二节

全面报酬体系与支付形式选择

一、全面报酬体系

全面报酬体系，也称为一揽子报酬体系，包括薪酬、福利和工作体验三个组成部分。薪酬是满足员工在收入方面的最基本财务需求，是吸引员工的初始要素；福利是为了满足员工保护方面的需求设计，例如，假期和养老，它是薪酬之外的另一个有力的吸引条件，并且是保留员工的首要工具；工作体验满足了员工内在的需求，诸如个人发展及成就感、企业文化和环境等，工作体验计划能够推进对人才的保留，并从根本上、从员工心理上全面激发他们的工作热情和创造力。

全面报酬体系至少包括 13 类报酬，具体见表 9－1。

表 9－1　全面报酬体系的构成

1. 薪酬	工资，佣金，奖金
2. 福利	假期，健康保险
3. 社会交往	友好的工作场所
4. 保障	稳定，有保障的职位和回报
5. 地位/认可	尊重，卓越的工作成就
6. 工作多样性	有机会从事各种工作
7. 工作任务	适量的工作（既不多也不少）
8. 工作重要性	社会认为工作的重要性

续表

9. 权力（授权）/控制/自主	影响他人的能力，控制个人的命运
10. 晋升	晋升的机会
11. 反馈	得到信息以改进工作
12. 工作条件	无灾害
13. 发展机会	正式或非正式的培训以掌握新的知识/技能/能力

薪酬、福利和工作体验三部分共同组成全面的企业报酬体系，通过全方位地满足员工外在和内在需求以吸引和留住员工，从而激发员工的价值创造潜能，推动企业发展目标和战略目标的实现。

二、计时工资与计件工资的选择

工资支付大体有计时工资、计件工资、奖金和津贴四种形式。其中，津贴可与计时工资并为一类，因其支付数额主要与劳动时间相联系；而奖金可与计件工资并为一类，因其支付数额与工人产量直接相联系。

对计时工资和计件工资两种不同的支付形式，雇主和雇员的态度是不一样的。

对雇主来说，无论哪种工资形式都是有利有弊的。在计件工资下，其好处是雇员低生产率的后果由雇员个人承担，雇主可以用较少的时间来筛选和监督雇员；不过，雇主在制定劳动定额和监督产品质量上要花费很高的费用，因而管理成本较高。在计时工资下，其好处是雇主可以节约一定的制定定额和监督产品质量的费用，但是雇员低生产率的后果要由雇主承担。然而，这种由于使用计时工资可能造成的低生产率后果，是可以通过建立内部劳动力市场和支付效率工资加以克服的。所以，比较起来，很难说雇主偏好哪种工资形式。在具体情况下，哪种支付形式成本小、收益大，雇主就会选择哪种工资支付形式。

对雇员来说就不同了。在计件工资下，由于工资是和劳动产品直接联系在一起的，因此，不论是个人原因，还是企业原因，只要是生产率下降，都要由雇员承担一定的或全部的工资风险。所以，如果在一定时期内，计件工资制下的平均工资等于计时工资制下的平均工资，雇员就会偏好选择计时工资；只有实行计件工资会给他们带来比计时工资较高的工资时，雇员才会偏好选择计件工资。

三、工资与保险、福利之间的选择

（一）工资与保险、福利的区别

职工的劳动报酬支付大致可分为工资、社会保险和职工福利三大部分。工资与保险、福利的区别之一，是货币支付而不是实物支付，是现在支付而不是延期支付。在福利中的免费食物、发放的实物等都是一种实物支付；而社会保险多为延期支付，最明显的是养老保险的支付。区别之二是非固定成本与类似固定成本。工资是随着劳动时间的增减而增减的，而保险、福利的支出与劳动时间的增减不大，其中的不少项目是按"人头"支付的。也就是说，只与职工人数的多少相关，只要增加一个职工，就要发生一笔和已在职工差不多的固定费用。

（二）对工资和保险、福利的选择

对雇主来说，只要支付的数额相等，那么无论采取哪种劳动报酬的支付形式均可。但从提高效率出发，人们会普遍认为企业会倾向于选择工资这种支付形式。而事实上，不少企业的雇主往往采用最大限度地支付保险、福利，特别是福利的形式。这主要是出于以下考虑：在现有各种社会保险基金按个人工资总额一定比例征缴的制度下，多发福利，可以使企业和个人减少保险上缴额，可以使职工获得少缴个人所得税的好处；以福利的形式增加职工收入，还可以避开政府对工资支出的监督。此外，对某些企业特别需要的某种类型的职工，以高福利的形式，而不是以支付比别人更高工资的形式来吸引他们，还可以避免搞"工资歧视"之嫌。

对雇员来说，由于实物支付的效用小于同样价值的现金支付，延期支付的效用也较同样现值的现金支付低，所以，与保险、福利的支付形式相比，他们显然偏好工资支付这一劳动报酬形式。

第三节

计时工资制

一、计时工资制的概念

计时工资制是按照职工个人的工资标准和工作时间的长短来支付工资报酬的形式。职工的工资收入是用职工的实际工作时间乘以他的工资标准得出来的，计算公式为：

计时工资＝工资标准×实际工作时间

在过去的计划经济体制下，职工只有一个工资标准。在改革开放后的市场经济体制下，多数企业以及机关事业单位实行的是结构工资制，职工月工资由多个项目或多个单元的工资组成，并将多个单元的工资区分为基本工资和绩效工资。其中基本工资的计发，一般采取计时工资的形式。

在实践中，基本工资的外延大致有以下不同的界定：

（1）基本工资＝岗位基本工资；

（2）基本工资＝岗位资质工资（岗位工资由岗位资质工资、岗位绩效工资组成）；

（3）基本工资＝岗位资质工资＋保留工资＋工龄津贴＋技术津贴；

（4）基本工资＝岗位工资＋薪级工资；

（5）基本工资＝职务工资＋级别工资；

（6）基本工资＝岗位资质工资＋改制职工保护工资＋工龄工资。

具体到每一个企业，基本工资到底包括哪些项目或哪些单元的工资，由企业根据实际情况自主确定。

二、计时工资的形式和计发办法

按照计算的时间单位不同，我国常用的有以下三种具体形式。

（一）月工资制

月工资制是指按月计发工资的制度。它不分大月、小月，在职工正常出勤的情况下，一律按月工资标准支付标准工资。

（二）日工资制

日工资制是指根据职工的日工资标准和实际工作日数来计发标准工资的制度。在职工发生加班或缺勤需要加发或减发工资的情况下，一般是按日工资制计发标准工资。

具体每月应发标准工资计算，以下两个方法择其一：

1. 扣减法（也称倒算法）

所有人员，对未出勤的天数，以本人日工资标准，按日扣减。

每月应发标准工资＝本人月工资标准－（日工资标准×月未出勤天数）

式中：（1）日工资标准＝月工资标准÷平均每月法定计薪天数 21.75 天；

（2）未出勤天数，不含在当月的法定休假天数（全年 11 天）和年休假天数；

（3）对未出勤的天数，按照第四章"第三节 不能提供正常劳动的特殊情况下的工资支付"中介绍的相关规定，计发有关待遇。

这种计发办法，在职工每月都出满勤的情况下，大月与小月之间计发的标准工资是相等的。

从工资支付实践来看，国有企事业单位及有一定规模的其他所有制企业，大都采用这种计发办法。

2. 累加法（也称"正算法"）

所有人员，以本人日工资标准，按实际出勤日计发。

每月应发标准工资＝日工资标准×月实际出勤天数

式中：（1）日工资标准＝月工资标准÷21.75 天（还有一种情况是，日工资标准是直接按日规定的，与月工资标准无关）；

（2）当月实际出勤天数，包含在当月的法定休假天数（全年 11 天）和年休假天数；

（3）对未出勤的天数，按照第四章"第三节 不能提供正常劳动的特殊情况下的工资支付"中介绍的相关规定，计发有关待遇。

这种计发办法，在职工按照每月制度工作日都出满勤的情况下，大月与小月之间计发的标准工资是不相等的。例如，2 月份，平年自然日 28 天，工作日可能 20 天，出满勤，最多只发 20 天的标准工资，当月计发的标准工资要少于当月工资标准。8 月份 31 天，工作日可能 23 天，出满勤，要发 23 天的标准工资，当月计发的标准工资要多于当月工资标准。

从工资支付实践来看，小规模的民营企业大都采用这种计发办法，目的在于激励职工多出勤，干一天的活，挣一天的工资。

（三）小时工资制

小时工资制是指根据职工的小时工资标准和实际工作小时数来计付工资的制度。计算公式为：

小时工资标准＝日工资标准÷8 小时（还有一种情况是，小时工资标准是直接按小时规定的，与月工资标准无关）

应付小时工资＝小时工资标准×实际工作小时数

小时工资制适用于非全日制工作或需要按小时计付工资的工作。

相 关 链 接　　职工全年月平均工作时间和工资折算办法

2007 年 12 月 7 日，国务院第 198 次常务会议通过了《国务院关于修改〈全国年节及纪念日放假办法〉的决定》（国务院令第 513 号），将全体公民的节日假期由原来的 10 天增设为 11 天，此决定自 2008 年 1 月 1 日起施行。随后，2008 年 1 月 3 日，劳动和社会保障部又发布了《关于职工全年月平均工作时间和工资折算问题的通知》（劳社部发〔2008〕3 号）。据此，职工全年月平均工作时间和工资折算办法分别调整如下。

（一）制度工作时间的计算

1. 制度工作日

年工作日：365 天－104 天（休息日）－11 天（法定节假日）＝250 天

季工作日：250 天÷4 季＝62.5 天/季

月工作日：250 天÷12 月＝20.83 天/月

2. 工作小时数

以月、季、年的工作日乘以每日的 8 小时：

年工作小时：250×8＝2 000 小时

季工作小时：62.5×8＝500 小时

月工作小时：20.83×8＝166.64 小时

（二）日工资、小时工资的折算

按照《劳动法》第五十一条的规定，法定节假日用人单位应当依法支付工资，即折算日工资、小时工资时不别除国家规定的 11 天法定节假日。据此，日工资、小时工资的折算为：

日工资：月工资收入÷月计薪天数

小时工资：月工资收入÷（月计薪天数×8 小时）

月计薪天数＝（365 天－104 天）÷12 月＝21.75 天

三、计时工资制的特点

第一，计时工资的基础是按照一定质量（即达到某一劳动等级标准）劳动直接的持续时间支付工资，工资数额多少取决于员工的工资等级标准的高低和劳动时间的长短。因此，这一特点决定了计时工资制在其实行中表现出两点鼓励作用：一是能够鼓励和促进劳动者从物质利益上关心自己业务技术水平的提高；二是能够鼓励和促使员工提高出勤率。

第二，由于时间作为劳动的天然尺度，各种劳动都可以直接用时间来计量，并且计算简便，所以计时工资制简单易行、适应性强、适用范围广。

第三，计时工资制并不鼓励员工把注意力仅仅集中在提高产品的数量上，它更注重产品的质量。

第四，计时工资制容易被广大员工所接受，员工的收入较为稳定。而且，员工不致追求产量而过于工作紧张，有益于身心健康。

但是，计时工资制在企业实现按劳分配中也有着明显的局限性：一是计时工资侧重以劳动的外延量计算工资，至于劳动的内涵量即劳动强度则不能准确反映；二是就劳动者本人来说，计时工资难以准确反映其实际提供的劳动数量与质量，工资与劳动量之间往往存在着不相当的矛盾；三是就同等级的各个劳动者来说，付出的劳动量有多有少，劳动质量也有高低之别，而计时工资不能反映这种差别，容易出现干多干少、干好干坏一个样的现象。因此，实行计时工资对激励劳动者的积极性不利。此外，计算单位产品的直接人工成本也不如计件工资制容易。

四、保证计时工资制健康运行的主要措施

（一）严格按照适用范围采用计时工资制

计时工资制通常在以下情况存在时使用：（1）产品数量标准不易精确确定，或者说劳动成果难以准确地计量。（2）在研究试验性的单件小批生产过程中的产品数量难以直接反映员工的劳动消耗。（3）产品质量、材料和机器使用的费用以及工艺上的加工要求比产品的数量更为重要。（4）产量不由个人决定，而是受流水线或管理人员的有效控制和检查的

影响。（5）大多数员工反对实行其他的工资形式。

（二）与建立企业内部劳动力市场相结合

在化工、机械、钢铁、汽车等适宜建立企业内部劳动力市场的行业中，可以通过建立内部劳动力市场，实施年功序列工资、晋升激励和补充养老金刺激等长期措施，来克服计时工资制下雇员缺乏激励的弊端，从而有助于计时工资制的健康运行。

（1）年功序列工资。即雇用双方建立起一种长期关系，在雇用初期，雇员只能得到较低的工资，而一旦被长期雇用下来，工资就会随着工龄的增长而不断增长。这样，雇员就会着眼于终身收入，而不会因雇用初期的低工资而缺乏积极性。

（2）晋升激励。即一般只有某些初级水平的职位才从社会上招收员工，而其他高级职位则主要由企业雇员来填补。这样，雇员就会因期望晋升而自觉工作，从而有助于降低计时工资下的监督成本。

（3）补充养老金刺激。即在员工为本企业工作时，企业为员工逐步积累一笔补充养老金，当雇员达到退休年龄时，就可全额得到这份可观的养老金。为能得到这笔补充养老金，雇员会长期保持积极的工作态度。

此外，亦可考虑实行效率工资，也称高工资，即在建立起内部劳动力市场又有支付能力的大企业中，雇主为雇员支付高于在其他地方工作的工资。支付效率工资会增加边际劳动成本，但同时也可激励雇员提高工作效率，并且不允许主雇员消极怠工，从而可节省在筛选、监督和培训员工方面的管理成本。但需要注意的是，支付效率工资只有在雇员期望与企业保持长期雇佣关系时才有积极意义。

第四节

计件工资制

一、计件工资制的概念、特点和作用

计件工资制是按照工人生产的合格产品的数量（或作业量）和预先规定的计件单价来计算劳动报酬的一种工资形式，计件工资的计算公式是：

计件工资＝合格产品数量×计件单价

与计时工资制相比，计件工资制的特点在于它与计时工资制计量劳动的方式不同。"在实行计时工资的情况下，劳动由劳动的直接的持续时间来计量；在实行计件工资的情况下，则由在一定时间内劳动所凝结成的产品的数量来计量。……因此，计件工资只是计时工资的转化形式。"①

由于计件工资制的数额是根据工人生产合格的产品数量直接决定的，这就决定了计件工资制具有以下三个突出的优点和作用：

第一，能够从劳动成果上准确地反映出劳动者实际付出的劳动量，并按体现劳动量的劳动成果计酬，不但劳动激励性强，而且使人们感到公平。

第二，同计时工资制相比，它不仅能反映不同等级的工人之间的劳动差别，而且能够反映同等级工人之间的劳动差别。即同等级的工人，由于所生产合格的产品数量、质量不同，所得到的工资收入也不同。

第三，由于产量与工资直接相联，所以能够促进工人经常改进工作方法，提高劳动生产率。马克思指出，计件工资"促进了工人个性的发展，从而促进了自由精神、独立性和自我监督能力的发展"②。

实行计件工资制容易出现的问题是：

第一，容易出现片面追求产品数量，而忽视产品质量、消耗定额、安全和不注意爱护机器设备的偏向。如只求质量保持合格品的下限；在消耗定额内还有节约的潜力不去挖掘；超机器负荷进行掠夺性的生产等。对于这些偏向，除了要有严格的检验制度、核算制度管理外，可以考虑建立以质量为核心的计件工资制；对不同质量的合格产品，确定差距较大的不同计件单价；对消耗定额内有节约的，辅之以节约奖等，以促进员工注意质量、节约和安全生产。

第二，因管理或技术改造而促使生产效率增加时，提高定额会遇到困难。如不提高定额，会增加产品成本；如提高定额，会引起员工的不满。

第三，因追求收入会使工人工作过度紧张，有碍健康。

第四，在以企业利润最大化为目标时，容易导致对计件制的滥用，使计件工资成了延长劳动时间和降低工资的手段。

第五，计件工资制本身不能反映物价的变化。在物价上涨时期，如果没有其他措施对物价进行补偿，尽管劳动生产率没有提高，也必须调整计件单价。

二、实行计件工资的条件和范围

企业中各工种、各车间能否实行计件工资制，主要取决于生产条件、工人的工作性质以及经济上的需要。具体来说，要遵守下列五个条件：

第一，必须是计件单位的产品（或作业）数量能够单独准确地被计量，并且产品数量能准确反映劳动者支出的劳动量的工种。

第二，计件工资是按照质量合格的产品数量计酬，因此，必须是产品质量容易检查

① 马克思. 资本论. 第1卷. 北京：人民出版社，1975：605.
② 马克思. 资本论. 第1卷. 北京：人民出版社，1975：608.

（而且在产品完成的当时就能够检验）的工种。

第三，必须是能够准确制定先进合理的劳动定额，并能准确反映劳动者的劳动消耗量的工种。

第四，必须是生产任务饱满、原材料和动力供应正常、成批生产、产供销正常，因而能够鼓励工人争取达到最高产量或达到最多工作量的工种。

第五，工人工作性质主要是增加产品数量。有一些工种，其工作任务不在于增加产品的数量，而在于监督技术安全规程的实现，或者是为增加合格产品数量提供必要的条件，对于这些工人，则不宜实行计件工资。此外，对于特别精确、重要和危险的工种，工作质量要求极高，也不宜实行计件工资。

实行计件工资制还要求企业具有一定的管理水平。但管理水平不是实行计件工资的决定性条件，只要企业的生产条件适合实行计件工资，就应积极提高管理水平，创造条件，实行计件工资制。

三、计件工资制的组成

计件工资制由工作物等级、劳动定额和计件单价三个要素组成。三者之间既互相联系、互相制约，又有各自独特的作用。

（一）工作物等级

工作物等级，又称"工作等级"，是根据某项工作的技术复杂程度及劳动繁重程度而划分的等级。它是规定按照技术等级标准能从事该项工作的工人技术等级的主要标志，也是确定劳动定额水平、计件单价、合理安排劳动力的一个科学依据。在计件工资制中，工作等级是计算计件单价的基础。

（二）劳动定额

在计件工资中，劳动定额是规定单位生产时间内完成合格产品数量的标准尺度，是合理组织劳动和计算单位产品工资的依据之一，是实行计件工资的关键。劳动定额水平的高低，决定了工人超额计件工资或奖金数量的多少，进而又直接影响计件工资制的经济效果和工人的劳动积极性，也关系到企业内部分配是相对合理还是高低悬殊，是单纯着眼于工人利益还是个人、企业、国家利益兼顾的问题。所以，重要的是要合理确定劳动定额水平。这就要求在实行计件工资制过程中，应该按照定额管理制度对劳动定额进行定期检查和修订，使定额水平经常保持在平均先进的基础上，即多数工人经过努力可以完成、少数人可超额完成的水平，以保证超额计件工资不会增加过多。

（三）计件单价

计件单价是完成某种产品或作业的单位产量的工资支付标准。它是支付计件工资的主要依据之一。在正常条件下，计件单价是根据与工作等级相应的等级工资标准和劳动定额计算出来的。所以，计件单价是否合理主要取决于工作等级和劳动定额确定得是否正确。

1. 计件单价的计算公式

（1）个人计件。

如果规定的是产量定额，则：

$$计件单价 = \frac{该工作等级的单位时间的工资标准}{单位时间的产量定额}$$

如果规定的是时间定额，则：

$$工时单价 = \frac{该工作等级的单位时间的工资标准}{单位时间的工时定额}$$

此时：

$$计件单价 = 工时单价 \times 单位产品的工时定额$$

（2）集体计件。

如果规定的是产量定额，则：

$$计件单价 = \frac{定员内集体人员单位时间的工资标准总额}{集体人员单位时间的产量定额}$$

如果规定的是时间定额，则：

$$工时单价 = \frac{定员内集体人员单位时间的工资标准总额}{集体人员单位时间的工时定额}$$

此时：

$$计件单价 = 工时单价 \times 单位产品的工时定额$$

2. 确定计件单价的其他公式

（1）如果缺乏明确的工作等级，则：

$$计件单价 = \frac{企业或计件单位工人的平均等级工资标准}{产量定额}$$

（2）按照历史的最高产量水平确定计件单价，然后按各车间各工序工作的难易程度、劳动强度等情况分解到各种工作中去，确定不同的计件单价。

$$计件单价 = \frac{工资成本总额}{历史最高产量}$$

（3）对合格产品，根据质量等级不同，规定不同的计件单价；对节约物料的，发节约奖。

（4）计件单价随全厂或车间的所得奖金总额或实现利润的多少而上下浮动。这一方法常用于实行超额计件工资制的集体计件单位。

四、计件工资的具体形式

（一）直接无限计件工资制

直接无限计件工资制是指不论工人完成或超额完成多少劳动定额，都按同一计件单价计发工资，不受限制。

直接无限计件工资制的特点是：计件工人的工资随同完成定额的程度按同样比例增减，不论工人完成产量多少，单位产量的直接人工成本是一个常数，产量增加，可以节约间接费用，因而产品的总成本下降。

（二）直接有限计件工资制

直接有限计件工资制是指给实行计件的工人规定超额工资不得超过本人标准工资的一定百分比或绝对金额的限制。实行这种计件工资的形式，一般是由于劳动定额不够准确，为防止超额工资过多而采取控制的一种办法，也有的是为保护工人身体健康而采取的办法。

直接有限计件工资制的特点是：工人工资的增加低于产量增长，单位产量直接人工成本随产量的增加而下降。这样，既可以保证企业利润，又可防止因定额不准而造成计件工人同计时工人工资差别过大。但是，它在一定程度上限制了工人生产的积极性，不利于提高劳动生产率，所以不宜长久使用这种形式，试行一段时间后应改行直接无限计件工资制。

（三）累进计件工资制

累进计件工资制是指产量在定额以内部分，按照一种计件单价计算工资，超额部分则按照一种或几种递增的计件单价计算工资。

累进计件工资制的特点是：对工人有明显的鼓励作用，对提高劳动生产率的促进作用是其他计件工资形式所不能比的。但由于工人工资的增加比例超过产量增长的比例，使单位产量的直接人工成本提高，如果不做精确的计算，工人工资的增加有可能抵消甚至超出因产量增加而节约的全部间接费用，造成企业亏损。另外，也容易造成工资收入差别过大的矛盾。所以，一般只在某种产品急需突击增加产量时，才在关键的生产工段短时期采用这种形式。

（四）超额计件工资制

超额计件工资制，又被称为"有计时工资保证的计件工资制"。我国流行的有两种办法：一种是定额以内部分，按照本人的标准工资和完成定额的比例计发工资，完成定额可以拿到本人的标准工资，完不成定额酌减，但保证本人 80％或 85％的标准工资，超额部分，不同等级的工人按照同一单价计发超额计件工资。另一种是定额以内部分实行计时，按计时工资标准计发工资，保证本人的标准工资，超额部分，不同等级的工人按照同一单价计发超额计件工资。

超额计件工资制的特点是：定额以内和超额部分的单位产量的直接人工成本均是常量，但绝对值不同。

超额计件工资制一般是在工资总额有严格控制、工人的实际技术等级和工资等级脱节的情况下采用，它有利于同时调动不同等级工人的积极性，也有利于限制实行计件工资后工资增加得过多。

（五）包工工资制

包工工资制是指把一定数量和质量的生产或工作任务包给工人（班组或工程队），预先规定完成工作的期限和工资总额，在包工工人按期完成任务后，就可领取包工工资。

包工工资制的特点是：通常对工人集体实行，实际上是一种按最终劳动成果计算的班组集体劳动报酬的制度。采用包工工资制是为了促使工人保质保量地完成任务，并缩短完成任务期，同时对减少人员、提高劳动生产率有积极作用。

（六）提成工资制

提成工资制是指工人的工资总额按照企业的营业额或毛利等的一定比例提取，然后再按照各个工人的技术和作业量进行分配，也可以直接按个人的营业额和所创利润提取一定的比例作为本人的工资。

提成工资的比例是根据过去的劳动定额或实际达到的营业收入和工人的实际工资收入确定的，或者是根据目标绩效和目标工资计算出来的。

提成工资制的特点是：提成工资人工成本是否是一个常量，取决于营业额或毛利额、利润额提成工资比例的变化。

（七）间接计件工资制

间接计件工资制是相对于直接计件工资制而言的，是对辅助工人实行的计件工资形式，根据他们所服务的直接计件工人的产量，或根据车间、工段的实际产量计算工资。

间接计件工资和间接计件单价的计算方法一般有下列几种：

$$间接计件工资额 = \frac{辅助工人的单位}{时间工资标准} \times \frac{同时间计件工人}{完成定额的百分比}$$

$$间接计件工资额 = 辅助工人间接计件单价 \times 被服务工人结算期平均产品数量$$

$$间接计件工资额 = 辅助工人间接计件单价 \times 被服务工人的产品数量$$

$$间接计件单价 = \frac{辅助工人的单位时间工资标准}{被服务工人单位时间产量定额}$$

如果某辅助工人同时服务几种工作的工人，则他的间接计件单价应该分别计算，工资也应分别计算，把几部分工资加在一起即为辅助工人的工资收入。在这种情况下，辅助工人间接计件单价的计算公式是：

$$服务某种工作 \atop 间接计件单价 = \frac{辅助工人的单位 \atop 时间工资标准 \times 该辅助工人服务某种工作的 \atop 工资分配权数}{被服务生产工人数 \times 被服务工人单位时间产量定额}$$

式中，"该辅助工人服务某种工作的工资分配权数"是指把辅助工人的工资标准分配到各种被服务工作的比例。某辅助工人同时服务三种不同工作的生产工人，则该辅助工人的工资标准可按 30%、30%、40% 的比例分别确定分配权数。

$$辅助工人间接计件工资 = \sum 辅助工人间接计件单价 \times 被服务工人的产品数量$$

间接计件工资制的特点是：辅助工人的工资随被服务工人的计件工资浮动，促使辅助工人关心实行计件工资制的一线工人的产量，提高本人的服务质量，加强协作，以保证生产任务的顺利完成。

（八）综合计件工资制

综合计件工资制，即计件单价不仅以产量定额来计算，而且还把质量、原材料消耗以及产品成本综合考虑进去。比如，为了确保并提高产品质量，实行按质量分等计件单价等。

综合计件工资制的特点是：有利于改善产品质量，减少废品和原材料消耗，降低产品成本等，保证计件工资制取得综合经济效益。

采用哪一种计件工资形式，除考虑生产的特点和工作性质外，应当把着眼点主要放在是否能提高工资效益上。衡量是否能够提高工资效益，主要看两点：一是随着产量的增加，单位产品的直接人工成本是否下降，产量增加，直接人工成本不动或下降的，效益就高；反之，就不一定高。二是随着产量的增加，单位产品的总成本是否下降，下降则效益一定高，上升则效益肯定下降。

五、计件单位与计件工资的支付

计件工资按照组织形式和计算支付计件工资对象的不同，可以分为个人计件单位和集体计件单位两种。计件单位是个人还是集体，主要取决于企业的生产条件和劳动组织状况。个人计件一般是在个人单独操作而且能制定个人劳动定额的工作中实行。集体计件一般是在那些机器设备和工艺要求班组工人同时共同努力才能完成任务，而又不能单独计算个人产量和质量的工作中实行。

计件工资的支付因计件单位的不同而有所不同。

（一）个人计件工资的支付

个人计件的工资数额等于计件单价乘以完成的合格产品的数量。

【例 9-1】某企业生产车间生产甲、乙两种产品，甲产品的单位产品工时定额为 0.5 工时/件，乙产品的单位产品工时定额为 0.75 工时/件。工人周某的工资标准为 16 元/小时，经检验，周某 5 月份加工合格的甲产品 500 件，合格

微课：个人计件工资的计算示例

的乙产品 400 件，请计算周某 5 月份的计件工资。

解：

第一步，计算计件单价，得

甲产品的计件单价＝工时单价×单位产品工时定额＝16×0.5＝8（元/件）

乙产品的计件单价＝工时单价×单位产品工时定额＝16×0.75＝12（元/件）

第二步，计算计件工资，得

加工甲产品的计件工资＝计件单价×合格产品数量＝8×500＝4 000（元）

加工乙产品的计件工资＝计件单价×合格产品数量＝12×400＝4 800（元）

周某 5 月份的计件工资＝4 000＋4 800＝8 800（元）

（二）集体计件工资的支付

集体计件工资的支付就比较复杂了，主要是在集体计件单位内部工人之间如何进行合理分配。分配办法大致有下述五种。

1. 按照每个工人的工资标准和实际工作日数分配

按照每个工人的工资标准和实际工作日数分配，其计算公式如下：

个人应得月标准工资＝个人日工资标准×个人本月实际工作日数

式中：　个人日工资标准＝$\dfrac{个人月工资标准}{月制度工作日数}$

标准工资分配率＝$\dfrac{工作队计件工资总额}{工作队工资标准总额}$

个人当月应得工资＝个人应得月标准工资×标准工资分配率

2. 按照每个工人的工资等级和实际工作日数分配

按照每个工人的工资等级和实际工作日数分配，就是把每个工人的实际工作日数折算为一级工人的工作日数，即个人工资分配系数，借以求出每一工人应实得的计件工资。其计算公式如下：

个人工资分配系数＝个人工资等级系数×个人当月工作日数

式中：　个人工资等级系数＝$\dfrac{个人月工资标准}{一级工资标准}$

每一工资分配系数应得计件工资＝$\dfrac{工作队计件工资总额}{工作队个人分配系数之和}$

3. 每月定额以内部分、超额部分分别核算

定额以内部分，按照工资标准和实际工作日数进行分配；超额部分，则按照工人在生产中所起作用的大小，如工时利用率、工作质量、劳动强度、团结协作等因素进行评分或打分，然后活分活值进行分配。其计算公式如下：

定额内应得月标准工资＝个人日工资标准×个人当月实际工作日数

$$定额外每一分数超额工资率=\frac{工作队计件工资总额-工作队应发标准工资总额}{工作队当月个人分数之和}$$

$$定额外个人应得超额工资=每一分数超额工资率×个人所得分数$$

其中，"个人所得分数"是根据预定的考核指标、得分标准考核个人的工作任务完成情况计算评价出来的。

$$个人当月应得计件工资=定额内部分应得月标准工资+超额部分应得超额工资$$

4. 每工作日定额以内部分、超额部分分别核算

定额以内部分，按照工资标准和实际工作日数分配；超额部分，按实际工作日数分配。其计算公式如下：

$$定额内应得月标准工资=个人日工资标准×个人当月实际工作日数$$

$$定额外每一工作日超额工资率=\frac{工作队计件工资总额-工作队标准工资总额}{工作队个人工作日数之和}$$

$$定额外个人应得超额工资=定额外每一日超额工资率×个人当月实际工作日数$$

$$个人当月应得计件工资=定额内应得月标准工资+定额外应得超额工资$$

5. 按照工人实际工作日数平均分配

不论定额部分或超额部分，一律按照工人的实际工作日数平均分配。这种分配办法较简单，一般在装卸、搬运等工资等级低、等级差别小的工作队中实行。其计算公式如下：

$$每一工作日应得计件工资=\frac{工作队计件工资总额}{工作队的个人工作日总数}$$

$$个人当月应得计件工资=每一工作日应得计件工资×个人工作日数$$

第五节

奖 金

一、奖金的概念与特点

(一) 奖金的概念

奖金是给予付出超额劳动的劳动者的现金奖励。作为劳动报酬的奖金，按照超额劳动对生产的作用是否直接可以分为两大类：一类是由于劳动者提供了超额的劳动、直接增加了社会财富给予的奖励，这一类称为生产性奖金或工资性奖励；另一类是由于劳动者的劳动改变了生产条件，为提高社会劳动效率、增加社会财富创造了有利条件所给予的奖励，这一类称为创造发明奖或合理化建议奖等。这里研究的是第一类奖金，即生产性奖金或工

资性奖励。

1. 奖金是工资的一种必要补充形式

奖金是计时工资和计件工资的辅助形式，以补充基本工资形式的不足，更好地落实按劳分配的原则。

计时工资由于其相对稳定性，存在以下缺点：不能反映同等级工人之间存在着若干细小的劳动质量差别；不能反映本人现实等级与原来评定等级之间的劳动质量差别；不能反映超额劳动量与定额劳动量之间的差别；不能反映每一职工在劳动中对燃料、原材料的节约以及对工具设备的节省情况等。因此它需要辅之以奖金制度作为补充。同样，计件工资也有它的不足：计件工资受到一定条件的限制，不具备一定的条件不能实行计件工资；计件单价与物料的节约以及安全生产的程度无关，因而节约物料和安全生产付出的额外劳动是不能反映出来的。所以计件工资也需要辅之以必要的奖金制度作为补充。

2. 奖金是超额劳动的报酬

奖金是根据劳动者为企业、为社会提供的超额劳动而给予的报酬，所以奖金是超额劳动的报酬形式。超额劳动，首先是指超过劳动定额多支出的劳动；同时，也包括节约物料和保证安全生产多支出的劳动。

（二）奖金的特点

1. 单一性

这是相对于工资的综合性来说的。由于奖励条件可以根据工作的特点和需要确定，可以设置单一的指标，如物料消耗指标、质量指标、安全指标等作为奖励条件，使奖金仅仅反映某一方面的劳动差别。

2. 灵活性

奖金的单一性决定了它的灵活性。奖金所表现的奖励方式是多种多样的，并可及时根据生产的需要，对奖励的范围、项目、标准、周期进行调整。

3. 及时性

由于一些奖金的项目周期可以定得很短，奖励条件可以灵活制定，奖金额和受奖人数可以随生产需要而变化，只要完成一个预定的考核周期，奖金就可及时发给本人，从时间上强化了奖金的鼓励性。

4. 政治荣誉性

奖金是对那些为社会做了更多贡献、提供了超额劳动的劳动者进行的奖励，谁得到的奖金多，证明谁劳动好、贡献大，所以奖金还有表扬先进，鞭策落后，树立劳动光荣新风尚的作用。

二、制定和实施奖金计划的基本要求

（一）确定适当的奖金形式

奖金形式从不同的角度，可做以下划分：

（1）按奖励的周期长短，可分为月奖、季奖、年终奖和年奖。按一年内奖金的发放次数，可以分为一次性奖金和经常性奖金。一次性奖金通常是对那些为了解决生产中的突出矛盾而设立的临时性的奖金，如为攻克某种产品的质量问题，突击完成某项机器的大修任务，或其他刻不容缓的紧迫任务而设立的奖金。经常性的奖金是奖励那些在日常生产中提供了超额劳动的职工，一般可以是月奖或季奖。

（2）从奖励条件的考核项目划分，可分为单项奖和综合奖。单项奖是以生产中的某一项指标作为计奖条件的奖励制度。它的特点是只对劳动成果中的某一方面进行专项考核，一事一奖。单项奖的名目繁多，概括起来大致有超产奖、质量奖、原材料燃料节约奖、劳动力节约奖以及新产品试制奖等。单项奖的优点是：第一，简单易行，奖金容易计算，工人容易掌握。第二，机动灵活，主攻方向明确。由于计奖条件单一，很容易把物质利益和超额劳动联系起来，物质鼓励作用明显，有利于突破生产上的薄弱环节。第三，单项奖还可以解决综合奖所考核不了的项目。例如，建筑业中要回收水泥袋，就可设立回收奖，这是综合奖所解决不了的。

综合奖是以多项考核指标作为计奖条件的奖励制度。如在建筑企业中实行的"全优工号奖"以及一些企业对个人实行的"百分计奖"就是综合奖的两种形式。综合奖的特点是对生产考核指标比较全面，而且重点突出，有利于鼓励职工全面提高劳动的数量和质量。具体办法是：把劳动成果分解成不同的方面，如产量、质量、消耗、安全等，每一方面都有明确的考核指标以及该指标奖金占奖金总额的百分比，其中重点指标的百分比高一些。但由于综合奖的考核指标较多，难以对职工的劳动做出准确评价，因而容易出现奖金分配上的平均主义。

（3）按奖金的支付对象，可分为个人奖和集体奖。个人奖适合于只需个人就能完成的工作；集体奖适合于工作性质需数人或集体共同才能完成的工作，如装配工作。集体奖可促使集体内的各成员互相监督鼓励，并可促使技术较差者努力提高水平，以免影响其他人员。

使用哪一种奖金形式，应视生产工作的需要以及各种奖金形式的特定适用范围而定。

（二）正确制定奖励条件

奖励条件是职工得奖必须达到的要求，它是对职工得奖规定的明确的生产（工作）指标，是一定时期内考核职工劳动成果和计算奖金的依据。

奖励条件规定得是否恰当合理，直接关系到能不能准确地计量超额劳动和奖金能不能体现超额劳动报酬的性质。因此，正确地制定奖励条件，是实行奖金制度的核心问题。

制定理想的奖励条件，应达到以下要求：

（1）讲究效益。奖励条件要坚持和体现奖金的性质。奖励条件规定的生产工作指标，必须建立在先进合理化的劳动定额的基础上，只有对超过定额的劳动才能计发奖金，并按超额多少进行奖励，多超多奖，少超少奖，不超不奖。要使奖金真正发挥鼓励超额劳动、提高劳动生产率和经济效益的职能。

（2）结合生产。奖励条件要根据单位生产、工作的性质和各类人员的劳动特点来制定。各种工作的性质和特点不同，对其劳动成果的评价尺度和方法不同，因而奖励条件也应不同。

（3）有产可超。奖励条件不可定得太高，要使职工经过一定努力就可以达到，也就是说，只要职工肯干活就能获得奖励。

（4）合情合理，奖金适当。对于实现生产工作目标的奖励条件，必须建立在客观的工作评定的基础之上，即通过目标管理、岗位分析或测时定额等方法，事前确定一个考核标准来作为衡量实际工作好坏的尺度，这样才能公平合理，使人们相信和喜欢制定的奖励条件；相反，如果在奖励条件上拉人情，随意降低事先确定的奖励条件或模棱两可，或计发奖金不完全根据事先确定的标准，就不会取得人们的信任，奖励就不会有好的效果。关于奖金的数量，在一般企业占本人工资的 20%～35%，但也要注意不要因为有人超产多了就压低奖金，防止政策不稳多变。奖金的发放要与奖金的预定目标相吻合。

（5）明确具体条件，责任分明，便于计算，并为职工所完全了解和接受。对奖励条件，每一职工都要完全了解其制定的根据，了解具体奖励目标与企业总目标的关系以及自己应负的具体责任。

（三）合理规定奖金标准

奖金标准是职工达到奖励条件以后，按预先的规定付给职工的奖金数额。

正确地制定奖金标准也是制定奖金制度中的一个十分重要的问题。制定奖金标准的原则是：企业应该按照职工在生产中的作用、完成奖励条件的难易程度以及预计经济效果的大小，来合理确定不同工作职工的奖金标准。按照这一原则，在规定奖金标准时，应注意以下三点：

（1）在确定团体奖金总额时，要坚持从本期超额劳动创造的价值（包括节约的成本）中提取奖金，并使本期超额劳动价值的奖金含量不超过上期创造价值的工资含量，以保证提高工资效益和降低产值人工成本。

（2）在实行计时工资制时，个人奖金标准的确定要从工人的岗位等级出发，根据工人的岗位等级系数或建立在工作评价基础上的工资标准和预计的奖金总额来计算，以充分体现不同等级岗位之间的劳动差别。

（3）在实行计件工资制时，奖金标准实际表现为根据与工人工作等级相应的等级标准和劳动定额来计算的计件单价。工人按照定额完成产量或工时，得到标准工资；超过定额完成的产量或工时，得到超额计件工资，实际就是工人的奖金。

在实际工作中，由于不同的生产、工作的特点不同，不同时期所要追求的生产、工作目标不同，因而制定不同时期、不同生产和工作的奖金标准的要求也就不同，并导致不同时期完成同样的工作量，奖金标准也可能高低不同。如同计件工资一样，同样是计件工资，还有直接无限计件、累进计件、限额计件等区分，因而计件单价也就没有固定不变的标准。

津贴和补贴

一、广义津贴的概念

广义的津贴是指对职工在特殊条件和工作环境下的特殊劳动消耗，以及在特定条件下额外生活费用的支出给予合理补偿的一种工资形式。

在习惯上，一般把属于生产性质的称作津贴，属于生活性质的称为补贴。在统计上又分为工资性津贴和非工资性津贴。工资性津贴是指列入工资总额的津贴项目；非工资性津贴是指不计入工资总额支付的津贴项目。是不是属于工资性津贴，其标志不是看开支来源如何，而是看它是不是属于工资总额的统计范围。

可见，广义的津贴既包括津贴，也包括补贴。

二、统计口径的津贴、补贴

按照《关于工资总额组成的规定》，津贴是指为了补偿职工特殊或额外的劳动消耗和因其他特殊原因支付给职工的报酬。包括补偿职工特殊或额外劳动消耗的津贴、保健性津贴、技术性津贴、年功性津贴以及其他津贴。

补贴是指为了保证职工工资水平不受物价影响支付给职工的物价补贴。包括为保证职工工资水平不受物价上涨或变动影响而支付的各种补贴，如肉类价格补贴、副食品价格补贴、粮价补贴、煤价补贴、水电补贴等。

三、津贴、补贴的特点和作用

与其他工资形式相比，津贴、补贴具有以下特点：

（1）津贴、补贴是一种在标准工资之外的劳动报酬，是对职工额外劳动消耗和额外生活费用的支出和补偿。一般来说，这种额外劳动消耗和额外生活费用的支出是难以在工资标准内包括和反映出来的。

（2）津贴、补贴所体现的主要是劳动者在劳动过程中所处的劳动环境和条件的差别，而不是正常条件下劳动质量和数量的差别。其主要功能是在工资标准上调节不同地区之间、行业之间以及单位内部岗位之间的工资关系。

（3）多数津贴、补贴项目是根据某一特定条件，为了实现某一特定目的设置的，所以具有单一性。

（4）职工是否享受某种津贴、补贴，决定于是否符合享受某种津贴、补贴的条件，随着条件的变化，津贴可增可减，因而具有很大的灵活性。

基于津贴、补贴的以上性质和特点，合理的津贴、补贴制度具有以下重要作用：

第一，津贴、补贴是落实按劳分配的重要补充手段，可以有效地解决其他工资形式不能反映的特殊劳动消耗的差别。

第二，津贴、补贴是合理调节工资关系的重要补充措施。

第三，由于津贴、补贴是一种"价格"信号，因而合理的津贴、补贴项目及标准可以起到"市场"配置劳动力、合理调节劳动力流向的作用。

四、津贴、补贴标准的规定方法

津贴、补贴的种类、发放范围和标准等，一般由国家统一规定。对国家没有统一规定的，用人单位可以根据生产工作需要，在政策允许的范围内，自行设立一些津贴、补贴项目。

津贴、补贴的标准有三种规定方法：第一种是按标准工资的一定比率规定，适用于保证地区间职工实际工资水平和为了保证职工生活给予临时性津贴两种情况。第二种是统一按绝对数额发给，如夜班津贴、伙食补贴等，适用于补偿职工特殊或额外劳动消耗的情况。第三种是按照职位级别或工作性质，规定不同的绝对数额，如房租补贴、通信补贴、车改补贴、汽油补贴等。

第七节

编制工资支付清单

一、工资支付清单的概念

工资支付清单，简称"工资清单"，人们俗称其为"工资条"，是指用人单位提供给劳动者的工资支付项目及其金额的明细。

《工资支付规定》明确规定："用人单位支付劳动者工资应当向其提供一份其本人的工资支付清单。"

支付工资是劳动合同中的一项重要内容，是劳动合同双方当事人劳动权利义务的重要组成部分。作为履行义务的证明，用人单位有义务向职工提供其个人的工资清单。职工也应主动向用人单位索取工资清单。一方面，职工可以从工资清单中得知自己获得的工资的组成情况，可以知晓用人单位有没有按劳动合同的约定全额支付了劳动报酬，有没有为自己缴纳"五险一金"，有没有支付加班工资，有没有按照规定支付病事假工资等，做到心中有数；另一方面，一旦职工与用人单位之间发生纠纷，工资清单也是一个确凿的证据。虽然现在很多用人单位都通过银行发工资，在银行的存折上可以看出每个月的工资收入，但毕竟只能看到一个总的数字，无法得知其具体的组成情况。

因此，用人单位在发工资时向职工提供工资清单是其法定义务。对于职工来说，则是一项权利，职工有权要求用人单位在发工资时提供工资清单。

二、工资支付清单的组成

工资支付清单一般包括以下四个组成部分：

（1）工资支付项目及其金额明细。如岗位工资、技能工资、奖金、加班工资、夜班费、交通补贴等及其金额。

（2）应发工资合计。又称"税前工资"，是指应发工资项目的合计金额数。

（3）扣除项目及其金额。扣除项目一般包括个人应缴纳的基本养老金、失业保险金、基本医疗保险金、住房公积金、企业年金、按照新的个人所得税法规定的税前"专项扣除"、个人所得税等。

（4）实发工资。又称"税后工资"，是指从"应发工资"中扣除个人"费税"，实际支付的可供个人支配的工资所得。

三、工资支付清单示例

工资支付清单示例见表 9-2～表 9-4。

表 9-2　2013 年 10 月××房地产开发公司工资单（摘录）

姓名	岗位资质工资	保留工资	住房补贴	独子费	餐费	交通费	通信费	本企业工龄津贴	应发合计	扣养老、失业、医疗保险	扣住房公积金	所得税	实发额
××	8 840.00	3 478.00	90.00	5.00	315.00	1 300.00	200.00	360.00	14 588.00	1 143.26	1 341.00	1 645.75	10 457.99
×××	5 095.00	0.00	80.00	0.00	315.00	600.00	100.00	80.00	6 270.00	563.18	659.00	332.17	4 715.65

表 9-3　2009 年 11 月××职业学院工资单（摘录）

职工姓名	岗位工资	薪级工资	洗理费	书报	交通	房补	通信补	绩效增加	绩效课酬	伙补	远郊津贴	应发合计	会费	失业	公积金	个人所得税	实发金额
×××	1 420.00	1 289.00	20.00	27.00	15.00	115.00	200.00	380.00	2 883.60	100.00	110.00	6 559.60	6.50	19.99	972.00	337.00	5 224.11

表 9-4　2018 年 6 月××市血液中心工资单（摘录）

姓名	岗位	薪级	绩效	洗理费	职暖补贴	交通	物价补贴	卫生津贴	工作津贴	房贴	独子费	计生补	中夜餐	加班费	补发工资	补发2	应发数	纳税额	扣款	扣款2	会费	医保	养老险	房租	病假工资	公积金	实发金额
×××	1 420.00	904.00	577.20	80.00	115.00	15.00	212.00	8.00	1 345.00	24.50	0.00	0.00	100.00	300.00	760.00	700.00	6 545.70	1 032.24	0.00	0.00	11.30	156.00	0.00	0.00	0.00	1 222.00	4 124.16

微课：工资发放流程

微课：工资表各项之间的逻辑关系示例

复习思考题

1. 思考题

（1）什么是工资形式？工资形式主要包括哪两个方面的内容？

（2）工资形式应实现的目标是什么？

（3）计时工资计发的根据是什么？

（4）计件工资由哪三个部分组成？

（5）与计时工资制相比，计件工资制的突出优点是什么？

（6）奖金的性质是什么？应如何制定奖励条件和奖金标准？

（7）什么是津贴？什么是补贴？

（8）什么是工资性津贴？什么是非工资性津贴？

（9）津贴标准有哪两种规定方法？各适用于什么情况？

（10）工资支付清单一般包括哪几个组成部分？

2. 实训题

（1）王某月工资标准为 6 525 元，本月因事假缺勤 2 天，无加班等其他特殊情况，试用扣减法计算王某本月的应发工资。

（2）陈某月工资标准为 6 525 元，本月实际出勤天数 20 天，无加班等特殊情况，试用累加法计算陈某本月的应发工资。

（3）机加工某岗位等级的工资标准是 20 元/小时，其小时产量定额为 5 件/小时，则其计件单价为多少？

（4）某生产岗位的工资标准是 160 元/日，每日工时定额为 8 小时，现生产一件产品的工时定额为 2 小时/件，则其计件单价为多少？

（5）某生产小组有赵、钱、孙、李、周五人，月工资标准和实际工作日数见下表，该月计件工资总额为 40 800 元，该月制度工作日数 21 天。请按不同的方法分配集体计件工资。（注：一级工资标准为 1 800 元）

某生产小组月工资标准和该月实际工作日数

人员	赵	钱	孙	李	周
月工资标准（元）	3 120	3 750	4 620	5 550	6 600
实际工作日数	24	23	22	23	20

（6）某生产小组五月份集体计件工资总额为 48 000 元（注：一级工资标准为 4 800元，五月制度工作日数 21 天，不考虑加班加点因素），其他资料如下表所示。

某生产小组月工资标准和五月实际工作日数

人员	甲	乙	丙	丁	合计
月工资标准（元）	6 400	7 200	8 000	9 200	
五月实际工作日数	18	19	20	22	

要求:

1)将集体计件工资总额按个人的工资标准和实际工作日数分配,并计算该小组集体超额计件工资和平均超额计件工资。

2)将集体计件工资总额按个人的工资等级系数和工作日数计算分配。

在线练习

第四篇

工资方案设计技术

第 十 章

工资方案设计理念与决策要点

本章思维导图

学习目标 ▶

通过本章的学习，你应该能够：

▶ **知识目标**

1. 理解工资方案设计的实质性内容，掌握工资方案设计的理念、决策要点和一般流程；

2. 了解国家关于深化收入分配改革、完善企业内部工资分配管理的指导性意见。

▶ **技能目标**

1. 掌握工资方案设计流程；

2. 编制工资方案设计系列文件，包括阶段性成果文件和最终成果文件、执行性文件和说明性文件。

▶ **素养目标**

1. 站在企业战略的高度，设计能够支持和服务企业战略的工资方案；

2. 工资方案设计，应贯彻和体现"两个着眼点""处理好两个分配关系""建立好两个机制"的理念。

引例及分析

某市 YW 研究院成立于 1959 年，原属于国家级科研事业单位，财政差额拨款。后于 2002 年 4 月正式改制为企业法人制。研究院在改制以后，管理层提出了以科研为基础，以产业为重点，形成科工贸一体化的企业集团的战略构想。但这一战略的实现受到了分配问题上的困扰：由于对科研人员采取了课题承包制，对其创收设立了提成奖，使科研人员的收入水平有较大的提高。而管理人员的工资收入仍按事业单位的工资收入增长，管理人员谋划研究院发展的积极性、创造性受到抑制，特别是对实现战略至关重要的

185

投资处、经营处两个部门，由于工资偏低，能人不愿担此重任。后勤一些岗位人浮于事，收入偏高。外在报酬的激励几乎达到极限，但内在报酬很不到位。院长办公会决定解决上述问题，为实现战略目标，将分配制度改革作为切入点。但 2003 年和 2004 年，人事处先后拿出的两套工资改革方案都被职工代表大会否决了。2005 年，该单位聘请北京中创国业薪酬设计院的康教授指导工资改革设计，最终在专家指导下设计的工资方案在职代会上一次顺利获得通过。

为什么在专家指导下设计的工资方案能在职代会上一次顺利获得通过？康教授应用了什么理念、经过了什么流程、应用了哪些技术来指导该单位的薪酬设计？本章及后面的几章将回答这些问题。

第一节

工资方案设计与决策要点

一、工资方案设计的概念

工资方案设计是指在周密调查、征求意见和系统分析的基础上，明确建立、调整或优化工资制度的目标和原则，拟订工资制度建立、调整或优化的内容和办法，经过法律规定的民主程序，使之形成一个用文字表述的，各个组成部分具有内在联系的有机整体的工作过程。

工资方案设计的实质性内容：一是确定工资总额或劳动要素报酬总额；二是将确定的工资总额或劳动要素报酬总额分配给劳动者个人。

将工资方案设计扩展为薪酬设计，那么，薪酬设计是指确定薪酬总额（劳动要素报酬总额），并将薪酬总额分配给职工个人的工作过程的总称。

工资方案设计的目的是为企业日常的工资分配提供一个政策性文件，以作为处理日常工资分配的工作准则和操作规范。同时，通过工资方案设计，还要向职工传递企业必要的导向信息，如工资水平如何决定的导向信息、工资如何调整的导向信息、工资计发的绩效导向信息等。

因此，所有的单位都应通过一定的程序，包括民主程序，制定本企业的工资分配方案或薪酬分配方案。

二、工资方案设计的理念

工资方案设计理念可以概括为"两个着眼点""处理好两个分配关系""建立好两个机制"。

(一)两个着眼点

一是着眼于提高劳动生产率和经济效益,这是硬道理,是分配的物质基础;二是着眼于提高职工的职业生活质量,在企业发展的同时,使职工分享发展成果,得到实惠。

(二)处理好两个分配关系

一是处理好企业和职工之间的分配关系,做到利润不侵蚀工资,工资不侵蚀利润,按照合理的人工费比率或劳动分配率确定动态的劳动要素报酬总额;二是处理好职工之间的分配关系,依据职工各自任职岗位的相对价值、人力资本、有效劳动贡献和有关政策法规,将劳动要素报酬总额公平合理地分配给每一个职工。

(三)建立好两个机制

一是建立把现有"面包"分好的机制,这是静态的。二是在分"面包"的过程中,通过设计绩效工资随有效劳动产出能增能减的机制,建立起促进"面包"做大的机制。这是动态的,也是核心机制。

三、工资方案设计决策要点

在设计、制定一个企业工资方案的过程中,需要做出工资决策的要点,见表 10-1。

表 10-1 企业工资决策要点一览表

序号	决策要点
1	如何处理好企业与职工之间的分配关系,即投资者和劳动者之间的分配关系,确定合理的人工费总额和工资总额
2	如何处理好职工之间的分配关系,初步理顺或基本理顺工资分配关系
3	如何确定对外具有竞争力的工资水平(选择领先型、跟随型还是滞后型的工资水平)
4	选择什么类型的工资等级制度(岗位/技术/能力)
5	在同一工资等级标准中,是采用一岗一薪制还是一岗多薪制
6	如何确定工资构成项目(基本工资、绩效工资、津贴/补贴、年度绩效工资等)
7	如何确定基本工资、绩效工资的计发办法,如何确定不能提供正常劳动等特殊情况下的工资支付办法

续表

序号	决策要点
8	是否应统一、如何统一多种用工或"新""老"职工之间同工同酬、相同分配办法的工资制度
9	如何建立正常的工资调整机制或工资增长机制
10	如何确定新参加工作和市场招聘人员的工资待遇

第二节

工资方案设计流程与工资方案设计系列文件

一、工资方案设计流程

下面以 JX 发电有限责任公司工资方案项目进度安排为例，说明工资方案设计的一般流程，具体见表 10-2。

表 10-2　JX 发电有限责任公司工资方案项目进度安排

工作阶段	任务	工作事项	工作成果
前期基础性准备阶段	领导决策建立机构宣讲动员	（1）领导班子统一思想，做出工资改革决策。 （2）建立工资改革机构：领导小组；工资方案办公室；岗位评价委员会。 （3）人员培训到位（理论、理念培训——全员；技术培训——岗位直接上级、岗位评价委员）。 （4）项目前期调研，撰写项目初期报告（也可放在项目启动后开始）。 （5）工资改革宣讲动员启动会。	（1）做出工资改革决策。 （2）建立健全机构。 （3）启动工资改革。
第一阶段（三周）	制定"三定"方案；确定岗位说明书、部门职能说明书	（1）公司"三定"方案（定机构、定岗位、定员）。 （2）确定岗位清单，内容包括序号、部门、岗位名称、岗位性质、岗位编号、岗位人数。 （3）设计印发岗位说明书样本、范本和岗位说明书填写说明；设计部门职能说明书样本、范本。 （4）对中层（岗位直接上级）以上领导进行工作分析、岗位说明书的编写培训。 （5）根据"三定"方案，部署岗位直接上级填写岗位说明书，间接主管审查，人力资源部审核，工资方案办公室修改汇总。	（1）岗位清单。 （2）岗位说明书。 （3）部门职能说明书。

续表

工作阶段	任务	工作事项	工作成果
第二阶段 （两周）	准备岗位评价资料	（1）起草《岗位评价标准体系》，征求意见，进行修订。 （2）印发《召开岗位评价会议的通知》，部署部门负责人撰写岗位评价会议部门及公司属岗位信息交流资料。 （3）印制岗位评价资料：岗位清单；岗位说明书；《岗位评价标准体系》；岗位评价记录表；岗位评价会议部门及公司属岗位信息交流资料。	（1）岗位评价资料齐备。 （2）岗位评价会议通知印发。
第三阶段 （两周）	召开岗位评价会议，实施岗位评价	本处略，具体程序见第十一章第四节的有关内容。	公司岗位等级表。
第四阶段 （两周）	工资结构调整与工资标准测算	（1）统计调查：将公司所有人员分别纳入岗位等级，进行工资总额、工资水平、工资差距、工资组成的调查。 （2）确定工资总额投入量。 （3）进行年薪价位调查，根据年薪价位和工资存量等因素，测算、确定岗位工资基准，即一岗一薪工资标准表（工资政策线）。 （4）在一岗一薪基础上，按照保健因素和激励因素相结合、死活比例恰当的原则，确定工资结构。 （5）以体现同一等级岗位不同人员的劳动差别为原则，将工资组成中的固定部分、制定一岗多薪工资标准表和工资档次纳入表。 （6）将新工资标准测算到人，进行模拟测算，直到可行、可靠为止。 （7）将前述工作综合，起草《工资方案》。	工资标准表。
第五阶段 （两周）	审核、修订、通过、宣讲《工资方案》	（1）就《工资方案》征求公司领导小组和各方面意见。 （2）对《工资方案》做最终修订。 （3）提交职工代表大会或全体职工大会讨论《工资方案》，征求意见或通过。 （4）在适当时间安排向职工大会宣讲，履行《工资方案》告知义务和程序。	《工资方案》。

二、工资方案设计系列文件

下面以 HG 研究院岗位资质绩效工资制方案（试行）设计形成的系列文件，来说明岗位资质绩效工资制方案设计中应产生和形成的系列文件（清单）。

设计一个单位的岗位资质绩效工资制方案，从始至终，要形成大量的文字资料。这些文字资料，大致可以分为两类性质：阶段性成果文件和最终成果文件。

阶段性成果文件和最终成果文件，按照是否作为最终执行的政策依据，又可以分为非正式文件和正式文件，或者分为说明性文件和执行性文件。

凡属于执行性文件，必须按照《劳动合同法》的要求，经职工代表大会或全体职工大会讨论，提出方案和意见，与工会或者职工代表平等协商确定。

两类性质的系列文件清单，大致如表 10-3 所示。

表 10-3　岗位资质绩效工资制方案设计应产生的系列文件（清单）

序号	文件名称	文件性质
1	岗位资质绩效工资制方案项目初期报告	非正式文件，阶段性成果
2	"三定"（定机构、定岗位、定员）方案，包括： （1）公司组织机构图 （2）部门职能说明书 （3）岗位清单 （4）岗位说明书	执行性正式文件，阶段性成果
3	岗位评价标准体系	执行性正式文件，阶段性成果
4	岗位评价会议部门及所属岗位信息交流资料	非正式文件，阶段性成果
5	岗位评价记录表（岗位评价软件）	执行性正式文件，阶段性成果
6	岗位等级表（包含在岗位资质绩效工资制方案中）	执行性正式文件，阶段性成果
7	岗位资质绩效工资制方案系列文件之一：岗位资质绩效工资制方案（试行）	执行性正式文件，最终成果
8	岗位资质绩效工资制方案系列文件之二：工资标准测算说明（含职工工资增减表）	执行性正式文件，最终成果
9	岗位资质绩效工资制方案系列文件之三：岗位绩效工资计发实施细则（试行）	执行性正式文件，最终成果
10	岗位资质绩效工资制方案系列文件之四：关于制订岗位资质绩效工资制方案的说明（项目总结）	说明性非正式文件，最终成果

第三节

完善企业内部工资分配管理

2013 年 2 月 3 日国务院批转的国家发展改革委、财政部、人力资源和社会保障部《关于深化收入分配制度改革的若干意见》，2015 年 8 月 24 日中发〔2015〕22 号《关于深化国有企业改革的指导意见》，2018 年 5 月 13 日国发〔2018〕16 号《关于改革国有企业工资决定机制的意见》，2021 年 1 月 26 日人社厅发〔2021〕7 号《技能人才薪酬分配指引》，分别就深化改革、完善企业内部工资分配管理、重视提高技能人才工资待遇提出了意见。

一、完善国有企业工资分配内部监督机制

国有企业董事会应依照法定程序决定工资分配事项，加强对工资分配决议执行情况的监督。落实企业监事会对工资分配的监督责任。将企业职工工资收入分配情况作为厂务公开的重要内容，定期向职工公开，接受职工监督。

二、完善企业内部工资总额管理制度

国有企业在经备案或核准的工资总额预算内，依法依规自主决定内部工资分配。企业应建立健全内部工资总额管理办法，根据所属企业功能性质定位、行业特点和生产经营等情况，科学编制工资总额预算方案，逐级落实预算执行责任，建立预算执行情况动态监控机制，确保实现工资总额预算目标。企业集团应合理确定总部工资总额预算，其职工平均工资增长幅度原则上应低于本企业全部职工平均工资增长幅度。

三、深化企业内部分配制度改革

国有企业应建立健全以岗位工资为主的基本工资制度，以岗位价值为依据，以业绩为导向，参照劳动力市场工资价位并结合企业经济效益，通过集体协商等形式合理确定不同岗位的工资水平，向关键岗位、生产一线岗位和紧缺急需的高层次、高技能人才倾斜，合理拉开工资分配差距，调整不合理过高收入。加强全员绩效考核，使职工工资收入与其工作业绩和实际贡献紧密挂钩，切实做到能增能减。

突出增量改革，带动存量调整。缩小国有企业内部分配差距，高管人员薪酬增幅应低于企业职工平均工资幅度。

四、规范企业工资列支渠道

国有企业应调整优化工资收入结构，逐步实现职工收入工资化、工资货币化、发放透明化。严格清理规范工资外收入，将所有工资性收入一律纳入工资总额管理，不得在工资总额之外以其他形式列支任何工资性支出。

五、对国有企业领导人员实行与选任方式相匹配、与企业功能性质相适应、与经营业绩相挂钩的差异化薪酬分配办法

对党中央、国务院和地方党委、政府及其部门任命的国有企业领导人员，合理确定基本年薪、绩效年薪和任期激励收入。对市场化选聘的职业经理人实行市场化薪酬分配机制，可以采取多种方式探索完善中长期激励机制。健全与激励机制相对称的经济责任审计、信息披露、延期支付、追索扣回等约束机制。严格规范履职待遇、业务支出，严禁将公款用于个人支出。

六、建立健全符合技能人才特点的工资分配制度

建立以体现技能价值为导向的技能人才薪酬分配制度，大力提高技能人才职业荣誉感和经济待遇，不断发展壮大技能人才队伍，为中国制造和中国创造提供重要人才支撑。

深化企业内部分配制度
改革的指导性意见

继续完善初次分配
机制的指导性政策

ZGSH 有限公司薪酬方案
（试行）（摘录）

复习思考题

（1）为什么要进行工资方案设计？
（2）应如何表述工资方案设计的理念？
（3）联系本书第六章和本章的内容，说明在工资方案设计中应对哪些重大事项做出决策。
（4）工资方案设计的设计流程有哪些？

在线练习

案例分析

BJKJ 建筑公司岗位资质绩效工资制方案（试行）（摘录）

第二章　岗位资质工资

第九条　【岗位资质工资等级】

岗位资质工资等级根据职工任职的岗位等级确定。

岗位资质工资等级由公司岗位评价委员会按照 BJKJ 建筑公司岗位评价标准体系，通过实施岗位评价评定。

BJKJ 建筑公司岗位等级序列表见下表。

BJKJ 建筑公司岗位等级序列表

岗位等级	01 开发部	02 经营部	03 工程部	04 财务部	05 人保部	06 党群部
一					炊事员；话务员；警卫；保洁员	
二					通信管理员；食堂管理员	
三						
四			试验员	出纳；档案管理		
五	开发管理员	成本会计；物资管理员	计划统计员；设备管理员；工程维修管理员；贯标管理员；工程劳务管理员		消防干事；调配管理员；武装干事；后勤管理员	宣传干事；综合干事；组织干事
六	投标管理员	预算员		会计核算	干部管理员；工资管理员	
七			电气质检员；土建质检员；水暖质检员	成本管理		
八	开发主管		试验主管			
九		清欠副部长；预算主管	安全主管			
十			土建工程师；水暖工程师；电气工程师			纪检副部长；工会副部长
十一			贯标副部长	业务副部长；管理副部长	管理副部长	
十二		预算副部长	技术副部长			
十三						部长
十四	部长	部长		部长	部长	
十五			部长			
十六						

第十条　【岗位资质工资标准】

岗位资质工资，是工资构成中的相对固定部分。

岗位资质工资标准实行"一岗多薪制"。档差按岗位资质工资基准线的5％设计。

岗位资质工资标准，纵向以岗位等级为基础，体现岗位的价值；横向以个人岗位资质为依据，体现员工个人人力资本的价值。

BJKJ 建筑公司岗位资质工资标准见下表。

BJKJ 建筑公司岗位资质工资标准表

单位：元/月

等级	工资标准	级差	岗位资质工资档差	岗位资质工资标准档次												岗位绩效工资标准	绩效工资系数
				1	2	3	4	5	6	7	8	9	10	11	12		
一	1 400	—	50	630	680	730	780	830	880	930	980	1 030	1 080	1 130	1 180	420	1.00
二	1 500	100	55	665	720	775	830	885	940	995	1 050	1 105	1 160	1 215	1 270	450	1.07
三	1 700	200	55	718	774	829	884	939	995	1 050	1 105	1 160	1 216	1 271	1 326	595	1.42
四	1 900	200	60	815	875	935	995	1 055	1 115	1 175	1 235	1 295	1 355	1 415	1 475	665	1.58
五	2 100	200	65	805	870	935	1 000	1 065	1 130	1 195	1 260	1 325	1 390	1 455	1 520	840	2.00
六	2 400	300	70	950	1 020	1 090	1 160	1 230	1 300	1 370	1 440	1 510	1 580	1 650	1 720	960	2.29
七	2 800	400	85	1 085	1 170	1 255	1 340	1 425	1 510	1 595	1 680	1 765	1 850	1 935	2 020	1 120	2.67
八	3 000	200	90	1 170	1 260	1 350	1 440	1 530	1 620	1 710	1 800	1 890	1 980	2 070	2 160	1 200	2.86
九	3 200	200	90	1 130	1 220	1 310	1 400	1 490	1 580	1 670	1 760	1 850	1 940	2 030	2 120	1 440	3.43
十	3 400	200	95	1 205	1 300	1 395	1 490	1 585	1 680	1 775	1 870	1 965	2 060	2 155	2 250	1 530	3.64
十一	3 900	500	110	1 375	1 485	1 595	1 705	1 815	1 925	2 035	2 145	2 255	2 365	2 475	2 585	1 755	4.18
十二	4 100	200	115	1 450	1 565	1 680	1 795	1 910	2 025	2 140	2 255	2 370	2 485	2 600	2 715	1 845	4.39
十三	4 300	200	110	1 380	1 490	1 600	1 710	1 820	1 930	2 040	2 150	2 260	2 370	2 480	2 590	2 150	5.12
十四	4 600	300	115	1 495	1 610	1 725	1 840	1 955	2 070	2 185	2 300	2 415	2 530	2 645	2 760	2 300	5.48
十五	5 200	600	130	1 690	1 820	1 950	2 080	2 210	2 340	2 470	2 600	2 730	2 860	2 990	3 120	2 600	6.19
十六	6 000	800	150	1 950	2 100	2 250	2 400	2 550	2 700	2 850	3 000	3 150	3 300	3 450	3 600	3 000	7.14

注：本表月岗位工资标准＝岗位资质工资标准（八档）＋岗位绩效工资标准。

第十一条 【纳入岗位资质工资等级的办法】

所有人员按照所任岗位评定的岗位等级，直接进入与本岗位等级相对应的工资等级。

第十二条 【纳入岗位资质工资档次的办法】

员工纳入工资档次的步骤和办法是：

1. 按照 BJKJ 建筑公司规划发展战略的要求，明确每个岗位等级任职的专业技术资格等级或技术等级要求。

2. 正好符合任职专业技术资格等级或技术等级要求的，纳入岗位资质工资的四档工资标准，其中中层管理人员纳入五档。

3. 低于任职专业技术资格等级或技术等级条件的，低纳工资档次。

4. 高于任职专业技术资格条件或技术等级条件的，高纳工资档次。

5. 员工具有专业技术等级或技术等级的，按专业技术年限或技术年限增加工资档次；没有专业技术等级或技术等级的，按改制后的本企业工龄增加工资档次。

岗位资质工资档次纳入表见下表。

中层（不含）以下任职人员工资档次纳入表

岗位等级	专业技术/等级要求	任职人员实际具备专业技术/技术等级	专业技术/技术年限/工龄 4年以下 5年以下	专业技术/技术年限/工龄 5年~8年 6年~10年	专业技术/技术年限/工龄 9年以上 11年以上
一级 二级	初级工	普通工	3	4	5
		初级工及以下	4	5	6
		员级/中级工	5	6	7
		助理级/高级工	6	7	8
		中级/技师	8	9	10
三级 四级	员级； 中级工	初级工及以下	3	4	5
		员级/中级工	4	5	6
		助理级/高级工	6	7	8
		中级/技师	8	9	10
五级 六级 七级 八级 九级	助理级； 高级工	初级工及以下	2	3	4
		员级/中级工	3	4	5
		助理级/高级工	4	5	6
		中级/技师	6	7	8
		高级/高级技师	8	9	10

中层（含）以上任职人员工资档次纳入表

岗位等级	专业技术/等级要求	任职人员实际具备专业技术/技术等级	专业技术/技术年限/工龄 4年以下 5年以下	专业技术/技术年限/工龄 5年~8年 6年~10年	专业技术/技术年限/工龄 9年以上 11年以上
十级~ 十六级	中级； 技师	初级工及以下	1	2	3
		员级/中级工	2	3	4

续表

岗位等级	专业技术/等级要求	任职人员实际具备专业技术/技术等级	专业技术/技术年限/工龄 4年以下 5年以下	专业技术/技术年限/工龄 5年~8年 6年~10年	专业技术/技术年限/工龄 9年以上 11年以上
十级~十六级	中级；技师	助理级/高级工	3	4	5
		中级/技师	5	6	7
		高级/高级技师	7	8	9
		正高级	8	9	10

6. 在按前述纳入工资档次的基础上，对于具有二级建造师认证的人员，高纳一个工资档次；具有一级建造师认证的人员，高纳两个工资档次。

7. 对于有学历，没有专业技术资格的人员，暂按视同对待：高中、中专、中技毕业三年以上，大专毕业一年以上的，视同员级或中级工；本科毕业一年以上的，视同助理级或高级工。

第十三条　【纳入岗位资质工资档次若干问题的处理】

1. 纳入工资档次专业技术年限或技术年限，从取得相应的专业技术资格或技术等级的当年算起。

2. 纳入工资档次的本企业工龄从公司改制的当年算起。

3. 员工按照高一技术等级纳入的工资档次，低于按照低一技术等级纳入的工资档次的，按照就高等级纳入。

4. 按照学历和毕业年限视同专业技术资格的人员，其毕业年限，第一年按周年处理，满一周年以后，按虚年计算。

5. 实行"老人老办法"，对"老人"给予一定的保护。"老人"为参加改制的人员，"老人"在按照本方案纳入新工资标准后，每月岗位资质工资与岗位绩效工资之和低于改制次年每月四项工资（岗位职务工资＋年功工资＋职称津贴＋住房补贴）之和的，或者在改制次年每月四项工资基础上每月增加工资不到500元的，一律增加到每月500元。

第十四条　【不同系列人员纳入岗位资质工资档次的办法】

纳入工资档次时，不同系列的人员，即管理系列人员、工程技术系列人员及工人系列的人员，其专业技术等级与技术等级的对应关系见下表。

专业技术资格与技术等级的对应关系

序号	专业技术资格等级	技术等级
1	—	普通工人
2	普通管理人员	初级工
3	员级（经济员、技术员、会计员）	中级工
4	助理级（助理经济师、助理工程师、助理会计师）	高级工
5	工程师级（经济师、工程师、会计师）	技师
6	高级工程师级	高级技师
7	正高级工程师	特级技师

注：政工系列的职称与技术系列和经济系列同等对待。

第三章　岗位绩效工资

第十五条　【岗位绩效工资等级】

岗位绩效工资等级同"BJKJ 建筑公司岗位等级序列表"。

第十六条　【岗位绩效工资标准】

岗位绩效工资标准，实行"一岗一薪"制，即每个岗位等级只有一个工资标准。

岗位绩效工资标准见"BJKJ 建筑公司岗位资质工资标准表"。

各等级月岗位资质工资和岗位绩效工资占岗位工资的比例，见下表。

各等级月岗位资质工资和岗位绩效工资占岗位工资的比例

岗位等级	岗位资质工资占岗位工资比例	岗位绩效工资占岗位工资比例	岗位资质工资＋岗位绩效工资
一至二级	70％	30％	100％
三至五级	65％	35％	100％
六至八级	60％	40％	100％
九至十二级	55％	45％	100％
十三至十六级	50％	50％	100％

1. 对于具有学历，无专业技术或技术等级的员工，按以下办法视同专业技术等级：

(1) 中学学历的，从毕业第四年起视同员级专业技术等级。

(2) 大专学历的，从毕业第二年起视同员级专业技术等级。

(3) 本科毕业的，从毕业满一年起视同助理级专业技术等级。

(4) 按低专业技术等级纳入的工资档次，低于按高一等级纳入的工资档次的，按就高档次确定。

2. 具有建造师认证的，在按上表纳入工资档次基础上，二级建造师，高纳一档；一级建造师，高纳两档。

分析：

(1) 为什么本工资方案命名为《BJKJ 建筑公司岗位资质绩效工资制方案》？

(2) 在本方案中，岗位资质工资是如何体现的？

(3) 在本方案中，岗位绩效工资是如何体现的？

相 关 链 接　"岗位资质绩效工资制"的工资模式是怎么产生的？

BJKJ 公司原为国有企业，为房屋建筑施工总承包单位。2005 年该公司由国有企业改制为职工控股企业，自主经营，自负盈亏。2006 年 9 月，受该公司董事会委托，北京中创国业薪酬设计院成立项目团队承担该公司改制工资方案的咨询设计工作。

在初期调研中，项目团队获得一个重要信息：国家建设部建建［2001］82 号印发《施工总承包企业资质等级标准》（后建设部建市［2007］72 号修订），将房屋建筑工程施工总承包企业资质分为特级、一级、二级、三级。其中特级最高，三级最低。而且申报企业资质需要三个方面的条件：一是项目业绩；二是人力资源资质；三是注册资金、企业净资产和工程收入。其中，申报一级企业资质必须具备的人力资源资质条件是：

（1）企业经理具有10年以上从事工程管理工作经历或具有高级职称；总工程师具有10年以上从事建筑施工技术管理工作经历并具有本专业高级职称；总会计师具有高级会计职称；总经济师具有高级职称。

（2）企业有职称的工程技术和经济管理人员不少于300人，其中工程技术人员不少于200人；工程技术人员中，具有高级职称的人员不少于10人，具有中级职称的人员不少于60人。

（3）企业具有一级资质的项目经理不少于12人。

得到这个信息后，项目团队成员反复讨论一个问题：在建筑施工企业，一个员工只要具有建筑工程相关专业中级职称或中级工技术等级证书，这本身对企业就是一个贡献；如果具有一级建造师执业资格或高级技术职称，那贡献就更大了。既然职工个人具备什么资质对于申报企业资质这么重要，那么在设计该公司改制工资方案过程中，在确定每一个职工的工资标准时可不可以一看岗位、二看资质，把岗位和个人资质有机结合起来并命名为"岗位资质工资制"呢？如果再把一定比例的岗位工资拿出来与绩效挂钩计发，那么，新的工资模式就可以称为"岗位资质绩效工资制"。他们把这个想法与该公司领导沟通后，立刻得到了赞同和响应。于是，一种新的工资制度模式——"岗位资质绩效工资制"应运而生。

此后，"岗位资质绩效工资制"的原理和模式又在其他单位陆续得到应用和推广，并获得了各单位的一致好评。

说明： 住房和城乡建设部建市〔2014〕159号印发了新的《建筑业企业资质标准》。建筑工程施工总承包企业资质分为特级、一级、二级、三级。其中申报一级资质标准，对企业主要人员资质条件的要求是：

（1）建筑工程、机电工程专业一级注册建造师合计不少于12人，其中建筑工程专业一级注册建造师不少于9人。

（2）技术负责人具有10年以上从事工程施工技术管理工作经历，且具有结构专业高级职称；建筑工程相关专业中级以上职称人员不少于30人，且结构、给排水、暖通、电气等专业齐全。

（3）持有岗位证书的现场管理人员不少于50人，且施工员、质量员、安全员、机械员、劳务员等人员齐全。

（4）经考核或培训合格的中级工以上技术工人不少于150人。

第十一章

确定合理工资等级结构的基础——工作评价

本章思维导图

学习目标 ▶

通过本章的学习，你应该能够：

▶ **知识目标**

1. 理解工作评价的含义；

2. 概括工作评价的核心及要实现的目标。

▶ **技能目标**

1. 应用排列法，实施工作（岗位）评价；

2. 按照分类法的步骤实施工作评价：建立工作等级，进行等级定义（工作分类说明），对工作进行评价和分类；

3. 按照计点法的步骤，编制岗位评价标准体系，实施岗位评价；

4. 设计、编制工作评价方案。

▶ **素养目标**

1. 充分认识工作评价的重要意义，将其作为实现同工同酬、公平分配的主要举措；

2. 建立由公司领导班子成员、中层部门负责人、工会（职工）代表组成的岗位评价委员会，将民主参与、民主决策贯穿岗位评价全过程；

3. 将实施岗位评价的基础和依据——岗位评价标准体系，印发各部门、职工代表或全体职工征求意见；

4. 将岗位评价的成果——岗位等级表，印发各部门、职工代表或全体职工征求意见。

引例及分析

　　某资深人力资源咨询师 H 先生在为一家台资公司做培训时曾碰到过这样一个问题。一天，该公司的 HR 经理向其诉苦说，他碰到一件很头痛的事，他们公司仓库管理课长因知道制造课长的工资比他高 300 元而很气愤，由此刁难他。了解情况之后，H 先生把仓库管理课长约到了小会议室，对他说："从工作时间的点数来分析，你的点假设为 4.5 点，而制造课长只有 4 点。"得到他的肯定后，接着问："如果再从工作责任的角度来分析，是你发错料的损失大还是制造课长制造出不良品的损失大？"仓库管理课长毫不犹豫地说："当然是制造课长的大，我发错料只是时间上的浪费，而他不但浪费了时间，而且还浪费了材料。"然后 H 先生进一步给他分析："你发错料所浪费的时间点数假设为 3.5 点，制造课长也为 3.5 点，但他浪费材料的点数可以是 6.5 点，单从工作时间与工作责任之和，他明显比你多了 6 点，如果将这些点数换算成工资，他的工资比你的高 300 元是否合情合理？"经过一番开导后，仓库管理课长心服口服。

人们很容易将职位级别和薪酬机械地联系起来，正如上面的仓库管理课长一样。只有通过工作评价，才能够比较客观地区分开相同级别职位的内在不同价值。本章我们就来探讨工作评价问题。

第一节

工作评价概述

一、工作评价的含义

在我们遇到的企业内部工资问题中，最常见的是一些工人或某些工种的工人认为他们的工资等级和他们所在的工作岗位不相称。但是，如果给他们提高工资，就会引起另一些工人的不满，因为同提高工资的工人相比，他们的工资相对减少了，而且对工资结构不断地进行特殊调整，还会使工人们对这种结构的合理性产生怀疑，并由此造成一系列的工资矛盾。解决这类问题的出路是寻找并使用一种技术，以尽可能地使所有的工人和管理人员达成这样一种共识，即建立在这种技术基础上的工资结构是公正的、合理的。工作评价正是提供了这样一种技术。因此，工作评价可以定义为：工作评价是对工作进行研究和分级的方法，以便为合理的工资结构奠定基础。它关心工作的分类，但不去注意谁在做或谁去做这些工作。

工作评价，按照我国的习惯，亦称为岗位评价。工作评价的核心是给工作标定级别。工作评价的目标是要实现同工同酬。工作评价应遵循的原则是：

（1）工作评价的是岗位而不是岗位中的员工。

（2）让员工积极地参与到工作评价中来，以便他们认同工作评价的结果。

（3）工作评价的结果应该公开。

二、工作评价的形成与发展

工作评价有一个形成过程，它是在西方国家中首先出现和发展起来的。

最初的工作等级形式是由工厂的习惯形成的。某些工作逐渐被认为是彼此有联系的，这种联系来源于外部的接触，也来源于生产操作的顺序，还来源于协作劳动的工人由低级到高级所需要掌握的知识顺序。工人和工头在劳动实践中逐渐感到某种工作应比其他工作似乎应该多付报酬。一旦这种思想形成并被大家所接受，这种不同工种的工资差别也就成为习俗而被保留下来。

可是单用习惯来解释工资等级表的形成是不能令人满意的，于是为数众多的厂商们开始探讨确定工作价值的方法，并逐步使工作等级划分和工作评价制度化。从 1915 年起，四种主要的工作评价体系逐步建立起来，按时间顺序是排列法、分类法、因素比较法和计点法。前两种被认为是非数量的评价体系，后两种被认为是数量的评价体系。在西方发达工业国家中，最广泛采用的是计点法。因素比较法在我国极少使用，故本章对其不做介绍。

不同的评价方法在实施步骤、优缺点等方面存在着不同，具体比较见表 11 – 1。

表 11 – 1　不同岗位评价方法的优缺点及适用范围比较

	优点	缺点	适用企业
排列法	简单方便，易理解、操作，节约成本。	没有明确的评价标准，完全依靠经验和主观判断；只能排列各岗位价值的相对次序，很难回答为什么一个岗位比另一个岗位等级高。	岗位设置比较稳定；规模小。
分类法	简单明了，易理解、接受，能避免出现明显的判断失误。	定义等级困难，给主观判断留下相当大的余地；成本相对较高。	各岗位的差别很明显；公共部门和大企业的管理岗位。
因素比较法	能够直接得到岗位的工资水平。	应用最不普遍；要经常做工资调查，成本相对较高。	能够随时掌握较为详细的市场工资标准。
计点法	能够量化；可以避免主观因素对评价工作的影响；可以经常调整。	设计比较复杂；对管理水平要求较高；成本相对较高。	岗位不雷同；岗位设置不稳定；对精确度要求较高。

三、工作评价与工资等级的关系

工作评价的结果可以是分值形式，也可以是等级形式，还可以是排序形式，但人们最关心的是岗位等级与工资的对应关系。

岗位等级与工资的对应关系可以是线性关系，如图 11 – 1 中的曲线 A、曲线 B。岗位等级与工资的对应关系也可以是非线性关系，如图 11-1 中的曲线 M。

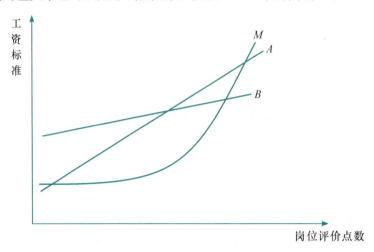

图 11-1　岗位评价与工资标准的关系

图 11-1 中岗位评价点数与多种工资线的关系还说明，岗位评价点数的多少与工资率的高低呈正相关关系，但不是正比例的，这说明，岗位评价中所使用的点数是为了评价岗位和划分等级服务的，只要划分出了岗位等级，点数法就完成了作为一种评价方法所担负的使命。至于测算工资标准所使用的点数或系数，将可能使用其他的办法来确定。在一些情况下，岗位之间评价点数的差距，并不能代表岗位之间应当达到的工资差距。

四、新工资标准的运用

建立在工作评价的基础上，经过计算并与劳动力市场工资行情比较和集体协商后形成的新的工资标准，与实行评价前各岗位的工资标准相比，有的岗位工资标准提高了，有的岗位工资标准降低了，如图 11-2 所示。如何处理呢？

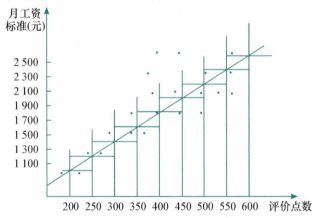

图 11-2　现行工资结构与工作评价结果的关系

对于新工资标准高于原工资标准的不难处理，只要将这些岗位安排到工作评价给其确定的等级中就行了，即使这些岗位工资一下增加了很多，也要这样做。困难的是处理那些新工资标准低于原工资标准的岗位。这些岗位通常被称为"红圈岗位"。处理的办法是不降低这些"红圈岗位"的工资标准，否则会引发这些岗位工人的强烈不满。因此，必须明确一个原则，即不管在任何情况下，任何工人都不能因为实行工作评价而使其工资减少。不仅如此，还应使受此影响的工人有晋级的机会，以使其职业前途和未来的收入潜力不致因为引进工作评价而恶化。

按照上述原则，应当保留这些人员的原先标准，至于原工资标准高于评价工资标准的部分，可以作为附加津贴或保留工资来处理。这种高于评价工资增加的费用，可以被看作是"对原先错误管理的罚金"。随着时间的推移，这种附加津贴或保留工资可以通过正常的增资来冲销。当一个新的工人来到这个岗位时，就不用执行这种津贴了。

五、工作评价的完善与维护

（一）日常维护

工作评价的日常维护工作之一，是对产生的新岗位无一例外地按照建立起来的评价方案，及时把它们排列到等级结构中去。

日常维护工作之二是复评。复评是实行工作评价之后，当某些岗位的情况发生变化之后，需要对评价过的岗位进行重新评价，以经常保持工作评价的准确性。

当下面所说的四种情况出现时，就应做复评工作：

（1）工作的内容变了，新的工作内容加入了已评定的工作中。

（2）工作内容改变了，某些工作从已评定的工作中删除。

（3）领导阶层不满。

（4）雇工抱怨。

（二）定期检查

为了保持工作评价制度能适应新情况，并根据需要对其进行修改，通常要建立一个定期检查机构。检查内容如下所述：

（1）代表性工作岗位是否还具有代表性，是否需要更新为更具有代表性的岗位。

（2）检查升级和降级情况。

（3）检查等级堆积。

（4）"红圈岗位"的处理情况。

（5）要素及权重是否应做必要修改。

（6）工资结构是否应进行调整，工资标准是否需要提高。这样做，目的是保证工作评价的正常运行。

排列法

一、排列法的概念

排列法，也称简单排列法、序列法、部门重要次序法，是由工作评价人员对各个岗位工作的重要性做出判断，并根据岗位工作相对价值的大小，按升值或降值顺序排列，以此来确定岗位等级的一种工作评价方法。

二、排列法的步骤

第一步，进行工作分析。在这一步骤中，先由熟悉企业全部工作的评价委员或部门主管把各种不同的工作名称分别记在一张卡片上；然后，依据下列要素对各个工作进行分析：工作难度和数量、工作责任、给予的和接受的监督管理、必要的训练和经验、工作条件；最后，将工作分析的结果制成工作说明书。

第二步，由工作评价委员会的全体委员分别根据工作说明书，或者自己头脑中对该项工作的印象，按照工作难易或价值大小的次序进行排列。

排列工作顺序，方法有两种。一种是卡片排列法，即将工作说明书用简明文字写在小卡片上，按次序排列起来。难度或价值最大的工作应排在一等，难度价值第二的排在二等。如果两个或更多个工作难度或价值并列同等，则这些工作排列在同一等级。具体做法是：先确定最高和最低的工作，再确定中等的，然后确定最高和中等以及最低和中等之间的等级。

另一种是成对比较排列法。例如，某部门有六个岗位的工作，分别称为甲、乙、丙、丁、戊、己。先将六项工作分别按横竖排列于表 11-2 内，然后运用"012"比较评价法对六项工作分别进行判断比较。具体办法是把每一岗位的工作与其他的五个岗位的工作逐一比较，并做出不难、难度相同、难的判断。当判断为不难时，就做"0"记号；判断为难度相同时，就做"1"记号；判断为难时，就做"2"记号。最后，在表中"总额"一栏中加总得出判断每项工作的难度次数。

经"012"成对比较后，判断各工作难度次数总额的多少决定了各岗位工作等级排列的先后（见表 11-2）。

从表 11-2 的排列可见，岗位甲为最高工作等级，岗位乙为最低工作等级。

应注意，在使用上述两个排列法时，每个评价者要在一周左右的时间里反复进行两三次，以避免一时的疏忽。

表 11 - 2 "012" 成对比较排列表

岗位	甲	乙	丙	丁	戊	己	总额
甲	—	2	1	2	2	2	9
乙	0	—	0	0	1	0	1
丙	1	2	—	0	0	1	4
丁	0	2	2	—	1	2	7
戊	0	1	2	1	—	2	6
己	0	2	1	0	0	—	3

第三步，根据全体评价委员个人评定的结果，确定自然岗位序列，见表 11 - 3。

表 11 - 3 岗位工作等级排列表

判断较难次数总额	工作岗位	岗位等级
9	甲	6
7	丁	5
6	戊	4
4	丙	3
3	己	2
1	乙	1

根据表 11 - 3 可知，评定的六个岗位工作的相对价值，按降值排列次序为甲、丁、戊、丙、己、乙。

应注意的是，按前面两种方法得到的只是一个按重要性排列的岗位序列，显然，在一个较大的企业，是不能直接把上百个或数百个岗位组成的序列作为工资等级序列的。因此，还有必要把岗位序列分成一定数目的岗位等级，即划岗归级，以作为实际的工资等级数目（见表 11 - 4）。

表 11 - 4 排列法岗位等级最终评定表

岗位	甲	乙	丙	丁	戊	己
赵委员评定	9	1	4	7	6	3
钱委员评定	8	2	5	6	—	4
孙委员评定	7	3	5	6	5	4
评定次数之和	24	6	14	19	11	10
参加评定人数	3	3	3	3	2	3
平均序数	8	2	4.67	6.33	5.5	3.33
岗位相对价值次序	1	6	4	2	3	5

划岗归级应掌握两个原则：一是岗位等级不宜过多，上一级岗位与下一级岗位之间应能比较出难易差别；二是难易程度大致相同的岗位，应划归同一岗位等级。

分类法

一、分类法的概念

分类法，也称分级法或等级描述法，是事先建立一连串的劳动等级，给出等级定义；然后，根据劳动等级类别比较工作类别，把工作确定到各等级中去，直到给出最后的岗位等级。

分类法不同于排列法，劳动等级是预先决定并建立的，然后参考岗位工作的内容对其分级。

二、分类法的步骤

第一步，建立工作类别或级别。无论是对同一种性质的工作，还是对包括各种性质工作在内的组织整体，都要确定等级数目。等级的数目取决于工作的性质、组织规模大小、职能的不同和工资政策。在这一环节中，没有对所有单位都普遍适用的规则。

第二步，等级定义，即给建立起来的工作等级做出工作分类说明。等级定义是在选定要素的基础上进行的。所以，首先要确定基本要素，以便通过这些要素进行等级定义或分类说明。这些要素主要是：技术要求、智力要求、脑力和体力消耗程度、所需的培训和经验、工作环境。

等级定义要为工作等级的评定分类提供标准，因此，要清楚地描述出不同等级工作的特征及重要程度。一般等级定义的做法是从确定最低和最高等级的岗位开始的，因为这相对容易些。在分类定级中，对低级别的工作要求大致是：能够在领导者指导下处理简单的日常工作，很少或不要求工作人员具备独立判断、处理问题的能力。对较高级别的工作要求依不同程度而定，包括文化素质、管理能力、人际关系、责任，以及独立分析和解决问题的能力。

等级定义是分类法中最重要、最困难的工作，要求极高，它必须使两个等级之间的技术水平和责任大小显而易见。相对于其他工作来说，等级定义花费的精力最多、时间最长。

第三步，评价和分类，即由评价人阅读工作分类说明，并依据评价人对工作的相对难度、包含的职责以及必备的知识和经验的理解，来决定每项工作应列入哪一等级。

在评价分类中，有一个比较容易的办法，即根据等级定义表明的特征，在每个等级中先选择一个代表性岗位，这样，评价委员们便有了评价其他工作岗位的参照系。随着评价的进行，对单个岗位的划等就变得容易，因为前面划了等级的岗位会使后面未划等级的岗位都归入了等级，这样，就可以确定每个等级的工资标准了。

计点法岗位评价流程

计点法，也称点数法、要素分级计点法，我国也有称之为计分法的。使用此法，是先确定影响所有岗位的共有因素，并将这些因素分级、定义和配点，以建立起评价标准。之后，依据评价标准，对所有岗位进行评价并汇总出每一岗位的总点数。最后，将岗位评价点数转换为货币数量，即岗位工资率或工资标准。计点法是当今工业中最广泛使用的工作评价方法。

应用计点法进行工作评价，其流程如下所述。

一、确定组织机构和岗位，编制部门职能说明书和岗位说明书

确定组织机构和岗位，包括组织各职能部门以及各部门所属岗位，这是进行岗位评价的前期基础性工作。

（一）确定组织机构

确定组织机构是依据企业的发展目标和经营环境等，对现行组织机构进行分析并提出改革、调整、重新设置的过程。

组织机构确定之后，应编制部门职能说明书。部门职能说明书示例见表 11 - 5。

表 11 - 5　某研究院部门职能说明书

部门名称	人力资源处	部门负责人职位	处长
直接上级职位	党委副书记	部门人员编制	6 人
编写部门	人力资源处	编写日期	20××- 06 - 15
部门职责概述	全院人力资源开发管理的职能部门，主要负责人力资源战略规划与实施、劳动用工、工资福利、教育培训管理工作。		
部门主要职责			
1	负责院人力资源发展战略规划制定、人才需求预测、人才需求计划编制、人才引进开发与调配。		

续表

2	负责贯彻落实国家和上级有关劳动人事制度和政策，制定并完善符合院实际的劳动人事管理制度和配套政策；负责人事、劳动用工、薪酬三项制度的改革方案编制及组织实施工作。
3	负责员工招募、甄选、录用、聘任、调配、解聘（辞聘）、退休（内退）、返聘、待岗管理工作。
4	负责院中层领导干部（后备干部）的培养、选拔、考察、任免与考核工作。
5	负责专业技术职务（职业资格）评聘、专家选拔评审与智力引进、科技人才奖励申报、学历认定、持证上岗资格认定、职业技能鉴定（考工、定级）、员工职业生涯设计工作。
6	负责员工绩效考核评估体系设计与组织实施及奖惩工作；负责经营管理、专业技术和技能人才队伍培养与能力建设方案的制定与实施。
7	负责员工教育培训需求调查，制定员工培养、培训发展规划、目标和年度工作计划并组织实施岗前综合培训、专业技术（技能）培训、学历教育、进修及研究生培养与管理，参与社区教育工作，承办院教育委员会的日常工作。
8	负责员工薪酬（工资、补贴、津贴、基金、奖金等）、福利、保险（养老、失业、医疗、工伤、女工生育等）的核对与归口管理；负责工资总额计划编报、劳动工资统计报表与劳动年检工作；负责残疾人保障金、精简下放人员生活补助金的核发管理工作。
9	负责依据组织机构设置调整进行岗位设置调整、工作分析与组织实施；负责专业技术指挥线和技术顾问的日常管理工作。
10	负责全员聘用（劳动）合同制用工管理、外来员工（社聘人员、劳务输出人员）和临时用工管理。
11	负责出国（出境）人员政审与涉密人员审批管理、残疾人安置、员工集体户口管理、夫妻两地分居、军转安置工作。
12	负责员工人事档案、工资档案、考绩档案、培训档案材料收集、整理、存档与日常维护管理；负责人力资源信息库、人员调整台账的维护与管理。

部门岗位设置	序号	岗位名称	人员编制	序号	岗位名称	人员编制
	1	人力资源处处长	1	4	教育培训主管	1
	2	人力资源处副处长	1	5	劳动工资保险主管	2
	3	人力资源主管	1			

（二）整合岗位，确定岗位清单

根据确定的部门职能和所属岗位、定员，整理岗位清单，见表11-6。岗位清单的确定，必须经单位领导会议通过。

表 11 - 6　某研究院岗位清单（摘录）

序号	岗位名称	所属部门	岗位编码	岗位类别	职责概述	定员
1	院长	领导班子	0101	管理	负责全院的全面管理；制定中长期发展规划和年度计划并组织实施、制定各项规章制度，检查各项工作落实情况并对奖惩进行决策。	1
2	党委书记	领导班子	0102	管理	主持院党委工作，确保党的方针政策在企业的贯彻实施。	1
3	党委副书记兼纪委书记兼工会主席	领导班子	0103	管理	负责院政治思想、党建、组织、宣传、工会、共青团等工作，对各项工作进行督促、检查。	1
4	科研副院长	领导班子	0104	管理	组织领导全院的科研活动，保证科技资源为全院经济目标服务，向院长负责。	1
5	行政副院长	领导班子	0105	管理	协助院长按上级主管部门的要求分管负责全院安全保卫、行管后勤、条件保障工作。	1
6	生产经营副院长	领导班子	0106	管理	受院长直接领导，当好助手和参谋，参与院重大问题决策和院长直接交办的工作，全面负责院药业公司的生产经营工作。	1
7	总工程师	领导班子	0107	管理	全面负责本院重点科研品种的选题、研究质量及产业化方式的管理；负责院科研成果投资经营的管理；组织建设科研成果产业化平台；参与全院科研、生产中重大技术疑难问题的解决。	1

（三）编制部门职能说明书与岗位说明书

在确定组织机构和岗位清单的基础上，按照企业各部门的职能和所属岗位，编制部门职能说明书和岗位说明书。基本流程是：

第一步：人力资源部制订编制职能说明书和岗位说明书的工作计划。

第二步：设计部门职能说明书、岗位说明书、岗位任职人员信息调查问卷的格式与内容，制定范本和填写说明。

第三步：人力资源部组织召开编写部门职能说明书与岗位说明书培训会。会上印发部门职能说明书的格式、编写范本、填写说明；印发岗位任职人员信息调查问卷格式、填写说明；印发岗位说明书格式、范本和填写说明。提出编写要求、时间要求，提示注意事项。

第四步：由部门部署岗位任职人员填写岗位任职人员信息调查问卷；直接上级编写岗位说明书、部门负责人编制部门职能说明书。

第五步：部门负责人将本部门的部门职能说明书、岗位说明书审核无误后，交人力资源部。

第六步：人力资源部组织召开部门职能说明书、岗位说明书审核会，审核确定各部门部门职能说明书、岗位说明书，必要时，提交决策层讨论。

第七步：将修改、确定的部门职能说明书、岗位说明书编印成册。

二、设计计点法岗位评价标准体系

以设计某电力物资公司的岗位评价标准体系为例，说明设计计点法岗位评价标准体系的程序（见表 11-7）。

表 11-7　岗位评价要素、因素及因素分级、配点表

要素	配点	权重	因素	一级	二级	三级	四级	五级
劳动复杂程度	390	39%	1. 学历	20	40	60	80	—
			2. 经验	22	44	66	88	110
			3-1. 专业技术水平	18	36	54	72	90
			3-2. 技能水平	16	32	48	64	80
			4. 创造性	12	24	36	48	60
			5. 岗位空缺替代难度	10	20	30	40	50
劳动责任	360	36%	6. 经济效益责任	20	40	60	80	100
			7. 服务责任	16	32	48	64	80
			8. 安全生产责任	14	28	42	56	70
			9. 精神文明建设责任	15	30	45	60	—
			10. 指导监督、协调沟通责任	10	20	30	40	50
劳动强度	200	20%	11. 脑力强度	12	24	36	48	60
			12. 体力强度	10	20	30	40	
			13. 工作负荷率	10	20	30	40	50
			14. 心理压力	10	20	30	40	50
劳动环境	50	5%	15. 工作场所	5	10	15	20	25
			16. 危险性	5	10	15	20	25
合计	1 000	100%	—					

设计计点法岗位评价标准体系，需要经过下述五个步骤。

（一）选择一组评价岗位价值的因素，即划分岗位等级所使用的标准

在计点法中，评价因素非常关键，发挥着中心作用。这些因素反映如何工作能增加组织的价值，它们源于工作本身和公司的战略方向。

1. 选择评价因素的原则

（1）以所执行的工作为基础，即工作本身应突出哪些因素。

（2）以组织的战略和价值观为基础。

（3）使最终受薪酬结构影响的利益相关者能够接受。

2. 选择评价要素和评价因素

1950 年国际劳工组织在日内瓦会议上把各种劳动对人的要求归纳为劳动的四个要素，即智能、责任、负荷、环境。这一归纳被称为日内瓦范本。

按照我国的习惯，劳动的四个要素包括：劳动复杂程度、劳动责任、劳动强度、劳动环境。

在劳动要素确定之后，要进一步划分体现评价要素的子因素。一个行业、企业应把岗位因素细分为哪些子因素，应视行业、企业的不同情况而定。

（二）确定各影响因素的定义

1. 学历

本因素衡量岗位任职人员顺利履行工作职责应具有的最低学历。最低学历应在从事本岗位工作之前通过学历教育获得，在从事本岗位工作后所获得的学业水平除外。

2. 经验

本因素衡量岗位任职人员在具备岗位任职的基本要求、可以上岗从事本岗位工作，到掌握工作的技巧而完全胜任本岗位工作之间，一般所需要经历的最低实际工作时间。对于高等级岗位，是指从事担任本岗位之前应经历的实际工作时间，即经历阶梯岗位一般所必需的累计最低工作时间。

（三）确定各影响因素的等级，并对细分成的每一等级定义

把每一个评价子因素，按照实际需要，细分成多个轻重不同的等级。如表 11－7 中的第 5 列到第 9 列。

在每个因素细分等级之后，要求对每一细分的等级分别定义。例如，对经验分级的定义见表 11－8。

表 11－8 经验分级定义

分 级	分 级 定 义
一级	1 年以下
二级	1 年～2 年
三级	3 年～4 年
四级	5 年～6 年
五级	7 年及以上

（四）确定评价总点数、各评价因素的点数与配点

1. 确定评价总点数

目前，英国、美国一般使用的总点数为 500 点。总点数多少，应以便于使用和划分工作等级为原则。编者在薪酬设计咨询中，采用的总点数一般为 1 000 点。然后确定各要素

的权重与配点，以及工作评价因素的权重与点数。

我国各行业、企业工作评价中各因素的权重及配点，应根据各行业、企业的生产经营特点、企业的战略方向等确定。

2. 确定各评价要素权重与配点

评价要素的权重反映了组织对各要素重视程度的差别。确定要素的权重，单位领导的参与和决策非常关键。确定各要素的权重及子因素配点的方法有两种：一种为经验赋值法；另一种为计算法。

（1）经验赋值法，直接以主观判断和相关经验确定各要素及子因素的权重和点数。例如，某电力物资公司评价因素的权重与配点见表 11 - 9。

表 11 - 9　某电力物资公司评价因素的权重与配点

评价要素	配点	权重
劳动复杂程度	390	39％
劳动责任	360	36％
劳动强度	200	20％
劳动环境	50	5％
合　计	1 000	100％

微课：计算法确定评价因素配点示例

（2）计算法。

1）对权重最高的要素赋值 100％。

2）根据相对第一个要素重要性的百分比确定序列第二高要素的赋值，以此类推。

3）分别计算每个评价要素权重占总权重的结构比例。

4）确定各要素、各要素等级的点值（点数）。

例如，以决策、解决问题、知识三个评价要素为基础，确定三个要素的权重，具体见表 11 - 10。

表 11 - 10　计算法确定评价因素配点

评价要素	重要程度	转化过程	权重	点 数
决策	100％	100％÷245％＝0.408 2	40.8％	500×40.8％＝204
解决问题	85％	85％÷245％＝0.346 9	34.7％	500×34.7％＝173
知识	60％	60％÷245％＝0.244 9	24.5％	500×24.5％＝123
合计	245％	1.000 0	100％	500

注：总点数为 500 点。

3. 对评价子因素配点

将要素配点后，再进一步分配到子因素上。如表 11 - 9 中，将劳动复杂程度 390 点分配如下：学历 80 点，经验 110 点，专业技术水平 90 点，创造性 60 点，岗位空缺替代难度 50 点。子因素的配点，实际上是对各子因素最高等级的配点，见表 11 - 11。

表 11－11 评价子因素配点

评价子因素	一级	二级	三级	四级	五级
1. 学历				80	—
2. 经验					110
3－1. 专业技术水平					90
3－2. 技能水平					80
4. 创造性					60
5. 岗位空缺替代难度					50

注：劳动复杂程度要素点数为390点；对于表中3－1和3－2的点数，只计算3－1的点数。

（五）确定各子因素等级的配点

确定各子因素的分级点数，采用等差形式，即等差点数＝因素配点÷因素等级数。比如，学历的点值为80点，分为四级，则等差点数中的一级点数＝80÷4＝20；二级点数＝20×2＝40；三级点数＝20×3＝60；四级点数＝20×4＝80。其他子因素的分级亦如此，具体见表11－12。至此，岗位评价点数幅度表、岗位评价标准体系最终形成。

表 11－12 子因素分级配点

要素	配点	权重	因素	一级	二级	三级	四级	五级
劳动复杂程度	390	39%	1. 学历	20	40	60	80	—
			2. 经验	22	44	66	88	110
			3－1. 专业技术水平	18	36	54	72	90
			3－2. 技能水平	16	32	48	64	80
			4. 创造性	12	24	36	48	60
			5. 岗位空缺替代难度	10	20	30	40	50

三、召开岗位评价会议，实施岗位评价

（一）岗位评价会议的准备

1. 成立岗位评价委员会

岗位评价委员会的人员组成有以下四种方式：（1）由公司领导班子成员组成。（2）由中层部门负责人组成。（3）由公司领导班子成员、中层部门负责人组成。（4）由公司领导班子成员、中层部门负责人、工会（职工）代表组成。岗位评价委员会主任一般由分配改革常务副组长担任。

岗位评价委员会的职责是：（1）制定、讨论、通过岗位评价标准体系。（2）依据岗位评价标准体系，实施岗位评价。（3）讨论通过公司岗位等级序列表。（4）今后遇有组织机构调整和岗位设置的变化，要对岗位等级序列表进行维护和复评。

2. 编印岗位评价文件资料

包括岗位清单、部门职能说明书、岗位说明书、岗位评价标准体系、岗位评价记录表

（手工版、电子版评价软件）、部门及所属岗位评价信息交流资料。

3. 印发召开岗位评价会议的通知

应在会议召开之前，提前2~3周下发《关于召开岗位评价会议的通知》，通知内容包括会议时间、地点、参会人员、会议发言人员名单和顺序、准备部门及所属岗位评价信息交流资料的主要内容和发言时限、需要携带的办公用具和具体会议议程等。

（二）召开岗位评价会议，实施岗位评价基本流程

岗位评价会议按照下列顺序进行：

（1）岗位评价委员报到，发给岗位评价文件资料。

（2）岗位评价会议开始，由会议主持人宣布开会，公司领导做岗位评价会议动员。

（3）顾问（或岗位评价委员会主任）对岗位评价委员进行岗位评价专业培训，宣讲岗位评价体系。

（4）由各部门负责人代表本部门发言，交流部门及所属岗位信息。按照会议通知的发言顺序，由各部门负责人代表本部门介绍本部门及所属岗位的信息，并解答其他评价委员提出的询问或问题。

（5）典型岗位试评，达到岗位评价练兵的目的。程序是：首先，发给每位评价委员一张典型岗位评价试评记录表（8~10个典型岗位），要求对照岗位评价标准体系，依据岗位说明书、部门及所属岗位评价信息交流资料和日常积累的岗位信息，对典型岗位进行试评，并填写典型岗位评价试评记录表，时间50分钟。然后，口头或书面汇总交流岗位试评信息。最后，由顾问（或岗位评价委员会主任）对试评结果评析，进一步提出实施岗位评价注意事项、评价方法和技巧。

（6）各评价委员独立实施岗位评价。时间要给足，平均每个岗位3~5分钟。应以子因素单位进行评价，突出每个子因素的横向比较。提倡使用电子版评价软件实施评价。

（7）各评价委员对自己的评价结果检查无误、包括排序结果满意后，提交书面评价记录表；使用电子版岗位评价的，就地打印，经本人签字后提交岗位评价办公室。

（8）岗位评价工作会议结束。

四、岗位评价数据处理与岗位等级划分

岗位评价会议结束之后，需要对岗位评价数据进行处理，并划岗归级。

（一）岗位评价数据处理工作程序

第一步：收集每位评价委员的评价数据。在岗位评价委员提交填写完的岗位评价记录表时，应先整体上检查评价数据的完整性，也就是检查有没有遗漏评价的因素和岗位。

第二步：录入、导入、汇总每位评价委员的岗位评价点数。

第三步：计算每个岗位的平均评价点数。做法是：根据评价委员的数量，决定去掉若干个最高点数、最低点数，计算其余岗位评价委员评价点数的算术平均数，即为本岗位评价点数。

第四步：岗位评价点数排序。根据评价点数的多少，按升值顺序对岗位进行排序。由低到高，即可依次观察到由最低点数到最高点数的岗位排序，即得到岗位的自然等级。自然等级可能有数十个或更多。同时可以计算出最高点数与最低点数的差值。

按照以上的步骤，可以很迅速地对评价结果进行数据处理。为有效地划分岗位等级提供数据依据。

（二）岗位等级划分

岗位等级的划分分为两种形式：一种为等差点数划分法；另一种根据实际评价的点数，采用差值点数划分法。

1. 等差点数划分法

第一步：确定划分岗位等级数目的点数幅度。点数幅度的确定步骤是先确定岗级数，再确定点数幅度。其公式是：

$$点数幅度 = \frac{最高点数 - 最低点数}{岗级数 - 1}$$

例如，某公司经过岗位评价，点数最少的岗位不足 100 点，并决定 100 点以下的岗位都归为最低岗位等级，点数最高的岗位 610 点，所有岗位划分 18 个等级。则：

$$点数幅度 = \frac{610 - 100}{18 - 1} = 30$$

第二步：按照确定的点数幅度划岗归级。具体见表 11 - 13。

表 11 - 13　岗位等级划分点数幅度表

点数范围	岗位等级	点数范围	岗位等级
100 及以下	1	341～370	10
101～130	2	371～400	11
131～160	3	401～430	12
161～190	4	431～460	13
191～220	5	461～490	14
221～250	6	491～520	15
251～280	7	521～550	16
281～310	8	551～580	17
311～340	9	581～610	18

2. 差值点数划分法

差值点数划分法是在等差序列的基础上，演变出来的一种在实际操作中常会应用的岗位等级划分方法，它划分岗位等级的点数幅度不同。低等级之间，点数幅度小，如 30 个点一个等级；高等级之间，点数幅度大，如 35 个点或 40 个点、45 个点一级。或者低等级之间，点数幅度大，如 40 个点一个等级；高等级之间，点数幅度小，如 35 个点或 30 个点一个等级。

以上两种划分岗位等级的方法，在实际操作中会同时使用，并将两种方法划分的不同结果放在一起比较，最终选择更符合实际的岗位划分来确定岗位等级表。

（三）岗位等级表的调整和确定

岗位等级表（初评结果）出来以后，有两种情况需要调整：一是由于评价委员对所评价的岗位信息出现盲点，而造成的有的岗位等级明显偏高或明显偏低的情况；二是处于临界点的岗位，是归入上一等级还是归入下一等级？

岗位等级的调整有两种方法。

1. 直接进行岗位复评

将岗位等级表（初评结果）直接提交岗位评价委员进行复评；将复评结果汇总并再次提交岗位评价委员会讨论、调整；最后，由岗位评价委员会讨论通过岗位等级表。

2. 以部门为单位向各部门负责人征求意见

按照岗位等级表（初评结果），将所有岗位以部门为单位进行整理打印，形成"××部门内部岗位排序征求意见表"，向本部门负责人征求意见。

最后，将岗位复评的结果及征求意见的结果，提交单位薪酬改革领导小组或经理办公会讨论，并最终确定"岗位等级表"。"岗位等级表"的确定标志着岗位等级结构及岗位相对价值的确定，岗位评价至此结束。

复习思考题

1. 思考题

（1）什么是工作评价？工作评价的核心和目标是什么？

（2）什么是排列法？排列法的三个基本步骤是什么？

（3）在排列法中，排列工作等级顺序有哪两种方法？

（4）什么是分类法？分类法工作评价的步骤是什么？

（5）实施计点法设计岗位评价标准体系的五个步骤是什么？

（6）国际劳工组织认为，必须明确一个原则，即不管在任何情况下，任何工人都不能因为实行工作评价而使其工资减少。你如何评价这个提法？

2. 实训题

（1）某单位岗位评价要素分为决策、知识、解决问题、创造性四个要素，重要程度依次占100％、85％、60％、50％，请按照计算法的要求，将总点数1 000点分配给每个要素，并填入下表中。

计算法确定评价要素配点

评价要素	重要程度	转化过程	权重	点数
决策				
知识				
解决问题				
创造性				
合计	295％	1.000 0	100％	1 000

（2）某岗位评价要素分为劳动复杂程度、劳动责任、劳动强度、劳动环境四个要素，

权重分别是 45％、35％、15％、5％，请按照计算法的要求，将总点数 500 点分配给每个要素，并填入下表中。

计算法确定评价要素配点

评价要素	权重	点数
劳动复杂程度		
劳动责任		
劳动强度		
劳动环境		
合计	100％	500

（3）按照等差点数分配法，将每个子因素配点分配到每个等级中，填入下表。

评价子因素配点

评价子因素	一级	二级	三级	四级	五级	六级
经济效益责任						120
质量管理责任						40
安全生产责任					40	—
企业文化建设责任					40	—
指导监督、协调沟通责任						60

（4）在下表空白处填入正确的数据。

岗位评价要素、因素及因素分级、配点表

要素	配点	权重	因素	一级	二级	三级	四级	五级	六级
劳动复杂程度		45％	1. 学历				100	—	—
			2. 经验						120
			3-1. 专业技术水平					90	—
			3-2. 技能水平					90	—
			4. 岗位空缺替代难度					70	—
			5. 创造性					70	—
劳动责任		30％	6. 经济效益责任						120
			7. 质量管理责任						40
			8. 安全生产责任					40	—
			9. 企业文化建设责任					40	—
			10. 指导监督、协调沟通责任						60
劳动强度		20％	11. 脑力强度					70	—
			12. 体力强度					60	—
			13. 心理压力					60	—
			14. 工作时间特征			10	—	—	—
劳动环境		5％	15. 工作环境					30	—
			16. 危险性					20	—
合计	1 000	100％							

（5）在下表空白处填入正确的数据。

某公司岗位评价要素、因素分级配点表

要素	配点	权重	因素	一级副 0.5	一级 1	二级副 1.5	二级 2	三级副 2.5	三级 3	四级副 3.5	四级 4	五级副 4.5	五级 5
劳动复杂程度		39%	1. 学历								80	—	—
			2. 经验										110
			3-1. 专业技术水平										90
			3-2. 技能水平										90
			4. 创造性										60
			5. 岗位空缺替代难度										50
劳动责任		36%	6. 经济效益责任										100
			7. 服务责任										80
			8. 安全生产责任										70
			9. 精神文明建设责任								60	—	
			10. 指导监督、协调沟通责任										50
劳动强度		20%	11. 脑力强度										60
			12. 体力强度								40	—	
			13. 工作负荷率										50
			14. 心理压力										50
劳动环境		5%	15. 工作场所										25
			16. 危险性										25
合计	1 000	100%	—	—	—	—	—	—	—	—	—	—	—

在线练习

附录 11-1

DLWZ 公司岗位评价标准体系

简要说明

一、岗位评价的核心是划分岗位级别，其目标是建立合理的薪酬结构

岗位评价是对不同岗位的工作进行研究和分级的方法。岗位评价关心的是岗位的分

级，而不去注意谁去做这项工作或谁在做这项工作。

岗位评价作为一种解决薪酬分配问题的公正方法，是确定合理薪酬结构的基础。岗位评价的核心，是给各种不同的工作确定级别。岗位评价的目标是按照内部一致性的原则，建立合理的薪酬等级结构，以实现组织内部的分配平等，即同工同酬、高岗高酬、低岗低酬。

二、岗位评价的实质，是把生产不同使用价值的产品或服务的具体劳动，还原为抽象劳动，进而使各种具体劳动之间可以相互比较，以确定各个岗位在组织中的相对地位和相对价值

岗位评价提供了这样一种技术，它把生产不同使用价值的产品或提供不同具体服务的各种不同形式的、不可以拿来直接相互比较的具体劳动，通过还原为抽象劳动，使它们可以相互比较。具体办法是把各种劳动统一分解为劳动的四个基本要素，再把四个基本要素分解为若干子因素，之后用统一的衡量标准，对各个子因素分级、配点。最后，用事先确定的衡量标准评定每一岗位子因素的级数，并得出相应的点数，再把每个岗位所有的子因素的评定点数加总，得出每一岗位的总点数。

当所有岗位的评价点数得出以后，就可以根据每一岗位点数的多少划分岗位等级，从而确定出每一岗位在一个组织中的相对地位和相对价值。

三、计点法是岗位评价诸方法中科学性最高的一种方法

岗位评价可以采取不同的方法。目前，岗位评价有四种方法可以采用：排列法、分类法、要素比较法和要素分级计点法，其中，要素分级计点法是数量化的评价方法，在诸多评价方法中，是公认的科学性、可靠性最高的一种方法。

四、"DLWZ 公司岗位评价标准体系"的框架

DLWZ公司岗位评价标准体系把岗位劳动对人的要求划分为四大要素，在四大要素的基础上，又进一步分解为 16 个子因素，每个子因素再细分为 4～5 个等级，并分别给予定义和配点。

岗位评价要素、因素、因素分级、分级定义及配点

一、劳动复杂程度

1. 学历

本因素衡量岗位任职人员顺利履行工作职责应具有的最低学历。最低学历应在从事本岗位工作之前通过学历教育获得，在从事本岗位工作后所获得的学业水平除外。因素分级、分级定义及配点如下表所示。

分级	分级定义	副点	点数
一级	初中及以下	10	20
二级	高中（职业高中、中专、技校）	30	40
三级	大学专科	50	60
四级	大学本科	70	80

注：在本因素评价中，如认为某岗位处于两个等级之间，可按副点给予点数。

2. 经验

本因素衡量岗位任职人员在具备岗位任职的基本要求、可以上岗从事本岗位工作，到掌握工作的技巧而完全胜任本岗位工作之间，一般所需要经历的最低实际工作时间。

对于高等级岗位，是指从事担任本岗位之前应经历的实际工作时间，即经历阶梯岗位一般所必需的累计最低工作时间。因素分级、分级定义及配点如下表所示。

分级	分级定义	副点	点数
一级	1 年以下	11	22
二级	1 年～2 年	33	44
三级	3 年～4 年	55	66
四级	5 年～6 年	77	88
五级	7 年及以上	99	110

注：在本因素评价中，如果认为某岗位达到区间上限或接近区间上限，则打正点；如认为处于区间之间或接近区间下限，则打副点。下同。

3－1. 专业技术水平（管理、技术岗位）

本因素衡量岗位对任职人员在生产经营管理、技术管理及相关业务活动方面的能力要求和业务水平要求。因素分级、分级定义及配点如下表所示。

分级	分级定义	副点	点数
一级	了解工作内容，照章办事，完成例行的、重复性工作，具有一般的辅助性工作能力。 专业技术水平要求：无。	9	18
二级	了解和初步掌握本专业工作内容及本专业有关政策规定，具有简单的分析判断能力，能完成一般性技术或管理工作。 专业技术水平要求：员级。	27	36
三级	熟悉本专业工作内容和政策规定，有一定分析判断能力，能够独立解决处理本专业范围内的问题，能独立承担本专业中一般专业技术工作，能完成一般性的工作总结、报告。 专业技术水平要求：助理级。	45	54
四级	熟练掌握本专业工作内容和政策规定，具有一定的综合分析和独立判断及解决本专业、本部门较为复杂问题的能力，有一定的工作经验和开拓能力，能独立承担本部门或本专业较复杂的专业技术工作及经营管理工作，能撰写一定水平的总结、报告。 专业技术水平要求：中级。	63	72
五级	有较高的业务水平和综合、独立判断和解决处理多专业和多部门复杂问题的能力，有较丰富的工作经验，具有较强的开拓能力，能独立主持或组织本部门、本专业内重大经营管理项目，能撰写较高水平的总结、报告。 专业技术水平要求：高级。	81	90

3－2. 技能水平（生产岗位）

本因素衡量生产岗位任职人员在从事本岗位生产、服务工作中，任职人员应达到的技能要求。因素分级、分级定义及配点如下表所示。

分级	分级定义	副点	点数
一级	能使用较为简单的工具，从事基本是纯体力的劳动。 技能水平要求：初级工及以下。	8	16
二级	能使用一般工具，从事某种精度的劳动或一般性加工。 技能水平要求：中级工。	24	32
三级	在日常工作中能使用大多数的工具，并能应用普通量规进行精度较高的劳动或精度较高的加工，能够处理一般性技术难题。 技能水平要求：高级工。	40	48
四级	能使用工具从事高技术的劳动，能够处理非常规的技术难题。 技能水平要求：技师。	56	64
五级	具有本专业（工种）系统的技术理论知识，以及高超、精湛的技艺和综合操作技能。 技能水平要求：高级技师。	72	80

4. 创造性

本因素衡量岗位任职人员在运用新知识、新方法、新技术改进工作需要等方面所要求的创造程度。因素分级、分级定义及配点如下表所示。

分级	分级定义	副点	点数
一级	简单常规性工作，几乎不需要创造和改进。	6	12
二级	常规性工作，按照若干具体规程行事，需要较低的创造性。	18	24
三级	较常规性工作，基于本专业现有的经验和技术，需要对工作过程中具体的程序、方法进行调整和改进，要求具有中等水平的创造性。	30	36
四级	非常规性工作，需要解决各种复杂的问题，需要基于跨专业的先进经验，创造新方法和新技术，要求具有较高水平的创造性。	42	48
五级	开拓性工作，需要解决某一领域的重大课题，基本没有可借鉴的经验，需要进行科学性的新发明，要求具有高水平的创造性。	54	60

5. 岗位空缺替代难度

本因素衡量岗位出现人员空缺以后，在公司内部或外部寻找合适人员填补岗位空缺的难易程度、成本高低及时间长短。因素分级、分级定义及配点如下表所示。

分级	分级定义	副点	点数
一级	市场供给过剩，岗位出现空缺后，在公司内部或外部市场寻找替代人员很容易，几乎不需要成本和时间。	5	10

续表

分级	分级定义	副点	点数
二级	市场供给基本过剩，岗位出现空缺后，在公司内部或外部市场寻找替代人员容易，只需较小成本和较短的时间。	15	20
三级	市场供求基本平衡。岗位出现空缺后，在公司内部或外部市场寻找或培养替代人员较困难，需要付出一定的成本。	25	30
四级	市场紧缺，岗位出现空缺后，在公司内部或外部市场寻找或培养替代人员困难，需要付出较高的成本。	35	40
五级	市场稀缺，岗位出现空缺后，在公司内部或外部市场寻找或培养替代人员非常困难，需要付出很高的成本。	45	50

二、劳动责任

6. 经济效益责任

本因素衡量岗位任职人员圆满地完成本职工作，在实现公司经济效益目标过程中贡献的大小；或者岗位任职人员工作发生失误，对本公司收入、利润等经济效益指标造成的直接和间接损失的大小。因素分级、分级定义及配点如下表所示。

分级	分级定义	副点	点数
一级	工作失误对本部门工作影响很小，对本公司经济效益的损失影响几乎没有。	10	20
二级	工作失误仅对本部门的工作有所影响，但对本公司经济效益的损失影响很小；或者圆满地完成本职工作，对实现公司经济效益目标的贡献很小。	30	40
三级	工作失误对本部门或其他部门的相关工作有影响，但对本公司经济效益的损失影响较小；或者圆满地完成本职工作，对实现公司经济效益的目标贡献较小。	50	60
四级	工作失误对公司内某些部门活动的主要行为有影响，但对本公司经济效益的损失影响一般；或者圆满地完成本职工作，对实现公司经济效益的目标贡献一般。	70	80
五级	工作失误对公司内大多数部门的重要行为有影响，并对本公司经济效益的损失影响较大；或者圆满地完成本职工作，对实现公司经济效益的目标贡献较大。	90	100

7. 服务责任

本因素衡量岗位任职人员落实"服务是生产力""诚信服务、优质服务是物资公司生命线"的精神，对提升公司服务质量、提高客户（供应商、厂家、内部）服务满意度、保障内部和外部工作正常的、和谐的、顺畅的运行所应担负的责任的大小。因素分级、分级定义及配点如下表所示。

分级	分级定义	副点	点数
一级	负有很小的责任。	8	16
二级	负有较小的责任。	24	32
三级	负有一定的责任。	40	48
四级	负有较大的责任。	56	64
五级	负有重大的责任。	72	80

8. 安全生产责任

本因素衡量岗位任职人员对实现安全生产目标的影响大小，以及在落实公司安全生产方针上所负责任的大小。因素分级、分级定义及配点如下表所示。

分级	分级定义	副点	点数
一级	岗位任职人员与落实公司安全生产目标几乎无关。	7	14
二级	岗位任职人员对落实公司安全生产目标负有较小责任。	21	28
三级	岗位任职人员对落实公司安全生产目标负有一定的、直接或间接的管理责任。	35	42
四级	岗位任职人员对落实公司安全生产目标负有直接管理责任，对落实公司安全生产方针负有较大的责任。	49	56
五级	岗位任职人员对落实公司安全生产目标负有直接的重大责任。	63	70

9. 精神文明建设责任

本因素衡量岗位任职人员在企业形象宣传、党风廉政建设、员工思想政治教育、企业文化建设及公司内部稳定等方面所应承担的责任。因素分级、分级定义及配点如下表所示。

分级	分级定义	副点	点数
一级	岗位要求对公司精神文明建设、党风廉政建设与公司内部稳定等承担较小责任。	7	15
二级	岗位要求对公司精神文明建设、党风廉政建设与公司内部稳定等承担一定责任。	22	30
三级	岗位要求对公司精神文明建设、党风廉政建设与公司内部稳定等承担较大的责任。	37	45
四级	岗位要求对公司精神文明建设、党风廉政建设与公司内部稳定等承担重大的责任。	52	60

10. 指导监督、协调沟通责任

本因素衡量岗位任职人员在正常权限范围内，对工作进行指导、监督和帮助的责任。其责任的大小，根据所监督、指导人员的范围、层次和数量进行判断；或者为了保证公司赋予本岗位所承担职责的完成，需要在公司内部和外部协调沟通的层次、范围、难度的大小和频度。因素分级、分级定义及配点如下表所示。

分级	分级定义	副点	点数
一级	在别人指导监督下工作，基本上只对本人工作负责。	5	10
二级	担任班组长或相当岗位。 仅与本部门、本班组人员进行工作的协调沟通，偶尔与其他部门进行一些个人协调，协调沟通不利，基本不会影响双方正常工作。	15	20
三级	担任部门科长或相当岗位。 工作内容涉及面较宽，需要与本部门和公司其他部门的工作人员经常协调沟通。	25	30
四级	担任部门副职或相当岗位。 工作内容涉及面宽，与公司内外多个部门有工作协调、沟通的必要。	35	40
五级	担任部门正职或相当岗位。 工作内容涉及面广泛，管理业务复杂且具有多样性，难度大，与公司内多个部门及社会单位频繁协调、沟通。	45	50

三、劳动强度

11. 脑力强度

本因素指工作时所需要的脑力，即在进行本岗位工作时需要的思考深度、广度和强度。因素分级、分级定义及配点如下表所示。

分级	分级定义	副点	点数
一级	需要较低的脑力：在从事本岗位工作时，工作节奏可以自由调节和掌握，需要较少的脑力。	6	12
二级	需要初等强度的脑力：在从事本岗位工作时需要集中脑力。	18	24
三级	需要中等强度的脑力：在从事本岗位工作时需要经常保持思想集中和运用脑力。	30	36
四级	需要较高强度的脑力：在从事本岗位工作时，需要持续地保持思想集中和使用脑力。	42	48
五级	需要高强度的脑力：在从事本岗位工作时，需要高强度的脑力思考，并具有深远性和战略性。	54	60

12. 体力强度

本因素衡量工作中所需要的体力强度，强度大小的衡量以固定坐姿、站立或其他非自由姿势时间的比率，体力搬运物件的重量、工作用力、负重的重量和频率等因素综合确定。因素分级、分级定义及配点如下表所示。

分级	分级定义	副点	点数
一级	较轻强度的体力支出。	5	10
二级	中等以下强度的体力支出。	15	20
三级	中等强度的体力支出。	25	30
四级	中等以上强度的体力支出。	35	40

13. 工作负荷率

本因素衡量岗位任职人员，在完成本岗位工作的日常确定性工作和非确定性工作所需要的纯劳动时间占制度工作时间的比率。因素分级、分级定义及配点如下表所示。

分级	分级定义	副点	点数
一级	工作负荷率较低，即每天一般纯劳动时间在4小时以下。	5	10
二级	工作负荷率一般，即每天一般纯劳动时间为4小时~6小时，可以准时下班。	15	20
三级	工作负荷率基本满负荷，纯劳动时间为6小时~7小时，基本可以准时下班。	25	30
四级	工作满负荷，纯劳动时间达7个小时以上，难以保证准时下班。	35	40
五级	工作超负荷，经常需要加班加点。	45	50

14. 心理压力

本因素衡量在完成本岗位所承担的任务时，由于工作范围、工作节奏、责任大小、风险程度和不可预见性等方面的综合因素对岗位任职人员所造成的精神紧张程度。因素分级、分级定义及配点如下表所示。

分级	分级定义	副点	点数
一级	几乎无心理压力：工作单一、轻松，工作时几乎不被打断或干扰，不需要或很少做出决定，工作常规化。	5	10
二级	较小的心理压力：工作较为轻松，手头工作偶尔被打断，很少做决定，工作节奏有一定要求。	15	20
三级	中等程度的心理压力：工作有较快节奏的要求，手头工作有时被打断，并需要做出一些决定，需要处理一些应急性的事宜。	25	30
四级	较大的心理压力：工作任务多样化，较为繁重、紧迫，手头工作经常被打断，经常要求迅速做出决定。	35	40
五级	很大的心理压力：工作任务多样化、繁杂，很繁重、很紧张，经常要求迅速作出决定，甚至在工作时间之外才能考虑某些更深入的问题。	45	50

四、劳动环境

15. 工作场所

本因素衡量履行岗位职责是否需要到生产、建设现场以及接触不良环境的频度。因素分级、分级定义及配点如下表所示。

分级	分级定义	副点	点数
一级	几乎不需要到生产、建设现场，接触不良环境的机会极少。	2	5
二级	偶尔到生产、建设现场，接触不良环境的机会较少。	7	10
三级	有时到生产、建设现场，有一定接触不良环境的机会。	12	15
四级	经常到生产、建设现场，接触不良环境的机会较多。	17	20
五级	住勤在外埠生产、建设现场，生产建设环境很差，经常接触不良环境。	22	25

16. 危险性

本因素指岗位任职人员在工作中可能出现的涉及自身的工伤事故及其轻重程度。因素分级、分级定义及配点如下表所示。

分级	分级定义	副点	点数
一级	工作中工伤事故发生可能性较低。	2	5
二级	工作中偶尔会发生轻微的皮外伤事故。	7	10
三级	工作中可能发生工伤停工事故，因而必须遵守安全操作规程。	12	15
四级	工作中必须高度注意，防止较为严重的伤残事故。	17	20
五级	工作中必须极大地注意，严格遵守操作要求，严防重大伤亡事故发生。	22	25

附录 11-2

DLWZ公司岗位评价记录表（摘录）

序号	所属部门	岗位名称	岗位编码	级点数	岗位评价因素 1 学历	2 经验	3-1 专业技术水平	3-2 技能水平	4 创造性	5 岗位空缺替代难度	6 经济效益责任	7 服务责任	8 安全生产责任	9 精神文明建设责任	10 指导监督协调沟通责任	11 脑力强度	12 体力强度	13 工作负荷率	14 心理压力	15 工作场所	16 危险性	评价点数合计
1	经理办公室	经理办公室主任	0201	级数																		—
				点数																		
5	经理办公室	档案管理初级岗	0205	级数																		—
				点数																		
10	政治工作办公室	党务管理中级岗	0302	级数																		—
				点数																		
34	招标处	招标处处长	0901	级数																		—
				点数																		
50	采购处	采购处处长	1002	级数																		—
				点数																		
66	采购二处	采购二处副处长	1102	级数																		—
				点数																		
76	仓储配送中心	库工	1207	级数																		—
				点数																		
83	行政处	司机	1304	级数																		—
				点数																		
88	行政处	物业服务组组长	1309	级数																		—
				点数																		

附录 11-3

××公司岗位评价点数汇总表（摘录）

序号	所属部门	岗位名称	岗位代码	评委一	评委二	评委三	评委四	评委五	评委六	评委七	评委八	评委九	评委十	评委十一	评价点数之和	平均点数
34	生产部	生产部保洁员	SCB-22	145	161.5	215.5	220	216.5	231.5	240	220.5	220.5	217.5	220.5	2 309	214
50	综合办公室	服务员	ZHB-06	154	151.5	229	221	219	219	276	276	250	176.5	250	2 422	222
54	综合办公室	厨工	ZHB-10	261	194	259	270	275	275	309	309	304	239.5	304	3 000	277
55	综合办公室	绿化养护工	ZHB-11	276	181.5	289	254	303	275	300	333	308	282	308	3 110	288
26	生产部	磅员	SCB-14	254	241	325	292	322	332	300	300	277	258	277	3 178	289
30	生产部	打包工	SCB-18	315	325	379	267	357	352	281	289	275	245	275	3 360	304
39	技术部	试验工	JSB-05	300	285	340	311	331	331	330	292	321	283	321	3 445	314
51	综合办公室	食堂采购员	ZHB-07	296	239	334	295	325	325	350	350	340	250	340	3 444	317
27	生产部	生产工	SCB-15	324	275.5	339	321	359	339	339	339	331	286	331	3 584	328
33	生产部	库管员	SCB-21	266	301	438.5	322	435.5	410.5	344.5	334.5	324.5	286.5	324.5	3 788	343
52	综合办公室	厨师	ZHB-08	337	296	324	335	350	350	374	374	374	307	374	3 795	347
44	安保部	公务车司机	ABB-02	295	345	379	352	395.5	395.5	352	352	366	282	366	3 880	356
10	营销部	调度员	YXB-06	339	381	429	327	384	464	341.5	323.5	346.5	295	341.5	3 972	357
29	生产部	铲车操作工	SCB-17	378	357	385.5	326	442	412	338.5	331	349.5	315	349.5	3 984	359
28	生产部	叉车操作工	SCB-16	388	367	385.5	326	468.5	420.5	333.5	326	349.5	317	349.5	4 031	361
11	营销部	核算管理员	YXB-07	331	350	424	345	379	459	359	340	369	285	364	4 005	362
24	生产部	生产部司机	SCB-12	351	345	398.5	352	400.5	395.5	352	347	368	266.5	368	3 944	364
25	生产部	司炉工	SCB-13	336	359	434	348	435.5	439	356	356	370	326.5	370	4 130	374
7	营销部	统计员	YXB-03	366	340	429	389	354	344	430	379.5	399	399	379	4 209	382

注：表中"平均点数"为去掉一个最高点数、一个最低点数后，其余九个评价委员评价点数的算术平均数。

附录 11－4

某供电公司岗位评价初评结果与复评表（摘录）

序号	岗位等级	点数幅度	所属部门	岗位名称	岗位代码	平均点数	生产技术处	安全监察处	工程建设处	调度室	市场营销处	线路工区	变电工区	配电工区	客户服务中心	计量工区	营业站	拟调岗位等级	说明
30	四级	421点~455点	营业站	电费收费(售电)岗	1710	438											电费收费(售电)岗		
31	四级	421点~455点	客户服务中心	社区服务所卡表抢修岗	1511	450									社区服务所卡表抢修岗				
37	五级	456点~490点	变电工区	直流电测班维修工岗	1321	464							直流电测班维修工岗						
43	五级	456点~490点	配电工区	箱变班运行岗	1408	473								箱变班运行岗					
57	六级	491点~525点	线路工区	电缆线路工岗(35kV)	1217	496						电缆线路工岗(35kV)							
73	七级	526点~560点	市场营销处	用电检查及负荷岗	1006	536					用电检查及负荷岗								
82	八级	561点~595点	计量工区	修理试验班班长	1605	563										修理试验班班长			
89	八级	561点~595点	工程建设处	工程建设管理岗	0802	569			工程建设管理岗										
90	八级	561点~595点	营业站	电费核算班班长	1704	575											电费核算班班长		

第十二章

工资结构与工资标准测算

本章思维导图

通过本章的学习，你应该能够：

▶ **知识目标**

1. 了解工资测算的一般流程；

2. 了解数学测算法、薪酬调查法测算岗位工资中线的具体流程。

▶ **技能目标**

1. 应用数学测算法、薪酬调查法，确定岗位工资中线；

2. 设计薪酬浮动幅度和工资带；

3. 设计一岗多薪工资标准；

4. 设计工资标准档次纳入办法；

5. 设计建立工资标准与工资结构的正常调整机制。

▶ **素养目标**

1. 将工资标准即工资价位的测算，作为理顺本单位工资分配关系的核心工作完成；

2. 将工资标准表提交职工代表大会或全体职工征求意见，充分体现工资分配的民主参与和民主决策。

引例及分析

　　大连某化学产业集团公司大连制造基地年产塑钢建材 42 万吨，2017 年又投资浙江嘉兴制造基地，并计划于 2020 年投产，投产后将年产塑钢 32 万吨。2017 年 6 月总裁要求，人力资源部必须在投产 4 个月之前将人员招聘到位，以进行岗前培训。

　　摆在人力资源部面前紧迫的问题是，拿多少钱招聘人员；人员到位之后，按照什么工资标准支付工资。鉴于人手紧张，又缺乏经验，人力资源部决定聘请一家薪酬咨询机构，作为一个项目来完成。

受聘的薪酬咨询机构与人力资源部商定并采取的做法是：

第一阶段，进行薪酬调查前的准备工作。包括编制岗位说明书，确定需要招聘的岗位和编制劳动力市场价位调查表（岗位名称、职责概述、人员招聘条件、建议价位）。

第二阶段，赴浙江实地进行工资价位的调查。深入嘉兴地区多家企业进行价位调查，就调查岗位逐一斟酌后建议工资价位。同时，根据调查岗位还就上海、杭州、宁波的劳动力市场价位有针对性地进行调查。

第三阶段，调查数据的整理分析，结合调查岗位评定的岗位等级，确定每一岗位等级的中点工资标准。

············

上述案例引发了我们对工资测算的思考。其实，工资测算是一个十分复杂的过程，往往需要同时采用多种方法，才能制定出一个相对满意的工资标准表。本章我们就将系统地了解工资测算方面的方法和技能。

工资测算的一般流程

工资测算，是在岗位等级表形成之后，在工资存量统计调查、市场薪酬调查的基础上，确定工资水平、调整工资组成和工资标准的过程。其成果表现为工资方案中的工资组成项目和工资标准表。

工资测算的一般程序如下所述。

一、工资存量统计调查

工资存量统计调查的做法是，在岗位等级表形成之后，将列入工资改革范围的员工，根据每人任职的实际工作岗位，分别放进各个岗位等级。之后，将改革之前能够说明工资存量实际发生的月工资支付表、奖金支付表等进行统计调查。

统计调查的重点是工资总额存量；岗位等级之间形成的工资水平及差距；同一岗位等级内部不同员工之间的差距。

以某发电公司为例，对该公司统计调查的 2005 年工资总额存量、各等级员工年总收入见表 12－1 和表 12－2。

表 12 - 1　某发电公司工资存量统计表

一、月初工资	年总额（元）	年平均（元）	月平均（元）	占月初工资	占总收入
1. 技能工资	3 245 100	3 210	267	19.80%	7.48%
2. 岗位工资	8 142 370	8 054	671	49.69%	18.78%
3. 岗差工资	1 811 295	1 792	149	11.05%	4.18%
4. 副贴	291 331	288	24	1.78%	0.67%
5. 内浮工资	282 735	280	23	1.73%	0.65%
6. 工龄工资	776 927	768	64	4.74%	1.79%
7. 能源补贴	181 425	179	15	1.11%	0.42%
8. 书报费	197 054	195	16	1.20%	0.46%
9. 洗理费	226 590	224	19	1.38%	0.52%
10. 交通费	120 950	120	10	0.74%	0.28%
11. 误餐费	1 088 550	1 077	90	6.64%	2.51%
12. 补发	3 525	3	0	0.02%	0.01%
13. 其他	18 889	19	2	0.12%	0.04%
月初工资小计	16 386 741	16 209	1 350	100.00%	37.79%
二、月末工资					
1. 奖金、津贴	10 782 808	10 665	889	—	24.86%
2. 一次性奖金	15 426 832	15 259	1 272	—	35.57%
3. 奖福	64 686	64	5	—	0.15%
4. 月末其他	705 090	697	58	—	1.63%
月末工资小计	26 979 416	26 685	2 224	—	62.21%
总收入合计	43 366 157	42 894	3 574	—	100.00%

表 12 - 2　2005 年各等级员工年总收入统计表　　　　　　　　单位：元

岗级	人数	平均总收入	工资系数	最高工资	最低工资	最高最低差	幅度
1	35	31 834	1.00	39 822	20 437	19 385	95%
2	20	34 885	1.10	51 343	27 672	23 671	86%
3	86	34 966	1.10	48 054	27 972	20 082	72%
4	67	37 172	1.17	48 347	29 620	18 728	63%
5	324	37 077	1.16	59 384	17 866	41 518	232%
6	158	38 208	1.20	62 766	18 779	43 988	234%
7	93	45 161	1.42	70 045	18 300	51 745	283%
8	35	49 538	1.56	71 970	33 451	38 519	115%

续表

岗级	人数	平均总收入	工资系数	最高工资	最低工资	最高最低差	幅度
9	115	49 327	1.55	79 922	25 296	54 626	216％
10	36	70 969	2.23	132 470	41 572	90 899	219％
11	20	78 763	2.47	94 175	60 208	33 967	56％
12	11	93 076	2.92	122 103	56 458	65 645	116％
13	9	109 337	3.43	132 467	85 866	46 601	54％
14	2	131 211	4.12	132 464	129 959	2 506	2％
合计	1 011	42 894	—	—	—	—	—

注：每等级工资幅度＝最高最低差÷最低工资×100％。

二、初步确定工资改革投入的工资总量

以表 12-1 中的某发电公司为例，工资总额投入量由两部分组成：一是 2005 年的工资存量为 4 336.615 7 万元；二是 2006 年工资总额增量为 10％，即工资增量为 433.661 57 万元。

存量和增量合计，本次工资改革，投入工资总额为 4 770.277 27 万元，年人均工资 4.718 4 万元，月人均工资 3 932 元。

三、确定岗位工资中线标准

确定工资水平或工资中线的办法很多，如数学测算法、存量推定法、薪酬调查法等。还可以把几种方法结合起来使用。

接上例，某发电公司，根据本次工资改革的目标，在年薪水平调查的基础上，确定 2006 年最高工资为最低工资的 5.56 倍，即最低岗级员工年薪中线确定为 2.7 万元，最高岗级年薪中线为 15 万元，见表 12-3。

微课：确定岗位工资中线标准示例

表 12-3　2006 年各岗级拟订年薪标准表

岗位等级	代表性岗位	岗级人数	原平均年薪	原年薪系数	拟订年薪（元）			
					年薪级差	拟订年薪标准	月薪标准	年薪系数
一	收发传达、体育馆管理组长	22	29 222	1.00	—	27 000	2 250	1.00
二	商务安全员、煤制样工	22	35 224	1.21	2 000	29 000	2 417	1.07
三	出纳、扳道员、内退干事	18	34 932	1.20	2 000	31 000	2 583	1.15
四	综合班长、燃油站长	146	36 047	1.23	6 000	37 000	3 083	1.37
五	软件工程师、接待秘书、薪酬统计（工资）	321	36 995	1.27	3 000	40 000	3 333	1.48

续表

岗位等级	代表性岗位	岗级人数	原平均年薪	原年薪系数	拟订年薪（元）			
					年薪级差	拟订年薪标准	月薪标准	年薪系数
六	审计岗、值班员、保卫班长	161	38 351	1.31	2 000	42 000	3 500	1.56
七	化学运行班长、轨道班长、车务班长、输煤专工	97	44 995	1.54	5 000	47 000	3 917	1.74
八	法律事务、成本管理、教育培训	31	50 622	1.73	8 000	55 000	4 583	2.04
九	安全监督工程师、机长、副单元长、控制员	115	49 327	1.69	8 000	63 000	5 250	2.33
十	综合副主任、主任工程师、电力市场营销主管、电气运行管理工程师	36	70 969	2.43	17 000	80 000	6 667	2.96
十一	运行值长、输煤副主任	20	78 763	2.70	10 000	90 000	7 500	3.33
十二	综合主任、运行管理主任工程师	11	93 076	3.19	10 000	100 000	8 333	3.70
十三	商务主任、运行管理副主任、生产副主任	9	109 337	3.74	20 000	120 000	10 000	4.44
十四	安全生产部主任、副总工程师	2	131 211	4.49	30 000	150 000	12 500	5.56
合计		1 011	42 894	—	—	46 947	—	—

四、确定工资结构（工资组成）

对工资结构的概念，有四种理解和用法，包括工资差距、工资组成、收入构成项目各自所占的比例、新型薪酬结构。

（一）工资差距

如各工资等级之间的工资差距，最高工资与最低工资的差距。

（二）工资组成

对工资的组成也有多种解释和多种用法。从统计的角度，将工资总额分为六个组成部分；从工资支付依据的角度，可将工资分为能力工资和绩效工资；从是否固定支付的角度，分为固定支付的基本工资和浮动支付的绩效工资或计件工资。

1. 工资组成确定的主要依据同工作性质有关

（1）研发人员可以实行能力工资制，薪酬构成项目主要是能力工资。

（2）销售人员可以实行绩效工资制，薪酬构成项目主要是提成工资。

（3）产品工人的工资构成中主要是计件工资。

2. 薪酬浮动比例同岗位等级有关

（1）高级管理人员浮动工资比重大。

（2）企业执行层的员工（除了实行计件工资或提成工资的员工），浮动工资比重小。

（三）收入构成项目各自所占的比例

1. 工作性质不同，薪酬结构比例不同

（1）销售人员应重激励，浮动工资（或奖金）应占较大比重。

（2）有些职能管理部门的人员由于其劳动不直接影响企业的经济效益，所以应重保障，浮动工资（或奖金）占的比重要小一些。

2. 岗位等级不同，薪酬结构比例不同

（1）高级管理人员，浮动工资比重大。

（2）企业执行层的员工（除了实行计件工资或提成工资的员工），浮动工资比重小。

（四）新型薪酬结构（短期激励与长期激励相结合）

新型薪酬结构的特点是短期激励与长期激励相结合。为了更好地激励高级管理人员和技术骨干人员，在其薪酬结构中，除了有固定薪酬部分和当期激励薪酬外，还有股票期权、股票增值权、虚拟股票等长期激励的薪酬部分。一般情况是，高级管理人员的薪酬结构中长期激励部分比重大，而中级管理人员的薪酬结构中长期激励部分比重小，一般员工的长期激励部分比例更小。

企业不同人员的薪酬结构如图 12-1 所示。

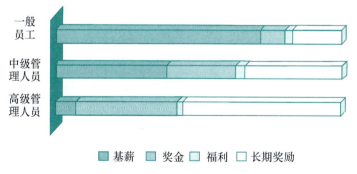

■ 基薪　□ 奖金　□ 福利　□ 长期奖励

图 12-1　不同人员的薪酬结构

接上例，该发电公司在初步确定理顺工资标准关系的基础上，确定了新的工资组成为：

第一单元，岗位基本工资。岗位等级由低到高，岗位基本工资占该岗位工资水平的40%～70%。

第二单元，岗位绩效工资。岗位等级由低到高，岗位绩效工资占该岗位工资水平的

30%～60%。

第一单元工资与第二单元工资占月薪的比例，见表12-4。

表12-4　岗位基本工资与岗位绩效工资占月薪比例

岗位等级	岗位基本工资占月薪（%）	岗位绩效工资占月薪（%）	合计（%）
1～3	70	30	100
4～6	65	35	100
7～8	60	40	100
9	55	45	100
10～13	45	55	100
14	40	60	100

第三单元，特殊工资。包括加班加点工资，技术专家、专业带头人、技术能手的津贴、保留工资。

第四单元，公司经理基金，也称经理年度工资调节基金。作为特殊贡献奖，公司经理基金用于奖励在生产、技术、经营管理创新和增收节支等方面做出重大贡献的公司员工；作为分配调节金，公司经理基金用于解决收入分配中的特殊问题。公司经理基金用作特殊贡献奖和分配调节金之后还有剩余的，可作为年终奖计发。

公司经理基金的额度，为当年工资总额（董事会批准的工资总额＋与利润挂钩的效益奖金）减去日常实际发生的岗位工资、绩效工资和特殊工资后的余额。

公司经理基金的额度及其占工资总额的比例是个变数，随公司发电量、利润以及年度工资总额内日常工资支付的数额等因素变动。

五、确定工资标准表

微课：确定工资标准表示例

接上例，某发电公司确定的岗位工资标准见表12-5。

表12-5　某发电公司岗位工资标准表　　　　　　　　　　　　单位：元

| 岗位等级 | 岗位工资档差 | 岗位工资标准档次 | | | | | | 绩效工资标准 | 月薪 | 年薪 |
		1	2	3	4	5	6			
一	80	1 495	1 575	1 655	1 735	1 815	1 895	675	2 250	27 000
二	85	1 605	1 690	1 775	1 860	1 945	2 030	725	2 415	28 980
三	90	1 720	1 810	1 900	1 990	2 080	2 170	775	2 585	31 020
四	100	1 905	2 005	2 105	2 205	2 305	2 405	1 080	3 085	37 020
五	110	2 055	2 165	2 275	2 385	2 495	2 605	1 165	3 330	39 960
六	115	2 160	2 275	2 390	2 505	2 620	2 735	1 225	3 500	42 000
七	120	2 230	2 350	2 470	2 590	2 710	2 830	1 565	3 915	46 980
八	140	2 610	2 750	2 890	3 030	3 170	3 310	1 835	4 585	55 020

续表

岗位等级	岗位工资档差	岗位工资标准档次						绩效工资标准	月薪	年薪
		1	2	3	4	5	6			
九	145	2 745	2 890	3 035	3 180	3 325	3 470	2 365	5 255	63 060
十	150	2 850	3 000	3 150	3 300	3 450	3 600	3 665	6 665	79 980
十一	170	3 205	3 375	3 545	3 715	3 885	4 055	4 125	7 500	90 000
十二	190	3 560	3 750	3 940	4 130	4 320	4 510	4 585	8 335	100 020
十三	225	4 275	4 500	4 725	4 950	5 175	5 400	5 500	10 000	120 000
十四	250	4 750	5 000	5 250	5 500	5 750	6 000	7 500	12 500	150 000

注：1. 月薪＝月岗位工资标准（二档）＋月绩效工资标准；
　　2. 年薪＝月薪×12，不含特殊工资和公司经理基金。

六、确定员工纳入新工资标准的办法

接上例，该发电公司工资纳入新工资标准的办法如下所述。

（一）纳入岗位工资等级的办法

所有人员首先按照现任岗位的所属岗位等级，直接进入与本岗位等级相对应的工资等级。

主持部门工作的中层副职人员，在进入与本岗位等级相对应的工资等级的基础上，高定一个工资等级。

（二）纳入岗位工资档次的办法

所有员工，以截止到2015年的本人专业技术资格或技术等级，按照表12-6所示的标准，纳入工资档次。

表 12-6　岗位工资档次纳入表

专业技术资格/技术等级	无专业技术资格/中级工及以下	高级工	中级师/技师	高级师/高级技师
纳入岗位工资档次	1	2	3	4

（三）纳入绩效工资的办法

所有员工按照任职的岗位等级，直接纳入"一岗一薪"的绩效工资标准。

七、员工纳入新工资标准后，检验新工资标准的可行性

接上例，该发电公司各岗级员工纳入新工资标准后的员工收入情况统计，见表12-7～

表12-11。根据纳入新工资标准后的统计结果，管理方认为，新工资标准是可行的，实现了改革的目标。

表12-7　员工纳入新岗位工资标准后员工月度岗位工资情况统计表　单位：元

岗级	人数	平均工资	工资系数	最高工资	最低工资	最高最低差	本岗级工资幅度
1	22	1 513	1.00	1 655	1 495	160	11%
2	22	1 659	1.10	1 775	1 605	170	11%
3	18	1 740	1.15	1 810	1 720	90	5%
4	146	1 924	1.27	2 105	1 905	200	10%
5	321	2 076	1.37	2 275	2 055	220	11%
6	161	2 215	1.46	2 505	2 160	345	16%
7	97	2 301	1.52	2 590	2 230	360	16%
8	31	2 741	1.81	2 890	2 610	280	11%
9	115	2 864	1.89	3 035	2 745	290	11%
10	36	3 092	2.04	3 300	2 850	450	16%
11	20	3 452	2.28	3 545	3 205	340	11%
12	11	3 871	2.56	4 130	3 560	570	16%
13	9	4 700	3.11	4 950	4 275	675	16%
14	2	5 000	3.30	5 250	4 750	500	11%
合计	1 011	2 293	—	—	—	—	—

表12-8　员工纳入新工资标准后员工月度工资情况统计表　单位：元

岗级	人数	平均工资	工资系数	最高工资	最低工资	最高最低差	本岗级工资幅度
1	22	2 188	1.00	2 330	2 170	160	7%
2	22	2 384	1.09	2 500	2 330	170	7%
3	18	2 515	1.15	2 585	2 495	90	4%
4	146	3 004	1.37	3 185	2 985	200	7%
5	321	3 241	1.48	3 440	3 220	220	7%
6	161	3 440	1.57	3 730	3 385	345	10%
7	97	3 866	1.77	4 155	3 795	360	9%
8	31	4 576	2.09	4 725	4 445	280	6%
9	115	5 229	2.39	5 400	5 110	290	6%
10	36	6 757	3.09	6 965	6 515	450	7%
11	20	7 577	3.46	7 670	7 330	340	5%
12	11	8 456	3.86	8 715	8 145	570	7%
13	9	10 200	4.66	10 450	9 775	675	7%
14	2	12 500	5.71	12 750	12 250	500	4%
合计	1 011	3 859	—	—	—	—	—

表 12 - 9　工资改革前后各等级员工平均年度收入增减情况　　　单位：元

岗级	人数	2005 年平均总收入	2006 年平均总收入	2006 年比 2005 年平均年收入增减	2006 年比 2005 年平均增减（％）
1	22	29 222	26 258	−2 964	−10％
2	22	35 224	28 609	−6 615	−19％
3	18	34 932	30 180	−4 752	−14％
4	146	36 047	36 050	3	0
5	321	36 995	38 895	1 900	5％
6	161	38 351	41 280	2 929	8％
7	97	44 995	46 386	1 391	3％
8	31	50 622	54 912	4 290	8％
9	115	49 327	62 742	13 415	27％
10	36	70 969	81 080	10 111	14％
11	20	78 763	90 918	12 155	15％
12	11	93 076	101 471	8 395	9％
13	9	109 337	122 400	13 063	12％
14	2	131 211	150 000	18 789	14％
合计	1 011	42 894	46 308	3 414	8％

表 12 - 10　工资改革前后各等级员工收入平均增资、减资情况

岗级	人数（人）	增资人数（人）	年平均增资（元）	月平均增资（元）	减资人数（人）	年平均减资（元）	月平均减资（元）
1	22	2	2 975	248	20	−3 558	−297
2	22	1	1 309	109	21	−6 992	−583
3	18	2	799	67	16	−5 446	−454
4	146	86	2 123	177	60	−3 035	−253
5	321	257	2 923	244	64	−2 208	−184
6	161	119	5 281	440	42	−3 733	−311
7	97	55	4 930	411	42	−3 243	−270
8	31	22	9 359	780	9	−8 102	−675
9	115	108	14 749	1 229	7	−7 172	−598
10	36	31	17 194	1 433	5	−33 807	−2 817
11	20	18	13 732	1 144	2	−2 037	−170
12	11	7	19 936	1 661	4	−11 802	−984
13	9	6	24 028	2 002	3	−8 866	−739
14	2	2	18 789	1 566	0	0	0
合计	1 011	716	6 624	552	295	−4 378	−365

表 12－11　2006 年工资总额、平均工资构成表　　　　　单位：元

工资构成	工资总额	占工资总额（%）	平均工资	占平均工资（%）
岗位基本工资	27 813 180	59.41%	27 511	59.41%
岗位绩效工资	19 003 920	40.59%	18 797	40.59%
合计	46 817 100	100%	46 308	100%

注：此表不含特殊工资及公司经理基金。

纳入新工资标准后，总收入增加人数为 716 人，占总人数的 70.8%，年增资总额为 474.278 4 万元，年人均增资 6 624 元，月人均增资 552 元；总收入减少人数为 295 人，占总人数的 29.2%，年减少总额为 129.151 万元，年人均减少 4 378 元，月人均减少 365 元。

八、工资标准不可行时的调整措施

如果将员工纳入新的工资标准后，统计出来的结果不合适，则可以通过"五调"进行调整，即调整岗位等级、调整工资中线标准、调整档差、调整工资档次数目、调整工资档次纳入表，直到认为工资标准合适为止。

第二节

工资中线测算：数学测算法

使用数学法测算"一岗一薪"标准，其适用范围一般是运行多年的企业，在工作评价的基础上，对整合的工资总额进行重新分配，并立足于建立起符合企业自身内部一致性的工资结构。

使用数学法测算工资标准的理念是：建立起企业内部一致的、规范的工资标准体系，不被市场工资所左右。在整体工资水平上与社会工资水平一致，但不保证每种职业工资标准与市场一致。

以下以某电力公司工资标准测算的实例来说明一岗一薪工资标准的测算过程和结果。该公司的工资测算是在 1999 年进行的，调查使用的基础数据以 1998 年实际发生数据为基础，测算的工资标准于 2000 年投入使用。

测算 2000 年岗位工资标准按下述步骤和方法进行。

一、确定测算 2000 年岗位工资标准总额

以上一年度统计的工资总额为基础，再加上报告年度和新的方案实行之年的工资总额增量，作为测算工资标准的工资总额基数。之后，确定标准工资在工资总额中的比例为 70%（预留 10% 的津贴、补贴，20% 的奖金），则测算新的方案工资标准总额和月度的工资标准总额是：

年度岗位工资标准总额＝年度工资总额×70%

月度岗位工资标准总额＝年度岗位工资标准总额÷12

某公司的工资标准总额核定见表 12-12。

表 12-12　测算 2000 年工资标准的工资总额基数核定表　　　　单位：万元

下属单位	工资总额	1 中央全民	2 地方全民	3 临时工	4 中央集体	5 全民工资总额
		—	—	—	—	1+2
一厂	4 244.37	4 097.28	—	—	147.10	4 097.28
二厂	7 331.33	5 138.95	1 923.98	0.56	267.84	7 062.93
三厂	4 003.11	3 700.99	—	101.35	200.77	3 700.99
四厂	2 957.05	2 807.37	—	23.61	126.07	2 807.37
机关	192.56	192.56	—	—	—	192.56
合计	18 728.42	15 937.15	1 923.98	125.52	741.78	17 861.13

按照表 12-12，1998 年某公司全民职工工资总额为 17 861.13 万元。考虑 1999 年和 2000 年工资总额 8% 的增长幅度，预计 2000 年工资总额应为：

预计 2000 年工资总额＝17 861.13×108%×108%＝20 833.22（万元）

按照该公司人事部的意见，岗位工资标准总额按工资总额的 70% 确定，工龄工资占 6%，奖金占 22%，津贴、补贴占 2%。2000 年岗位工资标准总额应为：

2000 年岗位工资标准总额＝20 833.22×70%＝14 583.25（万元）

二、确定岗位工资标准的倍数（工资幅度）

这是测算工资标准的前提和基础。确定工资倍数，应考虑以下情况和依据：

（1）上一年度已经形成的最高岗级年均收入为最低岗级收入的倍数。

1）某公司下属的四家生产单位的工资倍数见表 12-13，四家的高低收入倍数高低悬殊，平均为 3.78 倍。

表 12 - 13　1998 年四家生产单位最高收入为最低收入倍数　　　　单位：元

单位	最低收入 （4 级或 5 级及以下）	最高收入 （20 级或 21 级）	最高为 最低倍数
一厂	14 276	43 352（20 级）	3.04
二厂	17 041	43 494（21 级）	2.55
三厂	4 600	63 786（21 级）	13.87
四厂	13 369	36 089（20 级）	2.70
平　均	12 797	48 394	3.78

2）某公司最高岗级 23 级 1998 年均收入为 59 580 元，为实际最低岗级 4 级年均收入 12 797 元的 4.66 倍。

（2）国家和行业主管部门的政策性意见或指导性意见。

（3）政府部门发布的劳动力市场指导价位和最低工资标准。

（4）企业所有制的性质和参与市场竞争的程度。

三、确定岗位工资等级系数

这是工资标准测算中的难点问题，是能否正确处理好岗级之间、各类人员之间工资关系的关键。可以选择的方法基本有两类，一类是薪点法，另一类是系数法。

微课：等差
点数法示例

（一）薪点法

薪点法即直接依据工作评价得出的各个岗位等级的点数来测算工资标准。薪点法有两种：一种是等差点数法；另一种是等比递增点数法。

1. 等差点数法

例如，某公司在测算工资标准时，直接参照了行业主管部门咨询建议中提出的工资幅度（6.5 倍）及列出的各岗级的薪点数，计算出了 21 岗级的月工资标准。具体见表 12 - 14。

表 12 - 14　某公司月岗位工资标准测算表　　　　单位：元

1	2	3	4	5	6	7	8	9
岗级	岗级 人数	等差 点数	每一岗 级点数	每一岗级 点数之和	点值	每一岗级 工资标准	个位四舍 五入简化	级差
—	—	—	—	2×4	—	4×6	—	—
一	151	—	100.00	15 100	5.18	518	520	—
二	159	27.5	127.50	20 272.5	5.18	660	660	140
三	371	27.5	155.00	57 505	5.18	803	800	140
四	1 024	27.5	182.50	186 880	5.18	945	950	150
五	1 770	27.5	210.00	371 700	5.18	1 088	1 090	140

续表

1	2	3	4	5	6	7	8	9
岗级	岗级人数	等差点数	每一岗级点数	每一岗级点数之和	点值	每一岗级工资标准	个位四舍五入简化	级差
六	1 657	27.5	237.50	393 537.5	5.18	1 230	1 230	140
七	1 507	27.5	265.00	399 355	5.18	1 373	1 370	140
八	939	27.5	292.50	274 657.5	5.18	1 515	1 520	150
九	819	27.5	320.00	262 080	5.18	1 658	1 660	140
十	326	27.5	347.50	113 285	5.18	1 800	1 800	140
十一	198	27.5	375.00	74 250	5.18	1 943	1 940	140
十二	143	27.5	402.50	57 557.5	5.18	2 085	2 090	150
十三	103	27.5	430.00	44 290	5.18	2 227	2 230	140
十四	60	27.5	457.50	27 450	5.18	2 370	2 370	140
十五	41	27.5	485.00	19 885	5.18	2 512	2 510	140
十六	27	27.5	512.50	13 838	5.18	2 655	2 660	150
十七	19	27.5	540.00	10 260	5.18	2 797	2 800	140
十八	7	27.5	567.50	3 973	5.18	2 940	2 940	140
十九	2	27.5	595.00	1 190	5.18	3 082	3 080	140
二十	1	27.5	622.50	623	5.18	3 225	3 230	150
二十一	—	27.5	650.00	0	5.18	3 367	3 370	140
合计	9 324	—	—	2 347 690	—	—	—	—

注：1. 测算 2000 年工资标准的总额为：14 583.25 万元；
　　2. 点值（每点工资率）＝工资标准总额÷12 月÷全部岗级点数之和
　　　　　　＝14 583.25 万元÷12÷2 347 690＝5.18 元；
　　3. 标准级差＝27.5×5.18＝142.45 元。

表 12-14 按 21 岗级计算，从 1 级 100 点开始，向上逐级增加 27.5 点一直到 21 级，21 级点数为 650 点。27.5 是级差点数，27.5＝（最高点数 650－最低点数100）÷20。

对等差点数法的分析：薪点法的级差是等差的，其测算的工资标准，低等级之间的级差和高等级之间的级差都是相同的，与多年来形成的现实工资差距相比，缩小了岗级之间实际形成的工资差距，同时不能反映市场工资差距，因此，等差点数法特别不适用于技术差别大、责任差别大的大中型企业。故 些单位在使用薪点法时，只把其作为划分工资等级的依据，而工资级差则采用另外的方法确定。

2. 等比递增点数法

等比递增点数法即把工资倍数开方，确定等比系数。开多少次方，以岗位等级数目减去 1 为准。如岗位等级为 21 级，则开 21－1＝20 次方。

例如，某公司在采用等差点数法测算工资标准的同时，还使用了等比递增点数法，具体见表 12-15。

微课：等比递增点数法示例

表 12-15　某公司月岗位工资标准测算表　　　　　　　　　　单位：元

1	2	3	4	5	6	7	8	9
岗级	岗级人数	等比系数	每一岗级点数	每一岗级点数之和	点值	每一岗级工资标准	个位四舍五入简化	级差
—	—	—	—	2×4	—	4×6	—	—
一	151	1.000 0	100.00	15 100	7.55	755	760	—
二	159	1.098 1	109.81	17 460	7.55	829	830	70
三	371	1.098 1	120.58	44 736	7.55	910	910	80
四	1 024	1.098 1	132.41	135 589	7.55	1 000	1 000	90
五	1 770	1.098 1	145.40	257 360	7.55	1 098	1 100	100
六	1 657	1.098 1	159.66	264 565	7.55	1 205	1 210	110
七	1 507	1.098 1	175.33	264 219	7.55	1 324	1 320	110
八	939	1.098 1	192.53	180 784	7.55	1 454	1 450	130
九	819	1.098 1	211.41	173 149	7.55	1 596	1 600	150
十	326	1.098 1	232.15	75 682	7.55	1 753	1 750	150
十一	198	1.098 1	254.93	50 476	7.55	1 925	1 930	180
十二	143	1.098 1	279.94	40 031	7.55	2 114	2 110	180
十三	103	1.098 1	307.40	31 662	7.55	2 321	2 320	210
十四	60	1.098 1	337.56	20 253	7.55	2 549	2 550	230
十五	41	1.098 1	370.67	15 197	7.55	2 799	2 800	250
十六	27	1.098 1	407.03	10 990	7.55	3 073	3 070	270
十七	19	1.098 1	446.96	8 492	7.55	3 375	3 380	310
十八	7	1.098 1	490.81	3 436	7.55	3 706	3 710	330
十九	2	1.098 1	538.96	1 078	7.55	4 069	4 070	360
二十	1	1.098 1	591.83	592	7.55	4 468	4 470	400
二十一	0	1.098 1	650.00	0	7.55	4 908	4 910	440
合计	9 324	—	—	1 610 851	—	—	—	—

注：1. 测算 2000 年工资标准的总额为 14 583.25 万元；
　　2. 点值（每点工资率）＝工资标准总额÷12 月÷全部岗级点数之和
　　　　　　　　　＝14 583.25 万元÷12 月÷1 610 851＝7.55 元。

（二）系数法

系数法具体有两种：一是等差系数法；二是等比递增系数法。

1. 等差系数法

确定等差系数的方法是：用工资倍数减 1，再除以岗位等级数减去 1。如工资倍数是 6.5 倍，岗位等级是 21 级，则（6.5－1）÷（21－1）＝0.275。

测算过程及结果见表 12-16。

微课：等差
系数法示例

表 12-16 某公司月岗位工资标准测算表   单位：元

1	2	3	4	5	6	7	8	9
岗级	岗级人数	等差系数	岗级系数	每一岗级系数之和	第一岗级工资标准	每一岗级工资标准	个位四舍五入简化	级差
一	—	—	—	2×4	—	4×6	—	—
一	151	0	1.000	151.00	518	518	520	—
二	159	0.275	1.275	202.725	518	660	660	140
三	371	0.275	1.550	575.05	518	803	800	140
四	1 024	0.275	1.825	1 868.80	518	945	950	150
五	1 770	0.275	2.100	3 717.00	518	1 088	1 090	140
六	1 657	0.275	2.375	3 935.375	518	1 230	1 230	140
七	1 507	0.275	2.650	3 993.55	518	1 373	1 370	140
八	939	0.275	2.925	2 746.575	518	1 515	1 520	150
九	819	0.275	3.200	2 620.80	518	1 658	1 660	140
十	326	0.275	3.475	1 132.85	518	1 800	1 800	140
十一	198	0.275	3.750	742.50	518	1 943	1 940	140
十二	143	0.275	4.025	575.575	518	2 085	2 090	150
十三	103	0.275	4.300	442.90	518	2 227	2 230	140
十四	60	0.275	4.575	274.50	518	2 370	2 370	140
十五	41	0.275	4.850	198.85	518	2 512	2 510	140
十六	27	0.275	5.125	138.38	518	2 655	2 660	150
十七	19	0.275	5.400	102.60	518	2 797	2 800	140
十八	7	0.275	5.675	39.73	518	2 940	2 940	140
十九	2	0.275	5.950	11.90	518	3 082	3 080	140
二十	1	0.275	6.225	6.23	518	3 225	3 230	150
二十一	—	0.275	6.500	0	518	3 367	3 370	140
合计	9 324	—	—	23 476.90	—	—	—	—

注：1. 测算 2000 年工资标准的总额为：14 583.25 万元；
　　2. 第一（最低）岗级工资标准＝工资标准总额÷12 月÷全部岗级系数之和
　　　　＝14 583.25 万元÷12÷23 476.90＝518 元；
　　3. 标准级差＝0.275×518＝142.45 元。

2. 等比递增系数法

等比递增系数的确定方法是：用工资倍数开 n 次方（n＝工资等级数目－1）。

用等比递增系数测算工资标准的过程及结果见表 12-17。

微课：等比递增系数法示例

表 12－17 某公司月岗位工资标准测算表　　　　　　单位：元

1	2	3	4	5	6	7	8	9
岗级	岗级人数	等比递增系数	每一岗级系数	每一岗级系数之和	第一岗级工资标准	每一岗级工资标准	个位四舍五入简化	级差
—	—	—	—	2×4	—	4×6	—	—
一	151	1.000 0	1.000 0	151.00	755	755	760	—
二	159	1.098 1	1.098 1	174.60	755	829	830	70
三	371	1.098 1	1.205 8	447.36	755	910	910	80
四	1 024	1.098 1	1.324 1	1 355.89	755	1 000	1 000	90
五	1 770	1.098 1	1.454 0	2 573.60	755	1 098	1 100	100
六	1 657	1.098 1	1.596 6	2 645.65	755	1 205	1 210	110
七	1 507	1.098 1	1.753 3	2 642.19	755	1 324	1 320	110
八	939	1.098 1	1.925 2	1 807.84	755	1 454	1 450	130
九	819	1.098 1	2.114 1	1 731.49	755	1 596	1 600	150
十	326	1.098 1	2.321 5	756.82	755	1 753	1 750	150
十一	198	1.098 1	2.549 3	504.76	755	1 925	1 930	180
十二	143	1.098 1	2.799 4	400.31	755	2 114	2 110	180
十三	103	1.098 1	3.074 0	316.62	755	2 321	2 320	210
十四	60	1.098 1	3.375 6	202.53	755	2 549	2 550	230
十五	41	1.098 1	3.706 7	151.97	755	2 799	2 800	250
十六	27	1.098 1	4.070 3	109.90	755	3 073	3 070	270
十七	19	1.098 1	4.469 6	84.92	755	3 375	3 380	310
十八	7	1.098 1	4.908 1	34.36	755	3 706	3 710	330
十九	2	1.098 1	5.389 6	10.78	755	4 069	4 070	360
二十	1	1.098 1	5.918 3	5.92	755	4 468	4 470	400
二十一		1.098 1	6.500 0	0.00	755	4 908	4 910	440
合计	9 324	—	—	16 108.51	—	—	—	—

注：1. 测算 2000 年工资标准的总额为 14 583.25 万元；
　　2. 第一岗级即最低岗级工资标准＝工资标准总额÷12 月÷全部岗级系数之和
　　　　＝14 583.25 万元÷12 月÷16 108.51＝755 元。

从点数法和系数法计算的结果来看，等差点数法与等差系数法的计算结果完全相同，而等比递增点数法则与等比递增系数法完全相同。

四、计算公司岗位工资等级点数（系数）总和及计算岗位工资标准

此部分内容如表 12 - 14～表 12 - 17 所示。

微课：等差法测算工资标准的可行性比较示例

五、检验测算工资标准的可行性，选择确定拟实行的工资标准

计算完岗位工资标准后，根据计算结果，分别进行测算标准的可行性研究，选择确定拟实行的工资标准。

测算工资标准的可行性研究见表 12 - 18 和表 12 - 19。

微课：等比递增法测算工资标准的可行性比较示例

表 12 - 18　等差法测算工资标准的可行性比较　　　　单位：元

1	2	3	4	5	6	7	8
岗级	1998 年岗级年均收入	1998 年岗级年均收入校正	推算 2000 年年收入	推算 2000 年月岗位工资标准	测算 2000 年月岗位工资标准	2000 年测算标准比推算标准增加	2000 年测算标准比 2000 年推算标准增加（%）
一	汇总数	—	3栏×1.166 4	4栏÷12×70%	表 12 - 14 转来	6栏－5栏	（7栏÷5栏）×100%
一	12 797.27	12 797	14 927	871	520	－351	－40
二	13 905.18	13 905	16 219	946	660	－286	－30
三	15 012.79	15 013	17 511	1 021	800	－221	－22
四	17 237.65	17 238	20 106	1 173	950	－223	－19
五	18 173.57	18 174	21 198	1 237	1 090	－147	－12
六	19 419.07	19 419	22 650	1 321	1 230	－91	－7
七	19 823.81	19 824	23 122	1 349	1 370	21	1.6
八	21 688.01	21 688	25 297	1 476	1 520	44	3
九	24 696.15	24 696	28 806	1 680	1 660	－20	－1
十	27 528.82	27 529	32 110	1 873	1 800	－73	－3.9
十一	27 644.03	27 644	32 244	1 881	1 940	59	3.1
十二	27 758.42	27 758	32 377	1 889	2 090	201	10.6
十三	30 013.94	30 014	35 008	2 042	2 230	189	9.3
十四	32 675.35	32 675	38 113	2 223	2 370	146	6.6
十五	33 890.10	33 890	39 529	2 306	2 510	204	8.8
十六	37 910.07	37 910	44 218	2 579	2 660	81	3.1
十七	42 262.16	42 262	49 295	2 876	2 800	－76	－2.6

续表

1	2	3	4	5	6	7	8
岗级	1998 年岗级年均收入	1998 年岗级年均收入校正	推算 2000 年年收入	推算 2000 年月岗位工资标准	测算 2000 年月岗位工资标准	2000 年测算标准比推算标准增加	2000 年测算标准比 2000 年推算标准增加（%）
十八	48 394.14	48 394	56 447	3 293	2 940	−352	−10.7
十九	51 000.00	51 000	59 486	3 470	3 080	−390	−11.2
二十	59 580.00	59 580	69 494	4 054	3 230	−823	−20.3
二十一	—	—	—	—	3 370	—	—

注：1.166 4 为 1999 年和 2000 年预计工资总额指数的乘积，即 1.08×1.08。

分析：运用等差法测算工资标准，1 级～6 级、9 级和 17 级～20 级存在收入下降问题，特别是低等级和高等级，即"两头"收入下降较多，违反了工资改革"存量不动"的原则，因此此测算方法及按照此法测算的工资标准不宜采用。

表 12－19 等比递增法测算工资标准的可行性比较 单位：元

1	2	3	4	5	6	7	8
岗级	1998 年岗级年均收入	1998 年岗级年均收入校正	推算 2000 年年收入	推算 2000 年月岗位工资标准	测算 2000 年月岗位工资标准	2000 年测算标准比推算标准增加	2000 年测算收入比 2000 年推算收入增加（%）
—	汇总数	—	3 栏×1.166 4	4 栏÷12×70%	表 12－15 转来	6 栏−5 栏	（7 栏÷5 栏）×100%
一	12 797.27	12 797	4 927	871	760	−111	−12.74
二	13 905.18	13 905	16 219	946	830	−116	−12.26
三	15 012.79	15 013	17 511	1 021	910	−111	−10.87
四	17 237.65	17 238	20 106	1 173	1 000	−173	−14.75
五	18 173.57	18 174	21 198	1 237	1 100	−137	−11.08
六	19 419.07	19 419	22 650	1 321	1 210	−111	−8.40
七	19 823.81	19 824	23 122	1 349	1 320	−29	−2.15
八	21 688.01	21 688	25 297	1 476	1 450	−26	−1.76
九	24 696.15	24 696	28 806	1 680	1 600	−80	−4.76
十	27 528.82	27 529	32 110	1 873	1 750	−123	−6.57
十一	27 644.03	27 644	32 244	1 881	1 930	49	2.60
十二	27 758.42	27 758	32 377	1 889	2 110	221	11.70
十三	30 013.94	30 014	35 008	2 042	2 320	278	13.61
十四	32 675.35	32 675	38 113	2 223	2 550	327	14.70
十五	33 890.10	33 890	39 529	2 306	2 800	494	21.42
十六	37 910.07	37 910	44 218	2 579	3 070	491	19.04
十七	42 262.16	42 262	49 295	2 876	3 380	504	17.52
十八	48 394.14	48 394	56 447	3 293	3 710	417	12.66

续表

1	2	3	4	5	6	7	8
岗级	1998年岗级年均收入	1998年岗级年均收入校正	推算2000年年收入	推算2000年月岗位工资标准	测算2000年月岗位工资标准	2000年测算标准比推算标准增加	2000年测算收入比2000年推算收入增加（％）
一	汇总数	—	3栏×1.166 4	4栏÷12×70％	表12-15转来	6栏－5栏	（7栏÷5栏）×100％
十九	51 000.00	51 000	59 486	3 470	4 070	600	17.29
二十	59 580.00	59 580	69 494	4 054	4 470	416	10.26
二十一					4 910	—	—
合计	—						

分析：从1级开始按等比递增系数计算的工资标准，同推算的工资标准相比，1级～10级有降低，但仍高于市场工资率；11级～20级有增加，满足了中高级职位较多增加工资的要求。因此，此法和此法测算的工资标准在"纳入"中只要适当变通就是可行的。

本着"存量不动"的原则，对老职工采取"级对级"纳入新工资标准之后如有降低收入的，可在推算工资标准的基础上，就近就高纳入新工资标准。对于新工资标准实施后的新职工，则直接采取"级对级"的纳入方法。

通过对等差法和等比递增法两类共四种工资标准测算结果的比较，证明等差法测算的工资标准可行性差，其计算的工资标准"两头小、中间大"，低等级的职工难以保证"存量不变"，而高等级职工也达不到"增量调整"的目标。因此，等差法及等差法测算的工资标准只能舍弃。最后选定等比递增法测算的工资标准。

需要指出的是：在工作评价基础上，按照等差法或等比系数法测算的工资标准，其适用范围是外部市场上供求基本平衡或供大于求的人员，而对市场上供给紧缺的人员，则不适用。确定这些人员的工资标准，一般是参照市场价格直接使用协商工资制的办法。还有一个做法是：在与其他员工一起执行统一工资标准的基础上，另外确定技术津贴或其他形式的待遇，以保持同外部市场的一致。

第三节

工资中线确定：薪酬调查法

使用市场薪酬调查法确定工资标准，其适用范围一般为新建企业、事业改企业单位，以及企图借用市场力量和市场价位改造或调整目前不合理的工资价位的单位。

一、薪酬调查的目标

薪酬调查是采集、分析竞争对手所支付薪酬水平的过程。

薪酬调查能提供设计与竞争对手相关的薪酬策略所需要的数据，并把策略变成实际操作中的薪酬水平和薪酬结构。

薪酬调查关注的两个目标是：

（1）控制劳动力成本。通过控制劳动力成本，特别是发生职位空缺以后，从市场寻找人员填补岗位，达到控制并降低产品成本或服务成本，从而实现产品市场或服务市场扩张的目标。

（2）吸纳和保留员工。对难以填补职位空缺的职位，必须按照竞争对手的薪酬状况正确决定自己的薪酬水平，从而保持企业薪酬分配的对外竞争力，以取得吸纳和保留优秀员工，有效参与劳动力市场竞争的优势。

二、市场薪酬调查工作的程序

不论企业的规模大小，在确定一个或更多岗位的工资时，实际上都需要进行薪酬调查。国外绝大多数企业都利用薪酬市场调查来确定员工的薪酬水平。薪酬市场调查的过程如图 12-2 所示。

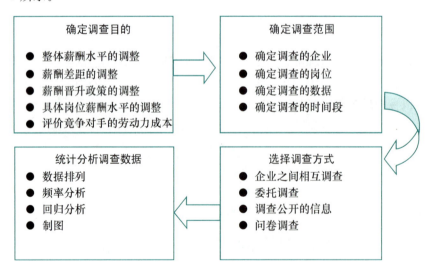

图 12-2　薪酬市场调查过程

（一）确定调查目的

在薪酬调查时，首先应清楚调查目的和调查结果的用途，再开始组织薪酬调查。一般而言，调查的结果可以为以下工作提供参考和依据：确定整体薪酬水平或薪酬水平的调整，薪酬差距的调整，薪酬晋升政策的调整，具体岗位薪酬水平的调整，评价竞争对手的劳动力成本等。根据调查的目的和用途，再确定调查范围、调查方法和统计分析调查数据的方法。

（二）确定调查范围

1. 确定调查的企业，即界定相关劳动力市场

在选择要调查的企业时，应本着与企业薪酬有可比性的原则，即选择调查企业时，要选择其雇用的劳动力与本企业具有可比性的企业。一般来说，可供选择的调查企业有五类，见表 12-20。

表 12-20　可供选择的薪酬调查企业

第一类	同行业中同类型的其他企业（与本企业竞争，提供同类产品或服务的企业）。
第二类	其他行业中有相似岗位或工作的企业。
第三类	与本企业雇用同一类型的劳动力，可构成人力资源竞争对象的企业。
第四类	与本企业在同一地域范围内竞争员工的企业。
第五类	经营策略、信誉、报酬水平和工作环境均合乎一般标准的企业。

调查企业的数目没有一个统一的规定。采取领先型薪酬策略的企业，一般仅与几个支付高薪酬的竞争对手交换数据。一般企业可根据企业的人力、物力、财力、时间及目的有所不同，但通常应调查 10 家以上企业。

2. 确定调查的岗位

确定调查岗位时，也应遵循可比性原则，即应选择其工作责权、重要程度、复杂程度与本企业需调查岗位的责权具有可比性的岗位。因为我国还没有建立规范的岗位名称，因此，即使是岗位名称相同，在不同的企业有可能有不同的工作责权和重要程度、复杂程度。所以在薪酬调查时首先要确认要调查岗位的工作责权、重要程度与复杂程度，然后再调查其薪酬状况。

调查时可以选择企业中的主要岗位，比例占企业所有岗位的 20% 或更多，这样可以根据市场价格确定至少 20% 或更多岗位的薪酬，其他岗位可以根据与那些主要岗位在企业中的相对价值的比较，确定其薪酬水平。

3. 确定调查的数据

薪酬调查的数据要全面，要调查薪酬结构的所有项目，既要调查货币性薪酬，如工资、奖金、津贴、补贴、劳动分红等，也要调查非货币性薪酬，如为员工提供的住房、培训、社会保险和商业保险等。

4. 确定调查的时间段

要明确收集薪酬数据的开始和截止时间。

（三）选择调查方式

当企业确定由人力资源部来完成薪酬调查工作时，就要确定调查的目的、被调查的

对象、所需的信息和使用的方法。目标不同、对象不同，那么所需的信息、选择使用的方法是有差异的。通常，一些较明确、简单、规范的岗位只需简单的信息就可以实现调查目标，因此可选择使用简单的调查方法，如企业之间相互调查、委托调查、调查公开的信息；反之，则需要使用较为复杂的方法才能实现薪酬调查的目的，如问卷调查。

常用的调查方法有下述几种。

1. 企业之间相互调查

通过不同员工之间的联系进行调查。那些有着良好的对外关系的企业，比较适合采用这种方式，因为它们与同行之间有着较为紧密的合作关系，能够较为轻松地获得所需的薪酬信息。

2. 委托调查

委托调查是指委托商业性、专业性的咨询公司进行调查，尤其是当企业需要确定薪酬水平的岗位难以在类似企业中找到对等的岗位时，或者该企业属于新兴企业时，可以选择这种调查方式。例如，当某家企业首次设立"网络编辑"这个岗位时，企业将面临确定其薪酬水平的困难，这时可考虑选择咨询公司搜集所需的信息，但所花的费用将比企业之间相互调查的方式多得多。

3. 调查公开的信息

调查公开的信息是指调查政府公布的信息，如每年定期公布的劳动力市场指导价位；有关的专业协会或学术团体提供的数据；报纸、杂志、网络上的数据（仅作为参考）等。但是这些数据的特点是针对性不强，比如，政府所做的薪酬调查侧重于对宏观信息的收集和调查，侧重于面而不是点；专业协会或学术团体对薪酬的调查，也不可能面面俱到，完全满足企业的需要，只能用于对宏观的把握和参考。另外，企业也不可能免费使用政府或协会、团体薪酬调查的数据，只是费用相对于委托调查更为便宜。

薪酬调查问卷

4. 问卷调查

前三种方式是简单的用于薪酬调查的方法，对于少数的、规范的岗位薪酬调查是切实可行的，但是对于大量的、复杂的岗位做薪酬调查则是不可行的。事实上，20％～25％的企业是通过正式的问卷调查来实现薪酬调查目标的。

（四）统计分析调查数据

薪酬调查的数据一定要真实、可靠。在统计分析时应选用那些可靠的数据进行统计、分析。统计分析的方法有下述四种。

1. 数据排列

先将调查的同一类数据由高至低排列，再计算出数据排列的中间数据，即25％点处、50％点处和75％点处。薪酬水平高的企业应注意75％点处甚至是90％点处的薪酬水平；薪酬水平低的企业应注意25％点处的薪酬水平；一般的企业应注意50％点处薪酬水平。表12-21所示的是会计岗位薪酬调查数据。

表 12 – 21　会计岗位薪酬调查数据

企业名称	平均工资（元）	排列
A	2 500	1
B	2 200	2（90％点处＝2 200 元）
C	2 200	3
D	1 900	4（75％点处＝1 900 元）
E	1 700	5
F	1 650	6
G	1 650	7
H	1 650	8（50％点处＝1 650 元）
I	1 600	9
J	1 600	10
K	1 550	11
L	1 500	12（25％点处＝1 500 元）
M	1 500	13
N	1 500	14
O	1 300	15

2. 频率分析

如果被调查企业没有给出准确的薪酬水平数据，只能了解到该企业的平均薪酬情况时，可以采取频率分析法，记录在各薪酬额度内各企业平均薪酬水平出现的频率，从而了解这些企业薪酬的一般水平。表 12 – 22 分析的是会计岗位的薪酬频率。

微课：频率
分析示例

表 12 – 22　会计岗位的薪酬频率分析

单位：元

薪酬额度	出现频率
2 400～2 599	1
2 200～2 399	2
2 000～2 199	1
1 800～1 999	3
1 600～1 799	4
1 400～1 599	1

3. 回归分析

可以利用一些数据统计软件如 SPSS 等所提供的回归分析功能，分析两种或多种数据之间的关系，从而找出影响薪酬水平或者薪酬差距的主要因素以及影响程度，进而对薪酬水平或者薪酬差距的发展趋势进行预测。

4. 制图

制图是一种形象的分析工具，可以直观地反映调查数据，包括直线图、柱状图、饼状图等。

微课：制图示例

三、工作分析、岗位评价、薪酬调查及个人之间的关系

一般来说，大多数企业在设计新的薪酬制度之前，为保证内部公平，首先需要进行工作分析，明确岗位职责和任职人员的资格条件；在此基础上进行岗位评价，划分岗位等级。有了岗位等级，才能确定与之对应的薪酬等级。可见，工作分析与岗位评价的目的是得到岗位等级或薪酬等级。

同时，为了达到控制成本和保留、吸引员工的目的，保证薪酬支付的外部公平，还要在工作分析和岗位等级形成的基础上，进行薪酬市场调查，根据可比性数据，对岗位评价结果的合理性进行验证，并最终确定每一岗位等级的工资标准。如图 12 - 3 所示。

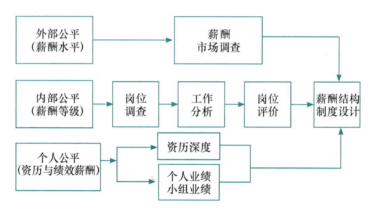

图 12 - 3　岗位评价、薪酬调查、个人资历业绩的关系

设计薪酬浮动幅度和扩展工资带

在上两节中，使用系数法或市场薪酬调查法或是两者结合的方法，构建了一条一岗一薪的工资结构线，反映了薪酬内部一致性和外部竞争性的组织策略。下一步要做的就是设计薪酬浮动幅度和扩展工资带。

一、设计薪酬浮动幅度

（一）设计薪酬浮动幅度的原因

相似的职位或技术的市场薪酬率不同反映了两个方面的外部压力：

（1）外部劳动力市场上个人的素质（技术、能力、经验）存在差异。例如，尽管 A、B 两个公司对采购员职位描述相同，但 A 公司比 B 公司对此职位的要求更高。

（2）承认不同素质的员工对企业劳动生产率的贡献不同。例如，Nordstrom 公司的采购员比沃尔玛公司的采购员负有更大的责任。

除了外部压力需要薪酬有差异外，组织内部的薪酬策略有时也要求支付给同一职位员工不同的薪酬率。只要支付给同一职位的员工有两个或更多的薪酬率，就存在薪酬浮动幅度。内部薪酬幅度反映了如下内部压力：

（1）用薪酬的变化来承认员工绩效的变化。例如，尽管采购员 A、B 的职位相同，职责一致，但采购员 A 比 B 做决策更及时、更好。

（2）员工总是希望自己的薪酬呈不断上升趋势。

从内部一致性的角度来看，薪酬浮动幅度反映了企业针对某一特定职位，愿意对具有不同绩效或技术、经验丰富的员工支付不同的工资。从外部竞争性角度来看，薪酬浮动幅度也可作为一种控制薪酬的工具。薪酬浮动的最高点是企业愿意支付给某职位的最高薪酬；最低点是企业愿意支付给某职位的最低薪酬。

并非所有的企业都使用薪酬浮动幅度。以技能为基础的薪酬制度可能不考虑绩效和资历因素，为同一等级的技术等级制定了相同的薪酬率。

（二）确定薪酬浮动幅度

确定薪酬浮动幅度通常包括下述三步。

1. 划分等级

把薪酬基本相同的不同职位归在一起称为一个等级。图 12-4 中的横轴是划分了五个等级的薪酬结构。

2. 确定薪酬浮动幅度（中点、最低点和最高点）

薪酬浮动幅度的中点常根据前面确定的具有竞争力的薪酬水平设定，薪酬政策线穿过每一等级上的这个点就成为这一等级薪酬浮动幅度的中点，薪酬浮动幅度的中点通常被称为控制点。这一点符合受到良好培训员工所需要的薪酬，而且员工对在此等级上工作感到满意。这一点也反映了企业在相关市场上的竞争力。理想的职级幅度取决于它如何支持职业生涯、晋级和其他组织制度的实施。等级薪酬浮动幅度一般在 $10\%\sim120\%$：高级管理职位等级薪酬浮动幅度通常为 $60\%\sim120\%$；中级专业和管理职位等级薪酬浮动幅度为 $35\%\sim60\%$；办公室文员和生产职位的等级薪酬浮动幅度为 $10\%\sim25\%$。上述的逻辑是，管理职位等级薪酬浮动幅度比较大，反映了个人在自由决策和绩效方面有更多的机会。

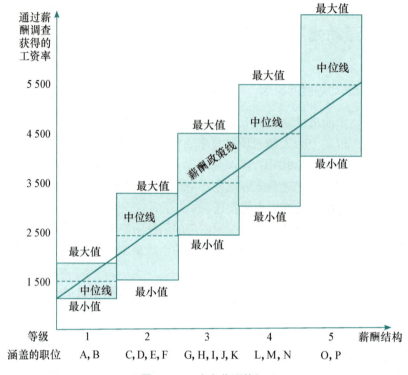

图 12-4 确定薪酬等级

理想的薪酬浮动幅度更取决于某一特定企业雇主的意愿。薪酬调查通常提供实际的最高和最低薪酬值。同时，还要根据薪酬策略确定浮动幅度。一些薪酬部门经理通常使用实际上支付的薪酬，特别是以调查中75％和25％薪酬水平点作为最高和最低薪酬线。也有些薪酬经理分别确定最低和最高薪酬幅度。最低值与中点之间的值往往代表一位新员工成为一名称职员工的时间。能很快胜任的员工，其薪酬下限与中点之间的差就小。薪酬浮动幅度超过中点直到最高额是企业愿意支付其所认可绩效的薪酬。最终，薪酬浮动幅度取决于权衡各种因素后的判断。

一旦中点（取决于薪酬政策线）和浮动幅度（取决于判断）确定后，就可计算薪酬浮动的上限和下限了：

> 下限＝中点÷[100％＋(1/2 浮动幅度)]
> 上限＝下限＋(浮动幅度×下限)

例如，浮动幅度为30％，中点值为3 000元。

> 下限＝3 000÷(100％＋0.15)＝2 609(元)
> 上限＝2 609＋(0.3×2 609)＝2 609＋783＝3 392(元)

当然，前面的公式是假定了薪酬浮动幅度的对称性的（例如，中点距上下限的值相等）。

3. 工资等级交叉

如果 A 和 B 是两个相邻的薪酬等级，B 在较高的等级中，则工资等级交叉程度为：

$$\frac{\text{A 所在等级的上限} - \text{B 所在等级的下限}}{\text{A 所在等级的上限} - \text{A 所在等级的下限}} \times 100\%$$

例如，A 等级的上限为 4 050 元，下限为 2 950 元，B 等级的上限为 4 470 元，下限为 3 260 元，则（4 050－3 260）/（4 050－2 950）×100％＝790/1 100×100％＝71.82％。

交叉造成什么差别呢？我们可以看一下图 12－5 所示的两个极端的例子。图 12－5（a）中等级交叉的幅度较大，中点之间的差距比较小，这表明相邻两个等级中职位的差别较小。这种结构中，晋职（职位名称改变）不会引起薪酬发生大的变化。

图 12－5（b）中，等级较少和浮动幅度较小，不同等级中点的差距较大，相邻等级之间的交叉较小，这有利于管理人员强调晋职（晋职到一个新的等级），从而使薪酬大幅度提高。有时，差距必须足够大，以引导员工去寻求、接受提升或接受所需的必要培训。

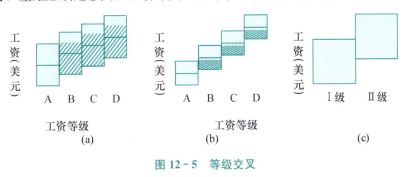

图 12－5　等级交叉

二、扩展工资带

图 12－5（c）把薪酬结构中的几个等级重新划分为几个跨度范围更大的等级，这称作扩展工资带，即把 4 个～5 个传统的等级合并为只有一个上下限的等级，因为一个等级包含许多不同价值的职位，各个工资等级的中点则不再有用。

表 12－23 对薪酬浮动幅度和扩展工资带作了清楚的比较。扩展工资带的支持者认为，扩展工资带有几个优越于多等级的特点。首先，有利于提高更广泛地界定职责的灵活性，这有利于已经削减了管理类职位层次组织的重新设计，适用于缩小了规模的或者是无边界的组织，有助于培育那些新组织的跨职能成长和开发。员工为了获得更广泛的经历，可以在一个跨度较宽的等级中流动。强调横向流动，弱化了薪酬调整，有利于很少有晋升的扁平化组织的管理。

表 12－23　薪酬浮动幅度与扩展工资带之间的比较

薪酬浮动幅度的作用	扩展工资带的作用
● 在控制范围内较灵活	● 相对稳定的组织设计
● 通过等级或职位的晋升业绩得到承认	● 中点控制，可做比较
● 所有的控制设计成制度	● 给管理人员"指导的自由"
● 浮动幅度达 150％	● 强调指导范围内的灵活性

续表

薪酬浮动幅度的作用	扩展工资带的作用
● 层级较少的组织	● 职能的经验获得和横向开发
● 参考市场薪酬率和浮动幅度	● 预算控制，很少有制度
● 给管理者管理薪酬的自由	● 浮动幅度在 100％～400％

设计工资带包括下面三个步骤：

第一步，确定工资带的数目。

调查数据显示，公司正在使用 4 个～8 个工资带来确定薪酬。这些工资带之间通常有一个分界点，或者说，公司对职位、技能或能力需求有不同的要求。典型的职位名称被用在每一工资带来反映主要的区分，例如，助理（新进入该职位的个人）、专业人员（有经验的、有知识的团队成员）、领导（项目或部门主管）、总监。

图 12-6 中包括四个工资带（助理、专家、专家组组长、资深专家），每个工资带中包含不同职能部门的职位或者不同职类。每个工资带中都包括了财务、采购、软件开发、工程师以及市场营销等职能部门的职位。挑战在于，支付给在同一工资带却在不同部门从事不同工作的职位的员工多少薪酬。

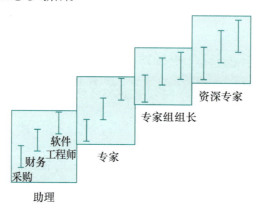

图 12-6　四个工资带

像通用电气之类的公司中的助理和专家层的采购员（有工商管理学位）能与软件工程师（有计算机学位）得到同样的薪酬吗？不可能。因为在外部市场上存在差异，因此，同一工资带内不同职能或部门的职位必有不同的价位。

第二步，确定工资带的价位。

根据市场薪酬率和区域，如图 12-7 所示，在每一工资带中每个职能部门有不同的市场薪酬率。助理工资带中，三个不同的职能部门（采购、财务和软件工程师）参照的市场薪酬率不同。因此，下一步就是确定每一工资带中每个职能部门的市场薪酬率参照标准（与确定市场上的标杆工资率相似）。参照的薪酬率是根据市场数据来确定的，反映了竞争对手支付的薪酬情况。

第三步，工资带内横向职位轮换。

同一工资带中薪酬的增加与不同等级薪酬增加相似，在同一工资带中，鼓励不同职能部门的员工跨部门（如从采购到财务、研发和系统设计之间）流动，以增强组织的适应

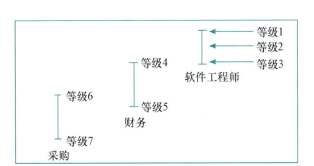

图 12-7　每个工资带中每个部门所参照的薪酬率

注：1 级～7 级是竞争对手支付的市场薪酬率。

性，提高多角度思考问题的能力。因此，职业的变化更可能的是跨职能部门，而从低工资带到高工资带跨部门流动则很少。

扩展工资带的倡导者认为，扩展工资带的特点是增加灵活性。但灵活只是问题的一面，混乱与偏袒却是问题的另一方面。所以，扩展工资带发挥作用的前提是管理者能以实现组织目标作为支付员工薪酬的基础，并且能公平地对待每一位员工。

三、一岗多薪工资标准设计示例

在一岗一薪的基础上，形成一岗多薪、上下等级交叉的工资标准办法很多。这里介绍按照一岗一薪工资标准的百分比确定档差的方法。档差百分比的大小取决于横向工资幅度的大小和档次的多少两个因素。

以某工程公司一岗十二薪的工资标准为例（见表 12-24），首先把一岗一薪工资标准作为基本标准；其次使用基本标准×3%，经个位四舍五入计算出档差；最后在基本标准的基础上，按照档差增减延伸出其他档次的工资标准。

微课：一岗多薪工资标准设计示例

表 12-24　某工程公司一岗十二薪工资标准表　　　　　单位：元/月

岗级	基本标准	档差	工资档次											
			1	2	3	4	5	6	7	8	9	10	11	12
一	990	30	840	870	900	930	960	990	1 020	1 050	1 080	1 110	1 140	1 170
二	1 090	30	940	970	1 000	1 030	1 060	1 090	1 120	1 150	1 180	1 210	1 240	1 270
三	1 190	30	1 040	1 070	1 100	1 130	1 160	1 190	1 220	1 250	1 280	1 310	1 340	1 370
四	1 310	40	1 110	1 150	1 190	1 230	1 270	1 310	1 350	1 390	1 430	1 470	1 510	1 550
五	1 430	40	1 230	1 270	1 310	1 350	1 390	1 430	1 470	1 510	1 550	1 590	1 630	1 670
六	1 570	50	1 320	1 370	1 420	1 470	1 520	1 570	1 620	1 670	1 720	1 770	1 820	1 870
七	1 710	50	1 460	1 510	1 560	1 610	1 660	1 710	1 760	1 810	1 860	1 910	1 960	2 010
八	1 870	60	1 570	1 630	1 690	1 750	1 810	1 870	1 930	1 990	2 050	2 110	2 170	2 230
九	2 060	60	1 760	1 820	1 880	1 940	2 000	2 060	2 120	2 180	2 240	2 300	2 360	2 420

续表

岗级	基本标准	档差	工资档次											
			1	2	3	4	5	6	7	8	9	10	11	12
十	2 280	70	1 930	2 000	2 070	2 140	2 210	2 280	2 350	2 420	2 490	2 560	2 630	2 700
十一	2 530	80	2 130	2 210	2 290	2 370	2 450	2 530	2 610	2 690	2 770	2 850	2 930	3 010
十二	2 780	80	2 380	2 460	2 540	2 620	2 700	2 780	2 860	2 940	3 020	3 100	3 180	3 260
十三	3 050	90	2 600	2 690	2 780	2 870	2 960	3 050	3 140	3 230	3 320	3 410	3 500	3 590
十四	3 350	100	2 850	2 950	3 050	3 150	3 250	3 350	3 450	3 550	3 650	3 750	3 850	3 950
十五	3 700	110	3 150	3 260	3 370	3 480	3 590	3 700	3 810	3 920	4 030	4 140	4 250	4 360
十六	4 050	120	3 450	3 570	3 690	3 810	3 930	4 050	4 170	4 290	4 410	4 530	4 650	4 770
十七	4 450	150	3 700	3 850	4 000	4 150	4 300	4 450	4 600	4 750	4 900	5 050	5 200	5 350

第五节

纳入工资标准档次的办法

在实行一岗多薪的岗位工资制下，即在多个工资等级和每个岗位等级内多个工资档次组成的纵横结合的工资标准下，把每一员工纳入新的工资等级的办法是：所有人员按照现任岗位（职务）的所属岗位（职务）等级，直接进入与本岗位（职务）等级相对应的工资等级。

但如何把职工纳入一岗多薪的工资档次中，就不是一个简单的技术问题了，它取决于企业的工资战略，即通过不同的工资档次的确定办法，向职工发出不同的信号导向，并影响职工的行为，从而保证企业战略目标或生产经营目标的实现。

下面介绍实际工作中几种常用的工资档次纳入办法。

一、"硬件"套入法

（一）"硬件"套入法的几个依据

1. 主要根据技术水平和专业技术年限纳入

这是某路桥建设公司的做法，即管理人员、专业技术人员主要根据个人专业技术水平和专业技术年限（连续工龄）确定，具体见表12-25；工人主要根据个人的技术水平和技术年限（连续工龄）确定，具体见表12-26。

表 12 – 25 管理人员工资档次纳入表

普通管理人员	连续工龄	5 年以下	6～10 年	12～15 年	16～20 年	21 年以上
	工资档次	1	2	3	4	5
员级	专业技术年限	4 年以下	5～8 年	9～12 年	13～16 年	17 年以上
	工资档次	2	3	4	5	6
助理级	专业技术年限	4 年以下	5～8 年	9～12 年	13～16 年	17 年以上
	工资档次	3	4	5	6	7
中级	专业技术年限	4 年以下	5～8 年	9～12 年	13～16 年	17 年以上
	工资档次	5	6	7	8	9
高级	专业技术年限	4 年以下	5～8 年	9～12 年	13～16 年	17 年以上
	工资档次	7	8	9	10	11
正高级	专业技术年限	4 年以下	5～8 年	9～12 年	13～16 年	17 年以上
	工资档次	8	9	10	11	12

注：专业技术系列包括：经济系列、工程技术系列、政工系列及其他系列。

表 12 – 26 工人工资档次纳入表

普通工人	连续工龄	5 年以下	6～10 年	12～15 年	16～20 年	21 年以上
	工资档次	1	2	3	4	5
初级工	技术年限	4 年以下	5～8 年	9～12 年	13～16 年	17 年以上
	工资档次	2	3	4	5	6
中级工	技术年限	4 年以下	5～8 年	9～12 年	13～16 年	17 年以上
	工资档次	3	4	5	6	7
高级工	技术年限	4 年以下	5～8 年	9～12 年	13～16 年	17 年以上
	工资档次	5	6	7	8	9
技师	技术年限	4 年以下	5～8 年	9～12 年	13～16 年	17 年以上
	工资档次	6	7	8	9	10
高级技师	技术年限	4 年以下	5～8 年	9～12 年	13～16 年	17 年以上
	工资档次	8	9	10	11	12

专业技术年限或技术年限，是指管理人员、专业技术人员、技术工人获得现行的专业技术资格或技术等级的年限，专业技术年限或技术年限从取得的当年算起。

此种确定办法的核心理念是：

（1）取得专业技术资格证书或技术等级证书的员工，比没有取得的员工，工资档次要高；

（2）取得高一等级专业技术资格证书或技术等级证书的员工，比取得低一等级专业技术资格证书或技术等级证书的员工，工资档次要高；

（3）具有同等级专业技术资格或技术等级的员工，取得技术年限长的员工比年限短的员工工资档次要高。

总之，就是必须明确一个导向，传递一个信息，即从提高人力资源的素质上，提高企业的核心竞争力，并从工资制度上促进和保证人力资源素质的提高。

2. 主要根据技术水平（或学历）和连续工龄纳入

这是某工贸集团公司的做法，即管理人员根据个人的专业技术资格等级（或学历）和技术年限确定，具体见表 12 – 27；生产服务岗位人员根据技术等级（或学历），结合个人的连续工龄确定，具体见表 12 – 28。

表 12 - 27　管理岗位人员工资档次套改表

普通工作人员	连续工龄	4 年以下	5～9 年	10～14 年	15～19 年	20～24 年	25～29 年	30 年以上
	工资档次	1	2	3	4	5	6	7
员级；大专	连续工龄	4 年以下	5～9 年	10～14 年	15～19 年	20～24 年	25～29 年	30 年以上
	工资档次	2	3	4	5	6	7	8
助理级；本科	连续工龄	4 年以下	5～9 年	10～14 年	15～19 年	20～24 年	25～29 年	30 年以上
	工资档次	3	4	5	6	7	8	9
中级；硕士	连续工龄	4 年以下	5～9 年	10～14 年	15～19 年	20～24 年	25～29 年	30 年以上
	工资档次	4	5	6	7	8	9	10
高级；博士	连续工龄	4 年以下	5～9 年	10～14 年	15～19 年	20～24 年	25～29 年	30 年以上
	工资档次	5	6	7	8	9	10	11
正高级	连续工龄	—	—	10～14 年	15～19 年	20～24 年	25～29 年	30 年以上
	工资档次	—	—	8	9	10	11	12

注：专业技术系列包括：工程技术系列、经济系列、政工系列。

表 12 - 28　生产服务岗位人员工资档次套改表

普通工人	连续工龄	4 年以下	5～9 年	10～14 年	15～19 年	20～24 年	25～29 年	30 年以上
	工资档次	1	2	3	4	5	6	7
初级工	连续工龄	4 年以下	5～9 年	10～14 年	15～19 年	20～24 年	25～29 年	30 年以上
	工资档次	2	3	4	5	6	7	8
中级工；高中、中专、技校	连续工龄	4 年以下	5～9 年	10～14 年	15～19 年	20～24 年	25～29 年	30 年以上
	工资档次	3	4	5	6	7	8	9
高级工；大专	连续工龄	4 年以下	5～9 年	10～14 年	15～19 年	20～24 年	25～29 年	30 年以上
	工资档次	4	5	6	7	8	9	10
技师；本科	连续工龄	4 年以下	5～9 年	10～14 年	15～19 年	20～24 年	25～29 年	30 年以上
	工资档次	5	6	7	8	9	10	11
高级技师	连续工龄	—	5～9 年	10～14 年	15～19 年	20～24 年	25～29 年	30 年以上
	工资档次	—	7	8	9	10	11	12

此种确定办法中，把学历视同专业技术水平或技术水平，照顾了没有专业技术水平或技术水平的员工，同时所有员工考虑的是连续工龄，显得更现实、更灵活。

3. 根据本人"硬件"与岗位要求的符合度纳入

例如，某研究所实行一岗十四薪工资标准，其工资档次纳入表如表 12 - 29 所示。

表 12 - 29　某研究所科研、生产、一般管理人员工资档次纳入表

岗位等级	任职专业技术资格要求	任职人员实际具备资格等级	技术年限				
			4 年以下	5～8 年	9～12 年	13～16 年	17 年以上
			工资档次	工资档次	工资档次	工资档次	工资档次
一级二级三级	初级工及以下	初级工及以下	4	5	6	7	8
		中级工	6	7	8	9	10
		高级工	8	9	10	11	12
		技师及以上	10	11	12	13	14

续表

岗位等级	任职专业技术资格要求	任职人员实际具备资格等级	技术年限				
			4年以下	5～8年	9～12年	13～16年	17年以上
			工资档次	工资档次	工资档次	工资档次	工资档次
四级五级	中级工；员级	初级工及以下	2	3	4	5	6
		中级工；员级	4	5	6	7	8
		高级工；助理级	6	7	8	9	10
		技师；中级	8	9	10	11	12
		高级技师；副高级	10	11	12	13	14
六级七级	高级工；助理级	中级工；员级	2	3	4	5	6
		高级工；助理级	4	5	6	7	8
		技师；中级	6	7	8	9	10
		高级技师；副高级	8	9	10	11	12
八级	中级；技师	高级工；助理级	2	3	4	5	6
		中级；技师	4	5	6	7	8
		高级技师；副高级	6	7	8	9	10
		特级技师；正高级	8	9	10	11	12
九级	中级；技师	高级工；助理级	2	3	4	5	6
		中级；技师	4	5	6	7	8
		高级技师；副高级	6	7	8	9	10
		特级技师；正高级	8	9	10	11	12

表12-29的核心是，本人专业技术资格符合岗位要求，一律从四档起，按技术年限长短纳入；低于岗位要求的，每低一个层次，起点档次低两档；每高出一个层次，起点档次高两档。

4. 根据本人岗位资质计分纳入

这是某军械维修厂的做法。该厂对部门管理岗位人员的岗位资质工资实行"窄带"的"一岗七薪"，对部门非管理岗位人员的岗位资质工资实行"宽带"的"一岗十五薪"。如何纳入岗位资质工资档次呢？

部门管理岗位人员包括部门正职和部门副职的任职人员。部门管理岗位人员按照本人具备的岗位资质，即本人专业技术资格等级和学历与岗位任职要求的符合度，以及工作年限决定纳入的工资档次。具体办法是：

（1）本人最高学历符合岗位任职要求的，计1分；不符合要求的，计0分；高出岗位要求的，计2分。

（2）本人专业技术资格/技术等级符合岗位任职要求的，计1分；不符合要求的，计0分；超出要求的，计2分。

（3）本人工作年限10年以下的计1分；11～20年的计2分；21年及以上的计3分。

本人岗位资质得分与纳入工资档次的对应关系，见表12-30。

表12-30 部门管理岗位：本人岗位资质得分与纳入工资档次对应表

岗位资质得分	1	2	3	4	5	6	7
纳入工资档次	1	2	3	4	5	6	7

部门非管理岗位人员包括除部门正职、副职以外的所有任职人员。部门非管理岗位人员按照本人岗位资质，即本人专业技术资格等级和学历与岗位任职要求的符合度决定纳入的工资档次。具体办法是：

（1）本人最高学历符合岗位任职要求的，计1分；不符合要求的，计0分；高出岗位要求的，计2分。

（2）本人专业技术资格符合岗位任职要求的，计3分；不符合要求的，每低一个层次少计1分，最低为0分；超出岗位任职要求的，每高出一个层次，多计2分，最多计7分。

（3）本人工作年限4年以下的计1分；5～8年的计2分；9～12年的计3分；13～16年的计4分；17～20年的计5分；21年及以上的计6分。

本人岗位资质得分与纳入工资档次的对应关系，见表12-31。

表12-31　部门非管理岗位：本人岗位资质得分与纳入工资档次对应表

岗位资质得分	1	2	3	4	5	6	7	8	9	10	11	12	13	14	15
纳入工资档次	1	2	3	4	5	6	7	8	9	10	11	12	13	14	15

（二）使用"硬件"套入法的配套措施

实际中，由于有的员工有"证书"没水平，有的员工没"证书"有水平；同时，技术水平和学历，使用哪个因素纳入工资档次。为了解决这两个问题，在使用"硬件"套入法时结合使用了以下配套措施：

（1）纳入新的工资标准所依据的专业技术资格等级或技术等级，是指在实际工作中表现出来的专业技术水平或技术水平确定，并以实际聘任的专业技术职务或技术等级认定。

（2）对于本次工资改革之前认定的专业技术资格或技术资格与实际水平不符的，可以采取"高职低聘"的办法。原专业技术资格或技术资格作为"档案资格"予以保存。

（3）对于职工公认的在实际工作中确实表现出较高的专业技术水平或技术水平，并在工作中成为业务技术骨干的职工，包括中短期合同制工人，由于多种原因并不具有与实际水平相应等级的专业技术资格证书或技术等级证书，经本人申请、职工评议、部门或独立核算单位上报，公司经理办公会批准，可以破格高定1～3个工资档次。

（4）在纳入工资档次使用的专业技术等级（技术等级）和学历两个条件中，选择能够纳入较高工资档次的专业技术等级（技术等级）条件或学历条件纳入。

另外，有的单位多年来没有重视员工专业技术资格的评定或技术等级鉴定工作，多数员工没有专业技术资格或技术等级，硬按工资档次纳入表执行，会引发一些员工的不满，于是，某集团公司采取了"视同"的过渡性办法，以管理人员、专业技术人员为例，对于暂不具有专业技术资格证书的管理人员、专业技术人员，作为过渡性的办法，暂按以下条件，由人力资源部门认定视同的专业技术资格，纳入工资档次：

（1）高中、中专、技校毕业生，从工作的第4年（含在其他单位工作的年限，下同）

起，视同员级专业技术资格，并从工作的第 4 年起计算员级技术年限。

（2）大专毕业生，从参加工作的当年起，视同员级专业技术资格，并从工作的当年起计算员级技术年限；从参加工作的第 4 年起，视同助理级专业技术资格，并从参加工作的第 4 年起计算助理级技术年限。

（3）本科毕业生，从参加工作的当年起，视同员级专业技术资格；从工作的第 13 个月起，视同助理级专业技术资格，并从第 13 个月起计算助理级技术年限。

（4）硕士研究生，从参加工作的当年起，视同助理级专业技术资格，从工作的当年起计算助理级技术年限；从参加工作的第 3 年起，视同中级专业技术资格，并从参加工作的第 3 年起计算中级技术年限。

（5）博士研究生，从参加工作的当年起，视同中级专业技术资格，并从工作的当年起计算中级技术年限。

以上视同的专业技术资格，从视同的当年算起，给予 3 年的过渡期。在 3 年的过渡期内，不能取得相应的专业技术资格的，从第 4 年起，可以保留视同的专业技术资格，但专业技术资格的晋升，必须通过参加专业技术资格考试或专业技术资格鉴定取得。视同的专业技术资格，由人力资源部门认定。

二、绩效考核等级纳入法

某网通研究院的做法是，员工本年度的绩效考核档次决定下一年度的工资档次，即"秋后算账"。考核结果为 A、B、C 三个等级的，纳入相应的 A、B、C 三个工资档次，见表 12-32。

表 12-32 员工工资档次纳入表

本年度绩效考核等级	A	B	C
下一年度本等级工资档次	A	B	C

考核等级为 D 等级的，按照该院《员工绩效考核管理办法（试行）》的规定，下调职位等级，并按照下调后的职位等级重新确定工资等级，工资档次按照新调整等级的三档工资标准确定。

考核为 E 等级的或连续两年考核为 D 等级的，不再执行本方案的工资标准，只发给最低生活保障费。

三、职能等级评价纳入法

这是某集团公司总部试行的办法，具体见表 12-33。纳入哪个工资档次，取决于对个人的职能评价分数及其决定的职能等级的高低。

表 12－33　执行操作层管理人员个人职能评价标准

指标		A 10 分	B 6 分	C 3 分	D 1 分
潜在工作能力	学历	硕士生以上	大学本科	大学专科	高中（中专）
	工龄	16 年以上	11 年～15 年	6 年～10 年	5 年以下
	专业技术资格水平	本专业正高级专业技术资格	本专业副高级专业技术资格	本专业中级专业技术资格	本专业初级专业技术资格
	本岗级任职年限	9 年及 9 年以上	6 年～8 年	3 年～5 年	1 年～2 年
实际工作能力	专业能力	具有担当本职务岗位所要求的各种能力资格，能熟练掌握、运用专业技术、技巧，工作经验丰富，能根据客观情况的变化，灵活有效地处理专业技术问题。	具有担当本职务岗位所要求的各种能力资格，工作经验较丰富，能运用和处理有关专业技术问题。	具有担当本职务岗位所要求的相当专业水平，工作经验较少，运用和处理有关专业技术问题不熟练。	无本专业的知识和经验，不会运用和处理有关专业技术问题。
	独立工作能力	能独立承担和完成本职工作范围内的重要业务工作。	能独立承担和完成本职工作范围内的一般业务工作。	有时需要在上级指导和同事的帮助下才能完成。	经常需要上级指导和同事帮助才能完成。
实际工作能力	动手操作能力	动手能力和实际操作能力强，办事干净利索，非常优秀。	有较好的动手能力和实际操作能力，办事能满足要求。	有一定的动手能力和实际操作能力，办事基本能满足要求。	动手能力和实际操作能力较差，办事不能满足要求。
	体力和心理承受能力	身体健康，精力充沛，能出全勤，能持续紧张地工作，对工作中的压力与困难具有很强的心理承受能力。	身体健康，精力较充沛，很少请病假，尚能紧张地工作，对工作中的压力与困难具有较强的心理承受能力。	身体不够健康，有慢性疾病，常缺勤，不能适应紧张工作，对于工作中的压力与困难心有余而力不足。	身体有多种慢性病，不能坚持正常工作，工作中的压力与困难没有承受能力。
	适应能力	能在一个领域、一个部门中完成多种任务或活动。	能较快地适应新任务的要求，完成新任务。	尚能适应新任务的要求，基本能完成新任务。	不能适应新任务的要求，不能承担新任务。
	创新能力	善于根据本职工作情况，提出新的工作方案，有效地改进工作，善于开发利用新方法、新手段，有创新成果。	乐于接受新的工作任务，改进工作方法和手段，效果良好。	努力学习、掌握新知识、新技术，不断钻研新业务，提高自身创新能力。	墨守成规，不求进取。

工资调整

工资调整主要是指工资标准的调整。工资标准调整，大致又可分为三类：第一类是个体工资标准的调整，包括工资等级的调整、工资标准档次的调整；第二类是整体工资标准的调整；第三类是结合内部分配改革对工资结构的调整。工资调整是保证工资正常运行的一个重要的动态措施，也是工资能增能减机制的体现之一。在工资方案中，工资调整是必不可少的内容。

一、个体工资标准的调整

（一）工资等级调整

管理人员提升职务等级，工人到高于现任等级的岗位上工作，按照新的岗位（职务）等级确定相应的工资等级。

当职工需要调整到比现任岗位等级较低等级的岗位时，也按低调后的岗位等级确定相应的工资等级。

由于岗位调整，晋升工资等级或下调工资等级一律从新任岗位（职务）的次月起执行。

（二）工资标准档次的调整

工资标准档次的调整，包括下述情况。

1. "技变"晋档

员工取得较高一级的专业技术资格或技术等级，如果出现按高一等级的专业技术资格（或高一等级的技术等级）调整的工资档次，低于按原专业技术等级（或原技术等级）确定的工资档次时，按照"就高"确定工资档次。

由于专业技术等级、技术等级提高，应当调整工资档次的，一般从取得有效证书之月起调整。

2. "学变"晋档

职工取得比现有等级高一等级的有效学历证书，一般从取得高一等级证书之月起晋升工资档次。

3. "龄变"晋档

专业技术年限、技术年限或工作年限增长，需要调整工资档次的，一般从当年的 1 月

1 日起调整。

4. "考核变档"

"考核变档"是指在按照本人条件纳入或调整工资档次的基础上，连续两年或三年考核优秀、业绩突出的，可以晋升一个工资档次；如果考核结果较差，可以降低工资档次。考核变档的时间一般从变档年度的 1 月 1 日起计算。

二、整体调整工资标准

（一）定期普遍调整工资标准

企业应当根据上年度企业所在地区社会平均工资的增长，同行业、同类人员的平均工资的增长，在企业生产经营基本正常、具备支付能力的前提下，参照当地政府劳动部门公布的工资指导线，每年或每两年调整一次工资标准。

整体调整工资标准，综合了居民消费价格增长、社会和本企业劳动生产率的增长、职工生活水准的提高等多种因素，是"阳光普照"式的调整。

每年整体调整工资标准的幅度多少应仔细测算。一般来说，按照政府颁布的工资指导线的基准线计算的工资增量，其中 30%～50%用于个别职工工资标准的调整，其余的 70%～50%用于职工整体工资标准的调整。

整体调整工资标准的方法，从控制和缩小内部工资差距的原则和目标出发，应当采取普加（所有岗位工资标准增加一个同等的工资额）和普调（所有岗位工资标准按照同样的一个百分比提高工资标准）相结合的形式。

（二）根据业绩决定加薪幅度

这是美国一些企业采取的办法，称为"绩效工资"，具体见表 12-34。

表 12-34　绩效等级与加薪幅度

绩效定义	远高于平均水平	高于平均水平	平均水平	低于平均水平	远低于平均水平
绩效等级	1	2	3	4	5
基本工资增长（%）	6	5	4	3	0

基本做法是：在每个年度的年终，通常由员工的直接主管对其进行评价，并根据绩效等级决定基本工资的加薪幅度。其核心是：只要员工和雇主保持雇佣关系，那么，员工每年的工作就会得到相应的有效回报。这样，计入基本工资的金额就会持续地增加。

三、工资结构调整

工资结构调整即工资构成调整。伴随着每一次工资改革，都要进行一次工资结构的调整。工资结构调整涉及所有的职工，但它不是"阳光普照"式的调整，如果没有工资增量，则一般是工资存量的再分配。

如何确定工资结构，取决于工资改革的指导思想和要达到的目标。如果强调实行岗位工资制，则要求工资标准简单明了，改革中就会把能合并的多种工资合并，包括奖金、津贴、补贴等。

复习思考题

1. 思考题

（1）工资结构调整与工资标准测算的基本流程大致可以分为哪几个阶段？

（2）比较等比系数法和等差系数法测算工资标准的结果，能够直接采用岗位评价的点数测算工资标准吗？

（3）薪酬调查的目标和程序是什么？

（4）某一工资等级中点工资标准为4 000元，浮动幅度为30%，则此工资等级工资标准浮动的下限、上限分别为多少？

（5）什么是扩展工资带？扩展工资带的作用是什么？

（6）设计一岗多薪中档差的基本方法是什么？

（7）纳入工资标准档次的办法有六种：一是根据技术水平和技术年限纳入；二是根据技术水平和连续工龄纳入；三是根据本人"硬件"与岗位要求的符合度纳入；四是根据本人岗位资质计分纳入；五是按照绩效考核等级纳入；六是按照职能等级纳入。你认为，这六种纳入工资档次办法各有什么长处。

（8）工资调整包括哪些内容？

2. 实训题

（1）某企业可分配工资总额为362 564元，其他资料如下表所示。

岗位等级	一	二	三	四	五	六	七	八	九	十	十一	十二	合计
各等级人数	50	60	80	100	120	90	70	30	20	10	6	4	
各等级评价点数	120	150	180	210	240	270	300	330	360	390	420	450	—
各等级评价总点数													
每点工资率													
各等级工资标准													

要求：

按照给定的工资总额和表中资料计算有关数字，并填入表中相应位置。

（2）对薪酬主管岗位的薪酬调查数据如下表所示。

<h3 style="text-align:center">薪酬主管岗位薪酬调查数据</h3>

企业名称	平均工资（元）	排列	计算并找出 90%、75%、50%、25%点处的工资标准
A	4 450	1	
B	4 300	2	
C	4 000	3	
D	4 000	4	
E	3 800	5	
F	3 800	6	
G	3 650	7	
H	3 400	8	
I	3 400	9	
J	3 200	10	
K	3 000	11	
L	2 800	12	
M	2 500	13	
N	2 500	14	
O	2 500	15	
P	2 500	16	
Q	2 300	17	
R	2 100	18	
S	2 100	19	
T	2 000	20	
U	1 800	21	

要求：

参照本章表 12-21，找出 25%点处、50%点处、75%点处和 90%点处的工资数额，并填入上表中第四列处。

（3）对上题调查的薪酬数据进行频率分析，并将结果填入下表。

<h3 style="text-align:center">薪酬主管岗位的薪酬频率分析</h3>

薪酬幅度（元）	出现频率
1 800～2 099	2
2 100～2 399	3

（4）工资标准总额为 360 万元，一级岗位评价点数为 100 点，十六级岗位评价点数为 500 点，按照等差点数法测算工资标准，并填入下表。

某公司月岗位工资标准测算表

[等差点数法，等差点数＝（　　—　　）÷（　　—1）＝　　　]

1	2	3	4	5＝2×4	6	7＝4×6	8	9
岗级	岗级人数	等差点数	每一岗级点数	每一岗级点数之和	点值	每一岗级工资标准	个位四舍五入简化	级差
一	2	—	100					—
二	6							
三	12							
四	5							
五	3							
六	5							
七	9							
八	10							
九	12							
十	4							
十一	8							
十二	6							
十三	4							
十四	2							
十五	1							
十六	1							
合计	90	—	—		—	—	—	—

注：点值＝工资总额÷各岗级点数之和＝3 600 000÷　　　＝　　　（元）。

（5）工资总额为 360 万元，第十六级岗位评价点数为 500 点，一级评价点数为 100 点。按照等比递增点数法测算工资标准，并填入下表。

某公司月岗位工资标准测算表

（等比递增点数法，等比系数＝$\sqrt[16-1]{5}$＝　　　）

1	2	3	4	5＝2×4	6	7＝4×6	8	9
岗级	岗级人数	等比系数	每一岗级点数	每一岗级点数之和	点值	每一岗级工资标准	个位四舍五入简化	级差
一	2	1	100					
二	6							
三	12							
四	5							
五	3							
六	5							
七	9							
八	10							
九	12							
十	4							
十一	8							
十二	6							

续表

1	2	3	4	5=2×4	6	7=4×6	8	9
岗级	岗级人数	等差点数	每一岗级点数	每一岗级点数之和	点值	每一岗级工资标准	个位四舍五入简化	级差
十三	4							
十四	2							
十五	1							
十六	1							
合计	90	—	—	—	—	—	—	—

注：点值＝工资总额÷各岗级点数之和＝3 600 000÷　　＝　　（元）。

（6）按照岗位工资基准的3%计算档差（个位四舍五入），确定一岗五薪工资标准，并填入下表。

某公司一岗五薪工资标准表　　　　　　单位：元/月

岗级	岗位工资基准	级差	档差	工资标准档次				
				1	2	3	4	5
1	990	—	30	930	960	990	1 020	1 050
2	1 090	100	30	1 020	1 050	1 090	1 120	1 150
3	1 190					1 190		
4	1 310					1 310		
5	1 430					1 430		
6	1 570					1 570		
7	1 710					1 710		
8	1 870					1 870		
9	2 060					2 060		
10	2 280					2 280		
11	2 530					2 530		
12	2 780					2 780		
13	3 050					3 050		
14	3 350					3 350		
15	3 700					3 700		
16	4 050					4 050		
17	4 450					4 450		

在线练习

第十三章

绩效工资计发设计

本章思维导图

学习目标

通过本章的学习，你应该能够：

▶ **知识目标**

　　1. 理解绩效工资的含义；

　　2. 掌握绩效工资计发的基本思路；

　　3. 掌握团体激励计划及奖金总额的提取办法；

　　4. 了解长期激励计划的形式和内容。

▶ **技能目标**

　　1. 设计包括业务部门、职能部门、单位领导层成员在内的一体化绩效工资计发方案；

　　2. 设计公司对部门、部门对所属职工的两级考核、两级分配的绩效工资分配办法。

▶ **素养目标**

　　1. 把"两个机制"——在"分好面包"的同时"把面包做大"，贯穿于企业绩效工资计发设计和实施的全过程；

　　2. 抓好并牵住绩效工资这个搞活工资分配的"牛鼻子"，切实有效地促进和增强企业活力与竞争力。

引例及分析

　　2010年，某工程总承包公司实行新的薪酬制度，新的薪酬制度有两个理念：一是为了保留和吸引人才，工资水平要高，职工平均月工资8 000元，居同行业领先水平；二是要让大家工资拿得踏实，因此，岗位基本工资平均7 200元，占平均工资的90％，而岗位绩效工资平均每月800元，只占平均工资的10％。结果公司当年就出现了1 000多万元的亏损，第二年亏损扩大到2 000多万元。公司陷入了生存困境。到第三年，公司不得不推出新的薪酬改革举措：一是将岗位基本工资下降到平均2 000元；二是将下降的岗位基本工资归入岗位绩效工资。如何计发绩效工资？一是所有业务部门独立核算，自负盈亏，凡是当年创造利润的部门，实行30％利润绩效工资提成；没有利润的业务部门，所有开支，包括人工费，均视为向公司借支，挣了钱再还。二是所有职能部门人员的绩效工资实行"两挂钩"，浮动计发，即一挂业务部门平均奖金的80％，二挂本人岗位的绩效考核系数。公司推出新举措的当年就扭亏为盈1 000多万元，第二年实现利润2 000多万元。到2017年，该公司已经发展成为产值20多亿元、利润1亿多元的大公司，公司职工的收入也由当初的月平均工资8 000元提高到了16 000元。

有人说，该公司能扭亏为盈，并且发展壮大，完全是改变薪酬结构的结果；也有人说，这是绩效工资作用的结果；还有人说，这既是分好面包的结果，也是在分面包的过程中包含了促进把面包做大机制的结果。学完本章内容，你对这个案例有什么新的看法呢？

第一节

绩效工资计发的基本办法

一、绩效工资的内涵

绩效工资也称可变工资、浮动工资或奖金，是根据员工在一定时期内的绩效评价结果而增发或计发的奖励工资或浮动工资。

绩效工资制度的前身是计件工资，但它不是简单意义上的工资与产品数量挂钩的工资形式，而是建立在科学的工资标准和管理程序基础上的工资体系。它的基本特征是将雇员的薪酬收入与部门绩效、个人业绩挂钩。业绩是一个综合的概念，比产品的数量和质量内涵更为宽泛，它不仅包括产品数量和质量，还包括雇员对企业的其他贡献。

二、绩效工资的形式

从五个不同的角度划分，绩效工资表现为不同的形式。

（一）按照绩效工资的支付周期

按照绩效工资的支付周期，绩效工资可分为日绩效工资、月度绩效工资、季度绩效工资、半年绩效工资、年度绩效工资。

（二）按照一年内绩效工资的发放次数

按照一年内绩效工资的发放次数，绩效工资可分为经常性绩效工资和一次性绩效工资。

（三）按照绩效工资考核项目的多少

按照绩效工资考核项目的多少，绩效工资可分为单项绩效工资和综合性绩效工资（如百分计奖）。

（四）按照绩效工资支付的依据指标

按照绩效工资支付的依据指标，绩效工资可分为产量（计件工资）绩效工资，质量（优质优价、质量奖）绩效工资，销售额、推销额绩效工资，增加值绩效工资，利润绩效工资，成本（如成本降低率、成本节约额）绩效工资，复合经济指标绩效工资，复合指标（经济指标＋行为指标）绩效工资。

（五）按照绩效工资支付的对象

按照绩效工资支付的对象，绩效工资可分为个人绩效工资、团体绩效工资。团体绩效工资一般为两级考核、两级支付。

三、绩效工资计发的基本思路

（一）分级管理

分级管理，即两级考核、两级分配。

一级考核、一级分配，即单位对部门一级考核，一级分配，决定部门月度、年度应发绩效工资总额。

二级考核、二级分配，即部门以所属任职人员为单位进行绩效考核，根据考核结果，将部门应发绩效工资总额，在所属任职人员之间自主分配，以决定岗位任职人员月度、年度的应发绩效工资。

（二）分类管理

按是否直接经营业务，可分为两大类部门和人员：

（1）业务部门：即直接创造价值或直接提供社会服务的业务（生产、研发）部门。

（2）不能直接创造价值或不提供社会服务的职能管理部门。

对工作性质不同的两类部门，应采取不同的绩效工资计发办法。对业务部门的绩效工资，直接以本部门绩效考核结果为依据计发。而对职能部门，往往间接依据业务部门的实际平均绩效工资（或绩效工资的实现程度）和本部门的绩效考核结果两挂钩计发。

（三）优先次序

在计发次序上，首先解决好计发业务部门绩效工资的问题，之后再解决职能管理部门绩效工资如何随业务部门挂钩浮动计发的问题。

四、业务部门绩效工资计发的基本办法

业务部门绩效工资计发的基本办法有下述三种。

（一）提成工资法（工资含量法）

提成工资法的计算公式如下：

$$提成工资提取比例 = \frac{目标绩效工资（标准）}{目标增加值（内部利润等）} \times 100\%$$

$$应发提成工资 = 实际增加值（内部利润等） \times 提成工资(\%) \times (百分绩效考核得分 \div 100)$$

【例 13-1】 某设计室考核期目标绩效工资 120 万元，目标到账收入 1 200 万元，采取绩效工资提成办法。考核期末该设计室实现收入 1 500 万元。该设计室应提取绩效工资多少？

解：

$$该设计室绩效工资提取比例 = \frac{120 \text{ 万元}}{1\,200 \text{ 万元}} \times 100\% = 10\%$$

$$该设计室应发绩效工资 = 1\,500 \times 10\% = 150（万元）$$

（二）计件工资法

计件工资法的计算公式如下：

$$计件单价 = \frac{目标绩效工资（标准）}{目标（定额）产量/工时}$$

$$应发计件工资 = 计件单价 \times 实际完成产量/工时 \times (百分绩效考核得分 \div 100)$$

【例 13-2】 某单位生产部计件单价核定。生产部绩效工资计发的基本模式是确定"两个基数、一个单价"，即确定目标绩效工资总额基数、目标产量基数以及绩效工资总额随目标产量挂钩浮动的计件单价，然后绩效工资总额随考核期目标产量指标的完成情况，按确定的计件单价增加或减少。生产部的"两个基数、一个单价"一经确定，原则上三年不变。

生产部计件单价的核定如表 13-1 所示。

表 13 - 1 生产部计件单价的核定

序号	产品	目标年度绩效 工资基数	2008 年度核定 目标产量（吨）	计件单价（元/吨）
0	1	2	3	4＝2/3
1	水泥	350 万元	70 000 吨	50 元/吨

（三）计件工资或提成工资＋百分考核计发办法

【例 13 - 3】某公司业务部门年度应发绩效工资，按照《公司业务部门绩效工资计发及利润计算办法》计算后，再增加业务部门百分绩效考核因素后确定。

业务部门应发绩效工资计算公式为：

$$业务部门年度\atop 应发绩效工资 = 当年部门利润 \times 30\% \times (该部门年度百分绩效考核得分 \div 100)$$

五、职能部门绩效工资计发办法

职能部门应发绩效工资总额可以参照下式计算：

$$各职能部门应发\atop 绩效工资总额 = 该部门\atop 人数 \times \frac{该部门平均岗位工资系数}{业务部门平均岗位工资系数} \times 业务部门\atop 平均绩效工资$$
$$\times 与业务部门绩效\atop 工资挂钩浮动比例 \times 该部门百分\atop 绩效考核得分 \div 100$$

式中，"与业务部门绩效工资挂钩浮动比例"在 0.2～1.0 的范围内确定。在与总公司年度签订的各业务部门目标利润总额内的部分，挂 0.8～1.0；超出各业务部门签订的年度目标利润总额的部分，挂 0.2～0.5。具体比例由公司经理办公会统筹确定。

六、单位领导层成员绩效工资计发办法

计算单位领导层成员绩效工资，以下两个办法可以选择其一：

（1）在领导层成员本人事先有明确绩效工资标准情况下，按下式计算：

$$单位领导层成员\atop 应发岗位绩效工资 = 本人年度\atop 绩效工资标准 \times 业务部门实际平均年度\atop 目标岗位绩效工资实现比例$$
$$\times 与业务部门绩效工资\atop 挂钩浮动比例(1:1) \times 本人年度绩效考核系数\atop （民主测评系数）$$

式中，1）$\dfrac{业务部门实际平均年度}{目标岗位绩效工资实现比例} = \dfrac{业务部门年度实际\atop 应发绩效工资总额}{业务部门目标年度岗位\atop 绩效工资标准总额} \times 100\%$；

2）"与业务部门绩效工资挂钩浮动比例（1∶1）"，而不是低于1∶1的根据是，单位领导层经营业绩的好坏主要体现在业务部门的业绩上，或者说，业务部门的业绩如何，直接反映了单位领导层或经营层经营业绩的好坏。

（2）在领导层成员本人没有明确的绩效工资标准情况下，按下式计算：

$$\begin{aligned}\text{单位领导层成员}\atop\text{应发岗位绩效工资} = {\text{业务部门}\atop\text{平均绩效工资}} \times {\text{该成员岗位工资系数}\over\text{业务部门平均岗位工资系数}} \\ \times {\text{与业务部门绩效工资}\atop\text{挂钩浮动比例(100\%)}} \times {\text{该成员民主}\atop\text{测评得分}} \div 100\end{aligned}$$

第二节

团队激励计划及奖金总额提取办法

一、团队与个人激励计划的比较与选择

（一）激励计划的比较

在当今这个对生产率越加重视的时代，团队与个人激励计划哪个更有效？通常在达到更高的生产率方面，个人激励计划更有潜力和可能具有更完备的跟踪记录；而团队激励计划必须面对所谓的"搭便车"问题。这种分配结果会使优秀的员工流失，这是最大的损失。

搭便车问题所带来的不良后果可以通过有效的绩效考评技术予以缓解，尤其是在具备明确的绩效标准时，搭便车者更难有时间袖手游荡。当要求员工必须在特定的时间内确定达到特定的绩效标准时，实际上是那些原本绩效不佳的员工的绩效提升表现得最为显著。

（二）激励计划的选择

团队激励计划是否优于个人激励计划，企业在薪酬设计时，选择哪一种激励计划比较合适，可以通过表13-2来判断。

表13-2　个人与团队激励计划的选择

特征	选择个人激励计划时	选择团队激励计划时
绩效指标	存在很好的个人绩效指标。任务完成与否同其他人的绩效无关。	产出是团队协作的结果。个人对于产出的贡献无法评估。

续表

特征	选择个人激励计划时	选择团队激励计划时
组织适应能力	个人绩效标准相当稳定，生产方法和员工搭配相对稳定。	个人绩效标准的变化取决于以相对稳定的组织目标为基础的环境压力。 生产方法和员工搭配必须同变化着的环境压力相匹配。
组织承诺	承诺能最有力地激发出个人的专业和特长。监督者的公平性得到认可，绩效标准事先已经明确。	对组织的高度承诺建立在组织目标和绩效标准充分沟通的基础之上。
工会状况	没有工会。工会提倡待遇平等。个人之间的竞争抵制了"友爱"精神。	有工会或没有工会。工会较少反对有助于培养单位内聚力和主张团队内平均分配回报的计划。

（三）团队激励计划的优点与不足

尽管个人激励计划在兴趣上趋向平衡或下降，但是团队绩效工资计划正趋向流行，原因在于工作流程性质的改变。团队作为基本工作的单元正趋向流行。工作之间的相互依赖和合作的需要意味着薪酬必须鼓励合作。用薪酬来强化团队的努力一般而言是成功的，以下列举了团队激励计划的优点和不足。

1. 团队激励计划的优点

（1）对组织和个人绩效每年产生 $5\%\sim10\%$ 的积极影响。

（2）比个人激励计划更易于进行绩效评价。

（3）在组织内部和组织之间，合作是一种合意的行为方式。

（4）团队工作获得了大多数员工的积极支持。

（5）能够增加员工对决策过程的参与程度。

2. 团队激励计划的不足

（1）视线变得模糊，也就是说，员工更加难以发现他们的绩效最终如何影响他们的激励性报酬。

（2）会增加贡献率较高的员工的流动，因为，由于他们必须与低贡献员工分享收益而使其积极性受挫。

（3）由于收入的稳定性较低，增加了员工的薪酬风险，将会引导求职者去基本工资占薪酬很大一部分比例的公司工作。

二、团队激励绩效指标的范围

对于团队激励绩效指标，不同类型的公司目标所对应的绩效指标范围不同，如表 13-3 所示。

表 13-3　绩效指标范围

财务指标	客户指标	内部经营过程指标	学习与成长指标
1. 价值创造 （1）收入增长 （2）资源获益 （3）销售毛利 （4）经济增加值 2. 股东回报 （1）投入资本收益率 （2）销售/收益回报 （3）每股收益 （4）利润增长率	1. 市场时效指标 （1）配送时间 （2）周转时间 （3）新产品引介 2. 客户满意度指标 （1）市场份额 （2）客户满意度 （3）客户增长及保有	1. 资源利用 （1）预算与实际开支之比 （2）成本配置比率 （3）可靠性/返工 （4）精确性/误差 （5）安全等级 2. 变革效率 （1）方案执行 （2）协作效率 （3）服务/品质标准	1. 人力资源效能 （1）员工满意度 （2）流动率 （3）招聘总成本 （4）开发计划的进展速度 （5）提升标准 （6）全体员工/管理人员数量比率 2. 其他资产效能 （1）专利/知识产权/规章 （2）分配制度 （3）技术效能

三、团队激励计划的形式及奖金总额的提取办法

奖金既然是超额劳动的报酬，那么，一个企业、一个部门的奖金也就必须从超额劳动所创造的新价值中提取。超额劳动创造的价值有新增产值、新增销售额、新增附加值（净产值）、新增利润、节约成本等多种指标表现形式。

下面介绍六种团体激励计划的形式和奖金总额的确定方法。

（一）以实际销售额、生产额和标准人事费率为基准计算

这是美国 J. N. 史肯隆教授在负责钢铁公司的会计工作时设计的方法，所以也称史肯隆计划。其计算的主要根据是企业的实际销售额或生产额。其基本思想是：根据行业的一般状况，一定销售额或生产额中的人事费率有一个平均值，销售额或生产额与这一个平均值的人事费率的乘积即为应该用于支付的工资总额。用这一工资总额减去实际工资总额（人事费）的差额即为奖金总额。其公式为：

$$奖金总额＝实际销售额（或生产额）×标准人事费率－实际工资总额$$

式中：实际工资总额是指以各种形式已支付的或必须支付的工资总额，包括标准工资、津贴、补贴、特殊情况下支付的工资等。

【例 13-4】某公司 2017 年度实现销售额 5 600 万元，人事费率为 14%，该年度必须支付的标准工资、津贴和补贴等共 640 万元，该公司该年度可用于支付的奖金额是多少？

解：

该公司 2017 年可用于支付的奖金额为：5 600×14%－640＝144（万元）

（二）以附加价值（净产值）为基准计算

这是美国会计师 A. W. 拉卡所提倡的办法，也称拉卡计划。拉卡在 1914—1947 年经

研究发现，美国制造业人事费总额占生产价值（生产额扣除原材料价值后的剩余部分，即附加价值或净产值）的比例一般都在 39.395％。基于这一实际，他认为生产价值乘以 39.395％的乘积即为人事费总额。他认为，已发人事费低于按这一比例提取的人事费总额的部分，应以奖金形式发给劳动者。

按此办法，一般计算公式为：

$$奖金总额＝附加价值×标准劳动分配率－实际支付工资总额$$

（三）以目标销售额为基准计算

这种方法是以目标（计划）销售额为基准，凡实际销售额超过目标或计划销售额部分为超目标销售额，然后再规定一个超目标奖金提取比例，超目标销售额与超目标奖金提取比例的乘积即为新增奖金额。使用这一方法一般以年度为周期，平时可按一定比例预提，年终结算。其公式为：

$$当年新增奖金额＝(实际年度销售额－目标年度销售额)×超目标奖金提取比例$$

式中：超目标奖金提取比例是企业自行规定的，一般来说，这一比例不能超过上期或计划销售额工资提取比例。

（四）以节约成本额为基准计算

对于职工来说，大部分成本项目可归结为两类，即可控制成本与不可控制成本。可控制成本包括原材料消耗、能耗、广告费、其他经费等；不可控制成本包括机器设备费用、利息支付等。对于职工可控制的成本费用，如果职工通过努力比上期节约了成本费用，则从节约的成本费用中提取一定比例作为奖金额。

这里对凯塞计划作一简单介绍。美国凯塞铝业公司 1961 年的成本人事费率（人事费/制造成本）为 32.5％，公司为了达到降低成本的目的，提出将每节约一吨铝的制造成本的 32.5％分配给劳动者。这一制度的主要内容包括三个方面：

（1）待分配给劳动者的奖金总额由下式决定：

$$奖金总额＝制造成本节约额×32.5％$$

（2）从待分配的奖金总额中扣除与成本节约相伴随的投入资本的折旧费部分（节约部分的 1/3，或者投入资本的 1/60，选择两者中的一个）。

（3）再从中扣除养老金、保险等，得出可分配的奖金总额。

（五）以实现利润为基准计算

一般情况下，人们普遍认为利润是最能体现企业经济效益的指标，所以，以利润为基准计算奖金的方法是相当普及的。在现实工作中，使用这种方法，一般是以上期利润或计划利润为基数，本期实现利润超过上期利润或计划利润部分为超额利润，然后根据本期实际和有关因素推算出超额利润奖金含量。超额利润与超额利润奖金含量的乘积即为本期新增的奖金总额。其计算公式为：

本期新增奖金额＝（实际利润－上期利润或计划利润）×超额利润奖金含量

与此相似的还有一种减亏计奖办法。一般是以上期亏损额为基数，本期实际亏损额少于上期亏损额的部分为减亏额。同时，根据本企业本期实际或比照本公司内其他企业的超额利润奖金含量，核定一个减亏额奖金提取比例。实际减亏额与减亏额奖金提取比例的乘积即为本期奖金。其计算公式为：

本期奖金额＝（上期亏损额－本期亏损额）×减亏额奖金提取比例

（六）以复合指标为基准计算

这种方式采用复合指标决定奖金总额，以保证企业的综合效益，避免顾此失彼。各企业可以根据本企业生产经营特点来确定复合指标和奖金提取的关系。一些仍按工效挂钩办法或"两低于"办法确定工资总额的公司或企业，要注意决定工资总额的挂钩指标与公司内各企业或企业内各生产经营部门奖金决定的生产经营指标的衔接和分解。

第三节

长期激励计划

长期激励计划关注于超过一年的绩效周期，并且以此来对短期激励计划的缺陷进行修正。最近兴起的长期激励计划具有的共同特点是普遍被设计成对长期的业绩周期进行考核与激励的方法。其中，最流行的是员工持股计划（Employee Stock Ownership Plan，ESOP）与绩效计划。

一、员工持股计划

员工持股计划是指由企业内部员工出资认购本公司部分股权，委托员工持股委员会作为社团法人托管运作，集中管理，员工持股管理委员会（或理事会）作为社团法人进入董事会参与按股份分享红利的一种新型股权形式。

很多公司相信，通过员工持股计划，可以把员工与公司的成功与失败联系起来。它被认为是能使员工与公司联系得更紧密并且有助于提高绩效的一种方法。

ESOP的核心思想就是员工的努力能促使公司股票价格的上涨。员工持股计划是复杂的不可控的，它盛行的主要原因在于，它能够吸引员工更多地参与企业的决策过程，并且企业可以激发员工的创造热情。

二、绩效计划

绩效计划（Performance Plans）通常规定了企业未来三年的绩效目标，通常通过财务指标来进行衡量，并且在达到或超过目标时对员工进行奖励。

三、股票分享计划

股票分享计划是指公司在特定时间内，给予员工一定的公司股票。根据给予员工股票的方式，股票分享计划能够强化对员工绩效的指引（绩效文化），也能提高员工对组织的承诺程度和保留优秀员工（所有者文化）。例如，星巴克有一个股票分享计划，它给予每年工作不少于500小时的员工以股票分享，从一般员工到公司副总裁，只要符合这一条件，都能享受这一权利。如果公司的经营目标达到的话，所有员工都能平等地得到相当于他们工资报酬10%～14%价值的公司股票。员工每年得到20%股票赋予权，行权期在10年以后失效。这一计划在星巴克创造了一种视店如家的企业文化，并且使星巴克的员工流动率远远低于零售企业的平均员工流动率。

四、其他的长期激励计划

（1）溢价股票选择权。股票的预购价格高于发生时的市场价值，其目的在于比标准股权产生更强的激励作用。

（2）长期股权。将股权期限延长到10年以上，使授予期限比传统期限长3年～4年。目的是将公司高层管理人员长期留在公司。在公司难以留住高层人员时，使用这种方法效果很好。

（3）指数化股权。股票的预购价格按照一种股指上下移动，激励绩优股的产生。

（4）外部标准的长期激励。风险收益基于外部标准而不是内部的预算或目标。推动本公司与其他大公司进行业绩比较，尤其是同行业的大型公司，只有绩效高于这些公司，才能获得风险收益。

（5）股票延期兑现。在员工退休以前，股票不得全额兑现。这种方法适用于对公司核心员工的激励和约束，增加核心员工在组织的工作时间。

复习思考题

（1）如何理解绩效工资的概念？

（2）计发绩效工资的基本思路是什么？

（3）计发业务部门绩效工资的基本办法有哪三种？

（4）确定和提取团体奖金总额一般有哪六种方法？

（5）长期激励计划都有哪些形式？其作用是什么？

在线练习

案例分析

HJ公司部门绩效工资计发实施细则

第一章　总则

第二章　营销部绩效工资的计发

第三章　生产部绩效工资的计发

第四章　支持保障部门绩效工资的计发

第五章　各部门内部绩效工资的计发

第六章　附则

第一章　总则

第一条　【根据】

根据《HJ公司岗位职能绩效薪酬制方案（试行）》，制定本实施细则。

第二条　【分级管理】

岗位绩效工资是工资构成中的全浮动部分。原则上为两级考核、两级支付。

1. 一级考核、一级支付，即以部门为考核单位，按月计算，年终结算，根据考核结果，决定各部门月度和年度的应发绩效工资总额。

2. 二级考核、二级支付，即以岗位任职人员为单位，按月计算，年终结算，由各部门对所属任职人员，根据考核结果，决定岗位任职人员月度和年度的应发绩效工资。

第三条　【不同部门，不同办法】

营销、生产部门的应发绩效工资直接根据本部门绩效目标的完成情况，按月计算，年度结算；支持保障部门（包括办公室、财务部、管理部以及绩效难以进行准确数量界定的技术服务部、技术中心、质检部）的应发绩效工资，日常按月与营销、生产部门人员的应发绩效工资挂钩浮动，年终与营销、生产部门的年度结算情况挂钩浮动，并联系本部门目标绩效的完成情况计发。

第二章 营销部绩效工资的计发

第四条 【基本模式】

营销部绩效工资计发的基本模式，是运用"两个基数，一个比例"的原则，即目标绩效工资总额基数、目标绩效基数以及绩效工资总额随目标绩效挂钩浮动的提成比例上下浮动，然后绩效工资总额随报告期目标绩效指标的完成情况，按确定的提成比例增加或减少。

营销部的"两个基数，一个比例"一经确定，原则上三年不变。因某种原因，需要调整"两个基数，一个比例"的，由营销部提出，办公室测算，经经理办公会同意后实施。

第五条 【目标绩效工资总额基数的核定】

部门目标绩效工资总额基数，按照2007年年底在册人数和每人2008年年度岗位目标绩效工资标准乘积之和核定，如下表所示。

营销部目标绩效工资总额基数计算核定表　　　　　　单位：元

人数	产品	月度绩效工资总额	月平均绩效工资	年度绩效工资总额	年平均绩效工资
28	全部	69 850	2 495	838 200	29 936
27	民品（含小军品）	65 250	2 416	783 000	29 000
1	大军品	4 600	4 600	55 200	55 200

上表说明：2008年度营销部与绩效目标挂钩的绩效工资总额基数为83.82万元，其中，民品（含小军品）工资总额基数78.3万元，大军品5.52万元。

第六条 【目标绩效基数的核定】

目标绩效包括目标发货销售收入、目标回款额、目标营销利润三个指标。

目标发货销售收入、目标回款额、目标营销利润，分别根据前三年实际发生数平均数的50%，并别除不合理因素后核定。营销部目标绩效以及与绩效工资挂钩的绩效指标基数（按年度目标50%计算）的核定，如下表所示。

营销部目标绩效基数的核定　　　　　　单位：万元/年

序号	产品性质	绩效指标	2005年完成	2006年完成	2007年完成	2005—2007年合计	2005—2007年平均	2008年度核定目标绩效	与绩效工资挂钩的绩效指标基数（按年度目标50%计算）
0	1	2	3	4	5	6＝3＋4＋5	7＝6/3	8	9
1	民品（含小军品）	发货销售收入	5 317	6 635	8 507	20 459	6 820	6 820	3 410
2		回款额	5 314	6 399	8 171	19 884	6 628	6 628	3 314
3		营销利润	168	284	438	890	297	297	149
4	大军品	发货销售收入	4 125	2 611	3 388	10 124	3 375	3 375	1 687
5		回款额	4 925	2 884	3 929	11 738	3 912	3 912	1 956
6		营销利润	1 126	570	600	2 296	765	765	382.5

注：上表中7栏数值为6栏数值除以3。

上表第 9 列为核定的计提绩效工资的基数。当发货销售收入、回款额、营销利润超过本列额度时，从超过的部分中计发提取绩效工资。

第七条　【绩效工资提成比例的核定】

绩效工资提成比例，是将营销部民品目标年度绩效工资总额的 78.3 万元、大军品目标年度绩效工资总额的 5.52 万元，分别按照 3∶4∶3 的比例分解后，再分别除以年度目标发货销售收入、目标回款额、目标营销利润计算核定。绩效工资提成比例如下表中的第 6 列数。

年度目标绩效工资提成比例计算核定表　　　　　　　　　　单位：万元

序号	产品性质	绩效工资项目	2008 年度核定目标绩效	与绩效工资挂钩的目标绩效基数（按年度目标绩效 50%计算）	与绩效目标挂钩的年度绩效工资总额基数	绩效指标绩效工资提成比例（%）
0	1	2	3	4＝3×50%	5	6＝5/4
1	民品（含小军品）	发货销售收入绩效工资	6 820	3 410	23.49（78.3×30%）	0.688 9
2		回款额绩效工资	6 628	3 314	31.32（78.3×40%）	0.945 1
3		营销利润绩效工资	368	149	23.49（78.3×30%）	15.765 1
4	大军品	发货销售收入绩效工资	3 375	1 687	1.656 0（5.52×30%）	0.098 2
5		回款额绩效工资	3 912	1 956	2.208（5.52×40%）	0.112 9
6		营销利润绩效工资	765	382	1.656 0（5.52×30%）	0.433 5

第八条　【应发绩效工资总额的计算】

1. 营销部应发绩效工资总额按月计算，按年结算。

2. 营销部每月应发绩效工资总额按下式计算：

$$营销部应发绩效工资总额 = \left(\begin{array}{c}应发销售收入\\提成绩效工资\end{array} + \begin{array}{c}应发回款额\\提成绩效工资\end{array} + \begin{array}{c}应发营销利润\\提成绩效工资\end{array}\right) \times \begin{array}{c}营销部绩效\\考核系数\end{array}$$

式中：营销部绩效考核系数＝公司对营销部的全面绩效考核得分/100

公司对营销部的全面绩效考核办法，另行制定。

3. 营销部目标绩效内，每月应提绩效工资按下表计算。

营销部月度绩效工资提取核算表

2008 年　　　月　　　　　　　　　　　　　　　　　　　　　　　单位：元

序号	产品性质	绩效工资提取项目	当月绩效实际完成数	绩效指标绩效工资提成比例（%）	应提绩效工资
0	1	2	3	4	5＝3×4

续表

序号	产品性质	绩效工资提取项目	当月绩效实际完成数	绩效指标绩效工资提成比例（%）	应提绩效工资
1	民品（含小军品）	发货销售收入绩效工资		0.688 9	
2		回款额绩效工资		0.945 1	
3		营销利润绩效工资		15.765 1	
4		小计	—	—	
5	大军品	发货销售收入绩效工资		0.098 2	
6		回款额绩效工资		0.112 9	
7		营销利润绩效工资		0.433 5	
8		小计			
9	全部	总计			

上表中的第 3 列数，即当月营销部的发货销售收入、回款额、营销利润三项指标的实际完成数，于次月 3 日前，由财务部牵头统计，经营销部核实认可后，报公司办公室核算营销部上月应提绩效工资总额。

第九条　【超目标绩效工资的计发】

全年计算，超过年度目标发货销售收入、目标回款额、目标营销利润的，超过目标部分，发货销售收入绩效工资提成、回款额绩效工资提成、营销利润绩效工资提成，分别提高 50%。

第三章　生产部绩效工资的计发

第十条　【基本模式】

生产部绩效工资计发的基本模式，是确定"两个基数，一个单价"，即确定目标绩效工资总额基数、目标产量绩效基数以及绩效工资总额随目标产量挂钩浮动的计件单价，然后绩效工资总额随报告期目标产量指标的完成情况，按确定的计件单价增加或减少。

生产部的"两个基数，一个单价"一经确定，原则上三年不变。因生产增加或下降等原因，需要调整"两个基数，一个比例"的，由生产部提出，办公室测算，经经理办公会同意后实施。

第十一条　【目标绩效工资总额基数的核定】

部门目标绩效工资总额基数，按照 2007 年年底在册人数和每人 2008 年年度岗位目标绩效工资标准乘积之和核定，如下表所示。

生产部目标绩效工资总额基数计算核定表　　　　　　　单位：元

人数	品种	年度绩效工资总额基数	年平均绩效工资基数	月度绩效工资总额基数	月平均绩效工资基数
48	油漆	633 960	13 207.5	52 830	1 100.63

第十二条　【目标产量基数的核定】

目标产量，根据 2005—2007 年三年实际完成数的平均数的 50%，并剔除不合理的因素后核定。生产部部门产量目标基数的核定，如下表所示。

生产部目标产量基数的核定   单位：吨

序号	产品性质	绩效指标	2005年完成	2006年完成	2007年完成	2005—2007年合计	2005—2007年平均	2008年度核定目标绩效	年度与绩效工资挂钩的绩效指标基数（按年度目标50%计算）	月度与绩效工资挂钩的绩效指标基数
0	1	2	3	4	5	6=3+4+5	7=6/3	8	9	10=9/12个月
1	油漆	产量	4 315	4 474	4 650	13 439	4 480	4 480	2 240	186

注：上表中7栏数值为6栏数值除以3。

年度目标产量基数核定为4 480吨。其中完成目标产量50%以下的，即每月产量在186吨以内的，全年产量在2 240吨以下的，不计提绩效工资；完成目标产量50%以上的，即每月产量超过186吨的，全年产量超过公司保本产量2 240吨的，从中计发绩效工资。

第十三条　【目标产量内产量计件工资的核定】

生产部计件单价的核定，如下表所示。

生产部计件单价的核定

序号	产品性质	目标绩效工资基数	2008年度核定目标产量（吨）	与绩效工资挂钩的目标产量基数（吨）（按年度目标产量50%计算）	计件单价（元/吨）
0	1	2	3	4=3×50%	5=2/4
1	油漆	633 960	4 480	2 240	283.02

第十四条　【生产部目标产量内应发计件工资】

在目标产量内，每月应发绩效工资，按下式计算：

$$\text{生产部每月应发绩效工资} = \left(\text{月度实际产量} - \text{保本产量}\right) \times \text{计件单价（元/吨）} \times \text{生产部绩效考核系数}$$

式中：　生产部绩效考核系数＝公司对生产部的全面绩效考核得分/100

公司对生产部的全面绩效考核办法，另行制定。

生产部每月应发计件工资，即绩效工资，如下表所示。

生产部计件工资计算核定表

序号	产品性质	当月产量实际完成数	剔出保本产量数	计发计件工资产量	计件单价（元/吨）	应提计件工资（元）
0	1	2	3	4=2-3	5	6=4×5
1	油漆		186		283.02	

第十五条　【超目标产量应发绩效工资】

全年计算，油漆超过目标产量4 480吨的部分，计价单价提高50%，即每吨计价单价提高到424.53元。

第四章　支持保障部门绩效工资的计发

第十六条　【支持保障部门绩效工资计发基数】

支持保障部门绩效工资计发基数，按下式分月核定：

$$\text{岗位绩效工资基数} = \left(\text{营销部平均绩效工资} \times 0.7 + \text{生产部平均绩效工资} \times 0.3\right) \times (0.8 \sim 1.0)$$

式中：(0.8～1.0)为支持保障部门员工与营销、生产部门员工绩效工资挂钩系数。当营销、生产状况一般时，执行0.8的系数；营销、生产状况较好或很好时，执行0.9或1.0的系数。

第十七条　【支持保障部门绩效工资一级考核、一级计发办法】

支持保障部门绩效工资一级考核、一级计发的基本模式，如下式所示：

$$\text{支持保障部门当月应发绩效工资} = \text{岗位绩效工资基数} \times \text{本部门绩效工资系数之和} \times \text{本部门绩效考核系数}$$

式中：

(1) 本部门绩效工资系数之和，是指各部门员工个人岗位绩效工资系数的加总。各部门绩效工资系数，按照2008年一季度竞聘上岗人数及本人任职的岗级绩效工资系数核定。

(2) 本部门绩效考核系数＝公司对本部门的百分绩效考核的得分/100。

例如，办公室2人，其中办公室主任岗位绩效工资系数为2.85，办公室内勤岗位绩效工资系数为1.08，办公室绩效工资系数之和为3.93，某月绩效考核系数为0.96，该月公司绩效工资系数为1550元，则：

办公室该月应发绩效工资总额＝1 550×3.93×0.96＝5 847.84（元）

公司各部门应发岗位绩效工资计算办法，如下表所示。

公司支持保障部门应发绩效工资计算表

序号	部门	人数	部门岗位绩效工资系数之和	部门绩效考核系数	公司绩效工资基数	部门应发绩效工资数（元）
0	1	2	3	4	5	6＝5×3×4
1	办公室					
2	财务部					
3	管理部					
4	技术服务部					
5	技术中心					
6	质检部					
合计	—					

表中第2列人数，并不随每月实际人数变动，原则上一经核定，当年不变。表中第4列部门绩效考核系数，在没有部门绩效考核情况下，一般视为1。在建立部门绩效考核

之后，每月按实际考核系数填入。表中第5列公司绩效工资基数为浮动数，取决于本章第一条的计算结果。

第五章　各部门内部绩效工资的计发

第十八条　【部门内部绩效工资计发原则】

在部门应发绩效工资的额度内，各部门内部员工的绩效考核制度和应发绩效工资的办法自主制定。绩效考核制度和应发绩效工资的办法经主管领导同意后，报公司办公室备案。

营销部营销人员、生产部人员，当不能完成年度目标绩效的50％时，应当下浮本人岗位职能工资，但不能低于本市最低工资；当营销部营销人员、生产部人员整体不能达到年度目标绩效的50％时，支持保障部门人员的岗位职能工资应当下浮，但不低于本市最低工资。

第十九条　【部门内部员工应发绩效工资的办法】

部门内部员工应发绩效工资的办法，可参照下例进行绩效工资的分配。

例如，某部门有员工8人，每人岗位绩效工资系数、每人绩效考核分数如下表中第3、4列数，某月该部门应发绩效工资总额12 500元，将应发绩效工资总额12 500元分配到人。分配过程如下表所示。

某部门员工个人应发绩效奖金计算表（示例）　　　　　　单位：元/月

序号	姓名（略）	每人岗位绩效工资系数	每人绩效考核分数	个人考核绩效工资系数	每一考核绩效奖金系数应发绩效奖金数	每人应发绩效奖金
1	2	3	4	5＝3×4	6	7＝5×6
1		1.25	80	100	10.566 4	1 056.64
2		1.33	85	113	10.566 4	1 193.99
3		1.62	90	146	10.566 4	1 542.69
4		2.08	100	208	10.566 4	2 197.81
5		2.33	100	233	10.566 4	2 461.97
6		1.75	80	140	10.566 4	1 479.30
7		1.00	90	90	10.566 4	950.98
8		1.50	102	153	10.566 4	1 616.66
合计	—	12.86	—	1 183		—

上表中第6列每一考核绩效奖金系数应发绩效奖金数＝部门应发月度绩效奖金总额÷部门个人月度绩效奖金分配系数之和＝12 500÷1 183＝10.566 4（元）。

第二十条　【部门内部员工应发绩效工资的操作程序】

第一步，每月1日—3日，各部门完成本部门人员上月的绩效考核，得出每人绩效考核分数（或明确每人奖惩数额）。

第二步，每月4日，各部门将每人上月绩效考核分数（或明确的每人奖惩数额）报办公室。

第三步，办公室计算各部门每人绩效工资，并做出工资表。

第四步，办公室将工资表移交财务部，支付工资。

第六章　附则

第二十一条　【制定部门内部绩效工资实施细则】

营销部可以根据内部核算单位的需要，分别将发货销售收入、回款额、营销利润三个指标的两个基数、一个比例分解到人、到组，应发绩效工资直接计算到人、到组，并制定相应的考核奖惩办法，经公司经理办公会同意后实施。

生产部可以根据本部门的生产特点，自行制定内部绩效工资的计发办法，并制定相应的考核奖惩办法，经公司经理办公会同意后实施。

技术中心绩效考核和绩效工资的计发，可继续执行《HJ 公司技术中心考核办法》。

其他部门，根据公司薪酬方案和公司部门绩效工资计发实施细则，各部门根据本部门实际情况和工作特点，制定本部门绩效考核办法和绩效工资计发办法，经公司主管经理同意后实施，并报公司经理办公室备案。

第二十二条　【实施程序】

本实施细则，经公司经理办公会讨论通过，并经征求各部门意见后印发，并自 2008 年 1 月 1 日起实施。

分析：

(1) HJ 公司确定绩效工资计发的基本思路是什么？

(2) HJ 公司营销部绩效工资计发的挂钩绩效指标是哪三个？挂钩的目标绩效基数是按照什么办法核定的？绩效工资提取百分比是如何计算出来的？

(3) HJ 公司生产部绩效工资的计发办法与营销部有什么不同？

(4) HJ 公司支持保障部门绩效工资的计发根据是什么？有什么特点？

(5) HJ 公司各部门内部绩效工资的计发原则是什么？

(6) HJ 公司部门内部员工应发绩效工资的根据是什么？

(7) HJ 公司的绩效工资计发实施细则在哪些方面体现了激励机制和约束机制相结合的原则？

微课：部门绩效
工资计发示例

ZD 公司关于部门内部二级考核、
二级分配指导意见（摘录）

主要参考文献

［1］НА伊万诺夫，ГИ麦奇科夫斯基．劳动经济学．北京：三联书店，1981．

［2］哈佛企业管理丛书编纂委员会．企业管理百科全书．北京：中国对外翻译出版公司，1984．

［3］罗纳德·伊兰伯格，罗伯特·史密斯．现代劳动经济学：理论与公共政策．北京：中国劳动出版社，1991．

［4］乔治·Ｔ米尔科维奇，等．薪酬管理．6版．北京：中国人民大学出版社，2002．

［5］文跃然，刘昕．现代管理制度·程序·方法范例全集：工资管理卷．北京：中国人民大学出版社，1993．

［6］董克用，潘功胜．西方劳动经济学教程．北京：中国劳动出版社，1995．

［7］康士勇．薪酬设计与薪酬管理．北京：中国劳动社会保障出版社，2005．

［8］中国就业培训指导中心．企业人力资源管理师（二级；三级；四级）．北京：中国劳动社会保障出版社，2020．

［9］康士勇．社会保障管理运作实务．北京：首都经济贸易大学出版社，2008．

［10］康士勇，康锋．薪酬设计全程指导．北京：中国劳动社会保障出版社，2011．

［11］康士勇，康锋．绩效考核与绩效薪酬设计全程指导．北京：中国劳动社会保障出版社，2012．

［12］康锋，郭京生．薪酬设计与绩效考核设计案例精粹及解读．北京：中国劳动社会保障出版社，2013．

［13］康士勇．工资理论与工资管理．3版．北京：中国劳动社会保障出版社，2015．

［14］康士勇．岗位资质绩效工资制设计实操．北京：中国劳动社会保障出版社，2020．

［15］人力资源社会保障部劳动关系司．《国务院关于改革国有企业工资决定机制的意见》政策解读和实务操作．北京：中国劳动社会保障出版社，2019．

［16］国务院批转发展改革委等部门关于深化收入分配制度改革若干意见的通知（国发〔2013〕6号），2013-02-03．

［17］深化企业内部分配制度改革的指导性意见（劳社部发〔2000〕21号），2000-

11 - 06.

[18] 习近平. 决胜全面建成小康社会　夺取新时代中国特色社会主义伟大胜利——在中国共产党第十九次全国代表大会上的报告, 2017 - 10 - 18.

[19] 国务院关于改革国有企业工资决定机制的意见（国发〔2018〕16 号）, 2018 - 05 - 25.

[20] 中华人民共和国个人所得税法（根据 2018 年 8 月 31 日第十三届全国人民代表大会常务委员会第五次会议《关于修改〈中华人民共和国个人所得税法〉的决定》第七次修正）.

[21] 中华人民共和国企业所得税法实施条例（根据 2019 年 4 月 23 日《国务院关于修改部分行政法规的决定》修订）.

[22] 个人所得税专项附加扣除暂行办法（国发〔2018〕41 号）, 2018 - 12 - 22.

[23] 国务院关于设立 3 岁以下婴幼儿照护个人所得税专项附加扣除的通知（国发〔2022〕8 号）, 2022 - 03 - 19.

[24] 国家税务总局关于全面实施新个人所得税法若干征管衔接问题的公告（国家税务总局公告 2018 年第 56 号）, 2018 - 12 - 19.

[25] 中华人民共和国社会保险法（根据 2018 年 12 月 29 日第十三届全国人民代表大会常务委员会第七次会议《关于修改〈中华人民共和国社会保险法〉的决定》修正）.

[26] 国务院办公厅关于降低社会保险费率综合方案的通知（国办发〔2019〕13 号）, 2019 - 04 - 01.

[27] 北京市社会保险基金管理中心, 北京市医疗保险事务管理中心. 关于 2021 年度各项社会保险缴费工资基数上下限的通告, 2021 - 08 - 04.

[28] 中共中央　国务院关于新时代加快完善社会主义市场经济体制的意见, 2020 - 05 - 11.

[29] 中共中央关于制定国民经济和社会发展第十四个五年规划和二〇三五年远景目标的建议（2020 年 10 月 29 日中国共产党第十九届中央委员会第五次全体会议审议通过）.

[30] 人力资源社会保障部办公厅关于印发《技能人才薪酬分配指引》的通知（人社厅发〔2021〕7 号）, 2021 - 01 - 26.